JIAOXUE
CELUE ►►

新世纪教师教育丛书·修订版

袁振国　主编

教学策略

周　军　著

教育科学出版社

·北　京·

《新世纪教师教育丛书》修订版前言

振兴民族的希望在教育，振兴教育的希望在教师。

教师是一种专门化的职业，它有自己的理想追求、有自己的理论指导、有自觉的职业规范和成熟的技能技巧，具有不可替代的独立特性。教师不仅是知识的传递者，而且是道德的引导者，是思想的启迪者，是心灵世界的开拓者，是情感、意志、信念的塑造师；教师不仅需要知道传授什么知识，而且需要知道怎样传授知识，知道针对不同的学生采取不同的教学策略。教师职业的专门化既是一种认识，更是一个奋斗过程，既是一种职业资格的认定，更是一个终身学习、不断更新的自觉追求。中国教师队伍的培养和培训正在发生着历史性的变革，正在从发展数量向提高质量转变，提高质量将成为新世纪教师队伍建设的主旋律。在这种转变的过程中，无论是职前培养还是职后培训，无论是教育机构还是教师个人，都需要以一种新的姿态迎接这一转变。

从我们对广大中小学的调查中了解到，面对全面推进素质教育的新形势，当今教师迫切需要不断更新教育理念，提高将知识转化为智慧、将理论转化为方法的能力，提高将学科知识、教育理论和现代信息技术有机整合的能力，增强理解学生和促进学生道德、学识和个性全面发展的自觉性。为了响应这种挑战，广大的师范院校和教师培训机构都在积极探索教师教育的新内容和新方法。以华东师范大学为例，1996 年起，就有组织地开发了现代教育理论与教育实践紧密结合的新课程系统和教学模式，这些课程包括：教育新理念、课程理论与课程创新、现代教育技术、教育评价与测量、当代教学理论、教学策略、心理健康的指导和研究、网络教学、课件制作、教会学生思维、师生沟通的艺术、优秀班主任研究、中小学教学与管理案例分析、教育研究方法、基础教育改革的理论与实践等。参加课程开发的教师60%具有教授、副教授职称，80%具有硕士、博士学位。这一项目列入了教育部师范司“面向21世纪高师教学与课程改革计划”重点项目。我主持了这一项目的研究和实践。根据边实践、边研究、边总结、边改进的方针，经过几轮教学，逐渐形成了一批相对成熟的教材，在反复教学的基础上，经过精选整合、修改补充，于2001年由教育科学出版社出版。由于这套丛书理念新、注重理论联系实际、强调可操作性，出版以后受到了读者极大欢迎，数次甚至数十次重印，为满足教师教育的新形势、新要求尽了绵薄之力。

正是由于这套丛书影响大、受欢迎程度高，所以更增强了我们的责任感。丛书出版的六年多来，教师教育的知识、观念不断更新，教师教育的实践不断发展，我们对教师教育课程的认识也不断深化，为此，根据教师教育的新形势和新要求，我们对《新世纪教师教育丛书》进行了修订。这次修订包括两方面，一是对第一版图书进行了较大修订，更新了内容，改善了结构，修饰了语言，修订了错误；二是丛书新增了若干选题，以反映教师教育的新要求。

祝愿丛书与我国一千多万中小学教师共同成长。

袁振国
2007年7月

目　　录

前　言

随着教学理论的深入发展，教学策略的研究逐渐成为教学论研究所关注的课题。目前，国内关于教学策略的研究多是应用研究，理论研究较为缺乏，从而造成了教学策略的概念含义过多、术语使用比较混乱等现象，同时，也给制定或选择有效的教学策略带来困难。

本书致力于对教学策略理论的进一步探索，并力求在已有研究的基础上有所作为。具体而言，本书力图回答以下几个问题。

第一，教学策略究竟是什么？

对这一问题的回答，本书与其他对教学策略的理解有所不同。最主要的一点在于认为教学策略有着多重层次、多重属性，不同层次的策略具有不同的功能，不能相互代替；但同时又具有相关性与整体性，策略内部的各种组成部分都是整体中的一部分，各自处在整体内的不同层次上，为达到整体的目标而发挥各自的特殊作用；而不同的属性则决定了教学策略的不同特征，使得教学策略既具有操作性，又具有灵活性。教学策略的核心就是教学的监控策略。

第二，教学策略是理论还是实践？

这里首先必须指出的是，教育理论固然要为教育实践而服务，但过分强调理论的操作性同样会产生一些问题。比如，当因材施教的理论变成规范的操作模式时，作为操作模式的因材施教与作为理念的因材施教显然不是一回事。并不是所有的理论都可以转化为实际的操作模式。它本身就是一种教育的精神、理念，是属于观念、思想层面，不可能还原成标准的操作模式。教育理论应该关注教育实际，这种关注应该是全面的而非片面的，是内在的而非外在的，是深刻的而非肤浅的；教育理论不仅应该关注现实，而且要改造现实，引导现实教育的提升，促进现实教育的发展与完善。事实上，对教育者本身教育理论素养的培养与提高，同样也体现出教育理论与教育实践相结合的精神。有鉴于此，本书一方面尽可能为教师们提供一些“处方”式的策略，让教师们可以按图索骥、据此操作；同时也试图在理论与操作实施之间保持适当的距离，因为有距离才能有宽广的视角，才能既深入实际又超越其上。

在目前课堂教学是学校教学主要操作形态的前提下，我们如何进行课堂教学策略的开发与设计，这既是一个理论问题，也是一个亟待解决的现实问题。设计教学策略的一切活动都是为了学生的学，教学目标全部实现要在学习者自己的认知和发展的学习活动中体现出来，而作为学习活动主体的学习者又都是以自己的风格、特点来学习的。学生差异对教学的影响已经在教育研究中得到证明，只有教学策略和学习者特征之间能产生有意义的联系，教学策略的设计才真正具有针对性和实效性。这里需要强调的是，对学生认知结构的了解与认识不是件容易的事，不能凭主观去猜想，也无法使用某种量表或一两套测试题来完成，它需要教师全身心地投入教学，深入学生中间，与学生形成伙伴关系，仔细观察、揣摩学生的思维认知过程。由此可见，教学策略的制定不是坐在研究室或办公室里即可完成的事，也不是凭着天才的智慧或专家的权威就能办到的事，它需要在教学实践中产生和完善。

第三，教学策略是科学还是艺术?

艺术活动是一种创造性的活动，艺术在追求美的过程中依赖直觉与灵感，似乎找不到明显的规律与途径，其境界有时神妙难测。在教学过程中，教师也常常经历这种情况。比如，教师有时会凭着说不出来的感觉去感受课堂的气氛，并做出当机立断的判断进而收到意想不到的效果。实际上，教学是一种艺术，或者说，教学具有艺术性，已经是很早就被认识到的事实。早在1896年，美国心理学家詹姆斯（James）在其《心理学原理》中提出：心理学是一门科学，教学是一种艺术的观点。在他看来，要想知道怎样教学，与其从科学研究中寻找答案，还不如从优秀教师那里能学到更多的东西。人本主义心理学家库姆斯（Comes）也认为，好教师的教学绝不是千篇一律地遵循着什么既定规则的，他们都有各自的“个性”，并在教学中体现出来；好教师在教学中会注重“具体的”“特定的”情境，不可能依“既定的方法”行动，教师应当是“艺术家”。

但艺术是难以预测的，也是难以控制的，甚至是难以解释的；艺术是供欣赏的，而不是供理解的；是供捕捉的，而不是供分析的。站在教育的立场，教学策略显然不可以被视为如此难懂、如此感性、如此主观和如此的不可捉摸。

科学在于追求真，它是有系统的、客观的，是意在预测与控制的活动。当化学家利用现有的科学知识去做实验，他可以预测用哪些元素，经过什么样的过程，会形成什么样的化合物。只要他有足够的化学知识，并遵守科学的定律与规律，就能使结果基本符合期望。从某种意义上来说，我们也同样期望我们的教学在某个层次上，能够像化学家处理化学过程一样，而不希望只凭直觉或只依赖感性，去捕风捉影，就能完成人类的杰作。因而从可操作性的角度来说，教学策略理应具有一定的科学性。

然而，设计再精密的建筑结构也无人能保证百分之百的成功，再细致的外科手术也难免意外事故的发生。有时教学策略的成败与否不仅依赖科学理论与技术，也可能依赖直觉与感性经验。因此，本书中除了众多可操作的教学策略之外，尤其注重艺术化的教学策略个案，我们认为这丝毫无损教学策略理论的客观与科学。斯坦福大学教授盖奇（Gage）认为，教学之最高境界可进入艺术之境，但必须有坚实的科学基础。这句话同样也表达了本书所努力追求的目标之一。20世纪80年代，课程专家施瓦布（Schwab）也对教学的艺术特征作了新的说明。他认为：任何艺术，无论是教学还是雕刻，都是有规则的，但是，掌握了规则的知识并不能使人成为一个艺术家。艺术要求知道规则的人学习把规则适当地用于特定的场合。反过来，这种运用要求对这种事物的特殊性以及为适合特定的场合而修正规则有敏锐的洞察力。

如果教学是一种艺术，那么它的实践至少需要三种不同形式的知识：有关原理规则的知识，有关特定场合的知识，有关适当运用规则于各种场合的知识。而最能体现教学的艺术性的，也许就是“有关适当运用规则于各种场合的知识”。在我们看来，那恰恰就是一个教师真正所需要的教学策略。从某种意义上说，教学策略在教学的科学性与艺术性之间搭起了一座桥梁。

本书分三个部分来展开对教学策略的探讨。第一部分是关于教学策略的一般性知识。主要探讨教学与教学策略的关系以及对教学策略概念的分析与澄清。第二部分是关于教学行为策略。本书从教学的基本行为入手，将教学策略分为教学准备、讲述与倾听、提问与讨论、表扬与批评、组织与管理、板书与多媒体、教学监控七个方面，从哲学意义上讲，教学策略是见之于教学客观行动的教学主观能力，是一种教学主观意志的体现。第三部分是从学科教学策略着手，以语文、数学为例探讨学科的教学策略。试图让教学策略理论与教学实际结合起来，提供给大家更多的理解理论的感性经验以及一般性的学科教学策略的操作。

本书的一种假设是：由于现代学校的教学活动是一个因素众多、结构复杂、功能综合的动态系统，教学中的各要素和各方面之间存在着密切的联系与相互作用，因而，教学调控活动必须考虑教学的各种因素，并随情境的不断变化而不断调整。问题的重点不在于教学策略是科学还是艺术的问题，而是用科学的方法能否更好地理解教学。教育心理学家盖奇认为，艺术活动具有固有的条理性和规律性，很适合进行科学的分析。而且，他不认为对艺术进行科学的研究会危及艺术本身。他认为：艺术家的规律性被揭示后并不会成为一种机械人；而是依然有足够的余地施展他的才干和个性。

1

教学与教学策略

第一节　教学与教学理论

一、教学的定义与教学理论的形成

教学理论是关于教学的理论，教学策略也是关于教学的策略，因此，在回答教学策略是什么之前，必须先澄清教学的概念，只有澄清了教学的概念，才能确定关于教学的理论，才能把握关于教学的策略。在此，我们并不想给出一个教学的规定性定义，而是试图让人家明白我们对教学一词的理解，以及本书对教学一词的使用方法。

（一）教学的定义

对于教学一词，不同的人有不同的理解。古今中外的有关教育论著在使用这个词时，含义也不尽相同。教学既可以指日常语言中所使用的普通名词，也可以指作为专业术语使用的科学概念。从教学的起源来看，无论在东方还是西方，教和学都是一体化的。中国的“教”起源于“学”，而英语的 teach 和 learn 也是由同一词源而生。到了近代，随着社会文化的发展，学校教育性质的变化，教学的内涵也发生了变化。在此背景下，以夸美纽斯（Comenius）、赫尔巴特（Herbart）为代表的教育家提出了系统的教学思想。这时的教与学开始被分别对待，有了不同的任务。教师以传授知识为主，学生以接受知识为主。1928 年出版的《中国教育辞典》就把“教学法”解释为“各种教授方术者”。这时的教学就是“教书”，就是向学生传授知识。

时至今日，随着科技的迅速进步，社会的不断发展，人们对教学的认识也在不断地发生变化。尤其心理学对人的发展的探索，使得教和学在新的形势下又逐步统一起来。但此时的教、学两个方面的统一与以往不同的是，它拥有了更为丰富的内涵。教学不仅仅限于知识的教学，而要为学生的不断发展自我、适应社会变化奠定基础。在这种情况下，不仅教的责任更为重大，教的性质也随学生学习性质和内容的变化而变化。有学者把教学定义为，“教学是教师引起、维持或促进学生学习的所有行为”。① 也有学者认为，“所谓教学乃教师教、学生学的统一活动；在这个活动中，学生掌握一定的知识和技能，同时，身心获得一定的发展，形成一定的思想品德”。② 在此，我们并不想给教学重新再下一个定义，我们对教学的理解可以体现在以下几个方面。

第一，教与学在新的形势下的统一是指教师的工作要与学生的学习规律相吻合，而不是教和学的混合不清。

第二，教的行为是本书所讨论的教学理论的中心，也就是说，我们所关注的是课堂教学中教师的行为。当然，由于教师教的行为的主要目的及依据都直接指向学生，不可避免地我们要涉及学生的学习理论。

第三，尽管教学的含义已从知识学习到人格完善，但知识教学仍然是主要教学目标与内容，因此，我们讨论的重点还是知识教学方面的内容。

---

① 施良方，崔允漷．教学理论：课题教学的原理、策略与研究［M］．上海：华东师范大学出版社，1999：13.

② 王策三．教学论稿［M］．北京：人民教育出版社，1985：88－89.

（二）教学理论的形成

中国古代的《学记》是世界上最早论述教学的专著。它对教学的作用与目的、制度与组织形式、内容与方法都进行了简明扼要的概括。在西方教育文献中，最早使用“教学论”一词的是德国教育家拉特克（Ratke）和捷克教育家夸美纽斯。西方学者认为，夸美纽斯的《大教学论》是第一本系统地总结了欧洲文艺复兴以来的教学经验的著作，奠定了教学理论的基础。而赫尔巴特的《普通教育学》使教学理论成为一门独立的学科。之后，教学理论朝着哲学和心理学两个方向发展：一是欧洲（尤其是德国和苏联）、日本与中国以伦理学和认识论为理论基础来构建教学理论的体系，二是英语国家（尤其是北美）以心理学为理论基础来建构教学理论的体系。前者主要对教学的目的和任务、教学过程（规律与原则）、教学内容、教学组织形式、教学手段与方法以及教学效果的检查等方面进行研究。后者着重研究学习心理，20 世纪 60 年代以后才逐步重视对教学的研究，他们认为，教学理论是一种处方性和规范性的理论。

教学理论所关心的是怎样最好地教会学生想学的东西。教学理论必须建立在学习理论的基础之上，而且还需要把焦点对准教学实践，也就是说教学理论一定要在更大程度上关心教学的程序或技术的方面。在某种意义上，教学策略与教学程序或技术直接相关，因此，它的基础主要也是两个方面：一是心理学和哲学的理论；二是教学实践。对这两个方面的了解，将有助于对教学策略内容的真正把握。

（三）教学理论与教学策略

人们通过对古今中外大量材料的分析研究和实践，已经发现和揭示了许多教学过程中富有稳定性、普遍性的内在本质的联系和客观规律，但是大多数教学理论的研究一般只涉及教学过程的若干方面，未能完整地反映整个教学过程的规律性现象，因此在实践中推广应用这些理论观点时容易陷入片面。另外，教学理论中新观点、新模式的层出不穷也带来了一些新问题，使人有些眼花缭乱，无所适从。有些人过于强调教学过程中的某一方面的新理论，而忽略了教学过程整个结构中的平衡。因此，如何在教学过程中合理选择一些先进的教学理论，并有机地整合于自己的教学实践当中，就成为一个极其重要的问题。

教学策略的提出恰恰可以在一定程度上回答人们的问题。它把整个教学理论研究的基本范畴，即教师、学生、教学目的和任务、教学内容、教学方法和媒体等都置于自己的视野之中，并以实际的、可操作的方式提出了增强教学有效性的原理和方法。应该说，教学策略的提出是以往教学理论在当今教学实践中的进一步发展。从以往的教学理论的使用情况来看，由于教学理论往往是对一定条件下采取某种教学行动后产生的结果的客观总结，因此就每个具体的教学理论来说，不可能在任何场合对解决任何教学问题都起作用，而具有其特定的适用性。教学策略是运用系统方法鉴别教学实践中要解决的问题，根据问题的情境，选择合适的教学理论作依据来制定解决问题的方案，试行时更强调对它的不断调整，为一些教学理论的成功应用创造了良好的条件。

二、当代教学理论的哲学和心理学基础

教学理论发展至今形成了多种流派，呈现极大的丰富性，从哲学的角度来研究，出现了以赫尔巴特为代表的传统教学理论，以杜威（Dewey）为代表的实用主义教学理论，以“从做中学”为基础的设计教学法，以及后现代主义的反思性教学理论等；从心理学的角度来研究，教学理论的发展深受行为主义心理学、人本主义心理学、认知心理学的影响，这些心理学理论从学习过程的角度来研究教与学到底该怎样进行，形成了斯金纳（Skinner）的程序教学理论、布鲁纳（Bruner）的结构课程和发现教学理论、布卢姆（Broom）的掌握学习理论、罗杰斯（Rogers）的非指导性教学模式、加涅（Gagne）的学习结果分类和

信息加工学习模型、奥苏伯尔（Ausubel）的有意义学习理论，等等。

以上理论对当代教学理论的发展所作出的贡献是有目共睹的，心理学及哲学的观点直接影响着教师在课堂上的教学行为。如果教师认为人天生就是被动的，人的行为是环境的产物，那他们就可能采用“教师中心”的方式进行教学。如果教师认为人是主动的，则他们也许会倾向于采用“学生中心”的教学方式。同样，如果教师认为人是“互动”的，人的行为乃是人与环境交互作用的结果，也许他们就会采用“师生互动”的教学模式。但鉴于篇幅有限，要一一述及似无可能，也无必要。现仅就心理学发展的主要三大流派作一简要介绍。

（一）认知学派的教学理论

布鲁纳是认知心理学的重要代表人物之一，作为一位认知学者和发展心理学家，他对教学理论有独到的见解。在认知发展方面，他提出表征系统。在学习理论方面，他强调“结构”的重要性，认为教师必须配合学生的认知结构，使学生自动发现教材所包含的结构。他提倡“发现教学法”，鼓励学生独立思考，以发现教材的重要概念。对布鲁纳来说，一个教学的理论应包括五个主要方面。

- **事先安排学习者学习的最佳经验**

教师必须和学习者共同参加教育的过程，学生应该亲自去他们试图去的地方，亲自掌握他们试图掌握的东西。当一个人学习的时候，他也就学会怎样去学习。布鲁纳相信儿童具有学习的内在动机，如好奇心，喜欢探索等。因此他们能够为学习而学习，教学理论的关键在于能指出如何安排环境，才最容易激起学生的好奇心而想探索，如何才能维持他们探索的兴趣，和如何使探索活动导向正确的目标。

- **为最佳理解提供的一种知识结构**

布鲁纳提出，教任何一个学科或教任何一组有关联的学科的最终目的，是对教材结构的一般理解。教师的任务，就是教学生掌握知识的结构，使他们能够从不重要的材料中，辨别出具有重要意义的知识。

- **提示所学材料的最佳顺序的详细说明**

教师的一个最重要的任务，就是将知识转化成适合学习者年龄特征的结构，并以所学材料的一种最佳顺序去安排这些结构。他坚信：任何学科，都可以用某种正确的和有用的形式，教给任何年龄的任何人。证明这点的责任，既在那些学生的身上，又在那些教师的身上。说微积分在一年级不能教，这是不对的。关于微积分，有些有用的东西是能够教的，并且对以后的学习有益处。因此，他提出，教师成功地组织题材的途径，是发展一种螺旋形的课程。这种课程，是从儿童们已经学会的基本知识开始，并在这个基础上增加更复杂的和更精细的类目和编码，当教学向前进行的时候，它经常返回去在以前理解的基础上提高。

- **成功与失败的作用及奖励与惩罚的性质**

布鲁纳承认在教师促进学习的过程中有外部的和内在的两种奖励的作用，但他认为，内在的奖励是二者中更重要的。他非常强调以下几种形式的内在动机和奖励：（1）从加快了的认知和理解中获得的满足；（2）发挥个人全部心理能力的迫切要求；（3）正在发展的兴趣和专注；（4）从一个人和其他人一致中获得的满足；（5）从一个人在认知或智力方面的优势中得到的愉快；（6）对个人能力和成就的感觉；（7）为达到某个目标而共同工作的深切需要。

- **在学校环境中激发思想的程序**

布鲁纳认为，教学应当以“使学习者或解决问题的人自己很有信心”为目的，他提倡教师们应鼓励学生运用预感，并提出大胆的甚至不大可能的思想，以此激发学生丰富的想象。

（二）人本主义的教学理论

人本主义心理学的代表人物是马斯洛（maslow）。他肯定人的尊严与价值，主张发挥人性，追求自我实现，为心理学开辟了一个新的研究领域。人本主义心理学强调应该以个人的主观意识与经验为研究的主题，因为决定个人行为的动力是内在的意识经验与动机，而非外在的刺激或潜意识本能。人本心理学家对人性抱着积极的态度，认为人类具有实现自己性向及潜能的倾向，视人为主动的、理性的、成长的，其最终目的是在追求有价值的目标，实现自己的各种潜能。基于这些论点，人本心理学家主张教学的主要目的应是协助学生发展人性，并促进自我实现。他们反对基于行为主义心理学派的教学，认为那种教学过于强调外力的塑造和教师的权威，是一种非人性的教学。而人本主义的教学则注重人性化的教学方法，强调以学习者为中心的教学、人性化的教学角色、陶冶情感的教学、成就感教学、安全感的学习气氛和价值澄清教学。

- **学习者中心的教学**

按照马斯洛的观点，个人对自己的行为具有决定的能力，因此他主张儿童对自己的发展作自由的选择，教师不应该试图塑造或控制他们的发展方式。罗杰斯的观点与马斯洛相似，他认为教师要成功进行以学生为中心的教学，必须具备以下几个特质：（1）信任学生：如果教师能相信学生具有发展自己潜能的能力，则应该允许他们有机会选择自己的学习方式；（2）真诚的态度：卸下教师的面具，毫无掩饰地表现出自己的样子，同时，也能感知学生的心理感受和体谅学生；（3）尊重学生：尊重学生的人格、情感和意见，不随意批判学生，不使学生感到受威胁；（4）了解学生：深入了解学生的内心反应，并设身处地地站在学生的立场了解学习的过程。

- **人性化的教学角色**

人本主义心理学应用于教室环境，特别强调个人选择、师生关系及班级气氛等条件的重要性。罗杰斯认为，师生关系不但能增进学生深入的学习或了解自我，而且是代表有效率教师的特征，在良好师生关系下的学生，比缺乏这种关系的学生学习得更好，且对自己有更佳的情感。还有学者研究指出：师生关系是相互增强的，教师影响学生的行为，学生也影响教师的教学行为，基于此，人性化的教师欲使教学有效，必须设法建立良好的师生关系。

- **安全感的学习气氛**

一个班级由一群学生及若干位教师构成，拥有班规、社会秩序、组织结构和权威阶层，是一个小型的社会体系。如同个人可发展出独特的特质一样，每一个班级也有其特征，即班级气氛。从心理学的观点来看，学生只有在没有威胁的情况下，才有可能产生最容易、最有意义及最佳记忆的学习。如果班级是一个使学生感受到羞辱、苛责、轻视或贬抑人价值的地方，自然威胁到学生对自己的知觉，同样的，也干扰到学生的学习。比如，阅读能力差的学生被老师指定在班级中大声朗读或行动笨拙的学生被强迫参加竞技比赛，这些学生的自尊心必然容易受到伤害，觉得没有安全感，因而会有拒绝学习或逃避学习的倾向。

- **成就感教学**

人本心理学家强调个人的自我知觉是决定行为的基本因素。为了培养学生积极的自我观念，学校的教学应重视成就感教学，使学生在学校活动中获得成功的满足，肯定自我价值，而逐渐形成一个健全积极的自我观念。在教学上，应依据学生的个别差异因材施教，实施个别化教学，减少学生在团体中的挫败感。在评价方面，应重视学生的自我评价，避免学生间的相互比较。

- **价值澄清教学**

价值澄清教学承认人有选择的自由和自我决定的能力，它通过一些教学活动，协助学生对自己的信念、情感、行为做自我分析和自我反省，而厘清自己的价值观、确立自己的形象。

- **陶冶情感的教学**

人本主义心理学家认为将知识与情意分开的教学是不可思议的，这两者是相互关联、相辅相成的。在陶冶情感教学方面，人本心理学家提出下列重要的教学策略：（1）在教室中，教师宜将自己的喜怒哀乐情绪，真诚的流露出来，使学生了解教师的内心感受，而学会表达自己的情绪；（2）教师要设身处地地站在学生立场，了解学生的需要和情感，并协助学生建立积极的情感；（3）安排适宜的情境，使学生有机会探索自己的情绪，或学习感知别人的情感，以及得到被尊重、被接受和被了解的经验。

综上所述，人本主义心理学强调教学中人性的一面，使学生能依其自我发展的潜能，追求自我实现，发展出完美的人格。我们一直以来重视教师权威的教学，忽略学生自我发展，使学生一直处于被动的学习角色地位。人本主义的这些主张对我国目前的教学具有重要的启示意义。

（三）行为主义的教学理论

行为主义把“刺激—反应”作为行为的基本单位，学习即“刺激—反应”之间联结的加强，教学的艺术在于如何安排强化。其代表人物是斯金纳。根据行为主义原理，教学目的就是提供特定的刺激，以便引起学生特定的反应，所以教学目标越具体、越精确越好。

斯金纳认为，学生的行为是受行为结果影响的，若要学生做出合乎需要的行为反应，必须形成某种相倚关系，即在行为后有一种强化性的后果；倘若一种行为得不到强化，它就会消失。根据这一原理形成了一种相倚组织的教学过程，这种教学过程对学习环境的设置、课程材料的涉及和学生行为的管理做出了系统的安排。这种教学过程包括以下五个阶段：（1）具体说明最终的行为表现：确定并明确目标行为，具体说明想要得到的行为结果，制订测量和记录行为的计划；（2）评估行为：观察并记录行为的频率，如有必要，记录行为的性质和当时的情境；（3）安排相倚关系：做出有关环境安排的决定，选择强化物和强化安排方式，确定最后的塑造行为的计划；（4）实施方案：安排环境并告知学生具体要求，维持强化和塑造行为的强化安排方式；（5）评价方案：测量所想得到的行为反应，重现原来的条件，测量行为，然后再回到相倚安排中去。

斯金纳认为学习过程的有效进行有赖于三个条件：小步骤呈现学习材料；对学习者的任何反应立即予以反馈；学习者自定步调学习。

第二节　教学策略的含义

目前，教育理论界对教学策略的理解往往仁者见仁、智者见智。由于概念上的模糊不清，致使研究领域含混，缺乏有针对性的实证研究。这样严重影响了教学策略的操作性，教师也难以从中获得有关何时采取什么样的教学策略的信息。同时，对教学策略的科学含义认识不清，也会给制定或选择有效的教学策略造成一定困难。因此，要探讨教学策略，首先必须正确理解教学策略的含义。

一、对教学策略的几种看法

目前，教学策略一词已频繁出现于教育文献中，但从目前的使用情况来看，对教学策略含义的理解多种多样，比较有代表性的有以下几种。

- 教学策略是指教学活动的顺序排列和师生间连续的有实在内容的交流。
- 教学策略用来表示为达到某种预测的效果所采取的教学行动。
- 教学策略是为了实现教学目标、完成教学任务所采用的方法、步骤、媒体和组织形式等教学措施构成的综合性方案。
- 教学策略是为完成特定目标而设计的指示性的教学技术。
- 教学策略是指以一定的教育思想为指导，在特定的教学情境中，为实现教学目标，在实施过程中不断调适、优化以使教学效果趋于最佳的系统决策与设计。

从以上具有代表性的列举中可以发现，人们对教学策略含义的认识存在着两种倾向。第一，倾向于把教学策略看成是教学方法、教学技术的总和。毋庸置疑，教学方法与教学策略之间确实存在着密切关系，但教学策略并不等同于教学方法或技能，掌握了大量的教学方法并不一定就具备教学策略。第二，倾向于把教学策略理解为教学实施的总体方案或对教学活动的系统决策。这种观点有一定的合理性，它充分肯定了教学策略的综合性和观念性，强调教学策略是对教学实施过程中诸因素的整体把握。但用方案来表述，反映的只是教学策略静止的一面，事实上教学策略更强调随情境的变化而变化，所以用“系统决策”来表述，则突出了教学策略的建构是一个动态的过程。

除了以上两种观点，还有一种极个别的观点，就是把教学策略看成是教学观念，介于教学原则与方法之间。不可否认，教学观念与教学策略确实存在着千丝万缕的联系，但二者决不能等同。如果教学策略等同于教学观念或原则，实际上也就否认了教学策略具有可操作性的特点，也就间接否认了教学策略的存在。

以上所述的教学策略的多种含义，只是表现在给教学策略下定义的研究文献中。然而从大量的有关教学策略的实际使用情况来看，教学策略多是与“教学方法”“步骤”“教学模式”同义的。如大家熟悉的“启发式教学法”，同时又被称为“启发式教学模式”，也有人称之为“发现的教学策略”，而布卢姆的“掌握学习”，既有人称为“为掌握而教的教学策略”，也有人称之为“掌握学习的教学模式”。由此可见，教学策略、教学模式和教学方法等概念的使用非常混乱，有必要对教学策略及其相关领域的概念作一澄清。

二、教学策略与相关领域的关系

（一）教学策略与教学设计的关系

目前，国内外多数的看法认为教学策略与教学设计是部分与整体的关系，教学策略是教学设计的有机组成部分。如加涅就把教学设计分为鉴别教学目标、进行教学分析、鉴别起始行为特征、建立课文标准、提出教学策略、创设和选择教学材料、设计与执行形成性和总结性评价等几大部分。国内有的学者也将教学策略的选择和制定视为教学设计的四大领域之一，即确定教学目标，了解学生的起始特征，教学策略的选择和制定，教学评价的设计与执行。这种看法有一定的道理，然而，它只是反映了教学策略的一个层面。而根据我们对教学策略的理解，教学策略有着丰富的层次性，在可操作的层面上，教学策略属于教学设计的一个重要组成部分，但在另一层面，尤其是建立在元认知基础上的教学监控策略则完全不同于上述对教学策略的设定。事实上，策略总保有某些意识成分，意识的参与含有选择的意味，策略其实是对达到教学目标的各种途径的明智选择与调控。

（二）教学策略与教学方法、教学模式的关系

教学模式是一种简化的、理论化的教学范式，具体的教学模式一般包括理论依据、教学目标、操作程序和操作策略四部分。一般来说，教学模式影响着教学策略的选择，而教学策略的建构和使用有助于形成教学模式。但教学策略对教学活动的反映主要是调控，比教学模式的反应更具体和详细，因而内涵更丰富。教学模式是一种比较定型的教学范式，一经确定，就相对稳定；教学策略则是比较灵活的调控技能，随对象、目标的变化而调整变化。教学策略与教学模式又不完全是下位概念和上位概念的关系。在某些特定条件下，教学策略也包括对教学模式的选择。实际上，有效的教学策略常常需要打破教学模式的束缚，根据教学活动的具体情况不断补充、调整，因此，教学策略更强调变通性、灵活性。

（三）教学策略与教学观念的关系

有的学者认为，教学策略属于一种教学观念，介于教学原则与方法

之间。诚然，教学策略与教学观念之间有着千丝万缕的联系，教学策略支配着教师怎样教，对教师的教学行为具有指导作用，但将教学策略与教学观念等同起来则值得商榷。因为，教学观念是一个很宽泛的概念，如学生观、教师观等，均属于教学观念的范畴。而教学策略的外延没有那么宽，它本身的制定或选择也受教学观念的制约。将教学策略视为教学观念的主要理由是，教学策略同教学观念一样具有支配教学行为的功能。显然，这种简单推理忽视了教学策略具有可操作性的特点。

三、对教学策略的重新理解

策略是指“根据形势发展而制定的行动方针或斗争方式，指一种计策谋略”。计策谋略指的是心理活动，是人对特定环境的一种概括性思考，是在对特定情境进行分析的基础上建构而成的。策略的建构是一个动态的过程，强调随情境变化而变化，不是一成不变的。从认知观点来看，就是建立在对认知对象的认知，即元认知基础上的。元认知通常被宽泛而松散地定义为任何以认知过程与结果为对象的认知，或任何调节认知过程的认知活动。元认知是认知主体对自己心理状态、能力、任务、目标、认知策略等方面的知识；同时，元认知又是认知主体对自身各种认知活动的计划、监控和调节。策略离不开元认知的活动，强调的是在元认知的作用下，为实现特定目标而运用方式方法的技巧，也就是对方式方法的选择和运用所进行的调控。

诚然，“策略”一词与“方法”“步骤”有关系，但又有区别。教学策略的含义比教学方法要宽广，层次也比教学方法更高。教学策略不仅包括对教学方法的选择，还包括对教学媒体和教学形式的选择等，而且在具体的教学方法及其组合上也存在着策略问题。在教学活动中，教学方法为教学策略服务，教学方法的使用过程中，包含和体现着教学策略的意图。教学策略又通过各种教学方法的运用而得到实现，但教学策略不是教学方法的简单堆积或串联，而是比教学方法更高级、更一般，是对教学方法具有统摄、控制和调节作用的教学决策活动。在这一决策活动中，由对教学方式、方法的选择和运用进而实现对整个教学活动的调控。

通过以上分析可以认为，教学策略是教师为了实现教学目标，根据教学情境的特点，对教学实施过程进行的系统决策活动。

这个含义可以从以下几个方面去理解。

- 教学策略是一个总体概念，它涉及一系列具体的教学技能，但又不是教学技能的简单堆积和罗列。加纳认为，策略总含有某些意识成分，意识的参与含有选择的意味，策略就是对达到教学目标的各种途径的明智的选择。当然，在大量的教学实践之后，策略可以达到一定程度的自动化，这样各种策略才能同时并用而不致超载。
- 教学策略不同于一般的教学方法，是将教学方法的选择置于广阔的教学情境及教学方法选用的各种变量及变量之间的关系中，将教学方法提高到一般策略性的新水平。
- 教学策略的运用是一个动态的过程。教学策略的建构和使用，往往要经历两个过程，一是对教学方法的选择和使用过程，一是对教学活动的调控过程。而且这两个过程又常常随着情境的变化而变化，处在不断的运动与变化之中。
- 教学策略以学习策略为基础。教学是教师的教与学生的学的双边活动，教师教的策略与学生学的策略是紧密相关的。教学策略既包括教师对教学内容、教学手段和教学方法在教学活动中的调控，也包括对学生的学习活动与学习方法的调控，而且应以学习策略为基础。
- 教学策略是内部活动与外部活动的统一。对于教学策略的建构过程来说，元认知意识和对教学活动的调控，是在头脑中借助内部言语进行的内部意向活动，它支配和调节着教学活动的外部操作。这时，从直观上，我们无法观察到教师是否在进行教学策略的建构活动，只能通过教学过程的变化而判断建构活动的存在，因此，它具有内隐的特点。

而作为教学策略重要内容的教学方法的使用，是一种特殊的操作活动。在实际的教学活动中，我们可以直接观察到教师所使用的操作行为，并对此做出适当的控制。因此，它又具有外显的特点。在教学策略的整体活动中，二者是辩证统一的，内部活动通过外部操作得以体现，同时外部操作是在内部活动的调节下进行的，又通过内部活动的调节发挥出更佳作用。所以说，外部操作是内部意向的现实结果，内部活动是外部操作的前提条件。

四、制约教学策略的因素及基本特征

（一）影响教学策略制定的因素

从可操作的层面来说，教学策略包括对教学过程、内容的安排和对教学方法、步骤、组织形式的选择。由于这些因素的组合方式多种多样，也随之带来教学策略的复杂多样性。在影响和制约教学策略的因素当中，最为关键的恐怕就是教学目标、教学对象以及教学者这三个因素了。

1. 教学目标是影响和制约教学策略的关键性因素

教学目标不同，所需采取的教学策略也不同，即使是同一学科的教学也是如此。例如，一门学科教学之初，教学的起始目标是提高学习者对所学学科的兴趣和信心，然后才是促进学生掌握具体的知识、技能和发展智能的目标。针对不同的教学目标，教学者应采取不同的教学策略。前者可选择对本学科的最新发展动态、与社会生活的紧密联系、对学习者自身发展的重要作用等方面都有效的教学策略，进而达到提高或保持学习者的积极性的目标；后者则应根据知识技能内在的逻辑联系、知识技能掌握对学习者认知结构的促进作用、知识与技能迁移的规律、学习者的主观状态等进行综合考虑，然后制定或选择相应有效的教学策略。因此，教学目标的分析是制定或选择有效教学策略的关键条件。

2. 学习者的状态是制约教学策略制定的重要条件

对学生学习主体作用的重视，是现代教学观的基本特征之一。学生的起始状态，主要指学习者现有的知识技能水平、学习风格、心理发展水平等。实践表明，如果仅根据教学目标制定教学策略，无视学习者的初始状态，那么所制定或选择的教学策略就会因缺乏针对性而失效。因为学习者的初始状态决定着教学的起点，教学策略的制定或选择必须以此起点出发进行具体分析。例如，针对学生不同的认知风格，可采取两类教学策略：一是采取与认知风格中的长处或学生偏爱的方式一致的匹配策略；二是针对认知风格中的短处或劣势采取有意识的失配策略。现代教学理论认为，教学应在学习者的“最近发展区”开始才能达到最佳的教学效果。我们认为，学习者的最近发展区与其学习的初始状态有密切的联系。如果说对教学目标的分析是制定或选择教学策略的前提，那么对学习者初始状态的分析则是制定有效教学策略的基础。

3. 教学者自身的特征也是制约有效教学策略制定或选择的重要条件

如果说教学目标和教学对象是影响制定教学策略的客观条件，那么，影响教学策略制定有效性的主观因素主要取决于教学者的自身特征，包括教学者的教学思想、知识经验、教学风格、心理素质等。在教学过程中，教师是制定、监督和实施教学策略的主体，他们一般倾向于选择与其教学思想、知识经验、教学风格、心理素质相一致的教学策略。例如，某教师接受了布卢姆的教学思想，便会采用“掌握学习”的教学策略，就可能对学习速度较慢的学生投入更多的时间和精力。教师的知识经验也是影响教学策略制定和选择的重要因素。知识经验丰富的教师，能够根据各种具体教学策略的适宜环境及学习者的需要，选择或制定相应的教学策略。此外，教师的教学风格、心理素质等也在一定程度上制约着有效教学策略的制定或选择。因此，在制定或选择教学策略时，不仅应重视目标和学生起始状态的分析，还应努力发挥教师的主观能动性，充分发挥教师自身特征中的积极因素在制定或选择有效教学策略中的作用。同时，教师应有意识地克服自身特征中的消极因素对制定或选择教学策略的不利影响。

（二）教学策略的基本特征

国外有专家提出教学策略的基本特征应包括以下几方面。

1. 对教学行为的指向性

任何教学策略都是指向特定的教学目标和教学活动，规定某种教学行为的，这同时也指明了教学策略确定的两个依据，即教学目标和学生特点。

2. 结构功能的整合性

结构功能的整合性表现在：（1）选择或制定教学策略时，要求教师针对具体的教学需求和条件，对影响教学策略构成的教学方法、步骤、媒体、内容和组织形式等要素加以综合考虑，组成切合教学实际的最佳教学实施措施；（2）在发挥教学策略的作用时，强调某一范围内具体教学方式、措施等的优化组合与合理构建。

3. 启发性

它能启发教师主动去寻找解决教学问题的简捷途径和方式，从而有效解决问题，促进教师教学水平的提高。

4. 灵活性

在选择或制定教学策略和运用教学策略解决问题时，根据不同的教学目标、内容和任务的要求，参照学生的初始状态，将最适宜的教学方法、媒体和教学组织形式组合起来，并应随着教学情境的变化而做相应的设计和调整，以便实现特定的教学目标，完成特定的教学任务。

以上四点特征也是一个教学策略是否有效的衡量标准。

教学论所关心的并不是个别领域教学过程的问题，而是教学过程的各个变式中所表现出来的共同规律。但是，由于作为指导思想的教学理论观点不一，同时各类型的课程也有其各自的特点，这就决定了教学策略也各不相同。因此，我们所探讨的课堂教学策略并不是针对具体某一节课或某一科目，也不是针对所有课程普遍适用。实际上，一方面，具体某一节课的教学策略代表性不高，说服力不大；另一方面，教学过程的复杂性又决定了没有适用于各类课程的教学策略。教学策略只能是中观层面的，这样才是具有较大普遍性的。

结合国外的看法和我国教学实践经验，我们对教学策略的基本特征概括如下。

1. 综合性

选择或制定教学策略必须对教学方法、步骤、媒体和组织形式等要素加以综合考虑。应当看到，在教学实践中每个教师都在自觉不自觉地运用或执行着某种教学策略；我们的教学理论也或多或少地涉及与教学策略有关的问题。但教学理论是从静态的单一因素的角度分别研究了诸如教学方法、教学手段、教学组织形式等构成教学策略的要素。这种单一的、细致的分析研究是必要的，它为教学策略的选择与制定提供了理论依据和经验。然而，在教学活动中，上述几种因素毕竟是综合地、密不可分地共同在教学活动中发挥作用。因而教学策略的选择与制定必须采用系统科学的理论和方法，针对具体的教学需求和条件，对构成教学策略的几种因素进行综合考虑，组成切合实际的最佳的实施教学的方案。

2. 可操作性

教学策略不是一项抽象的教学原则，也不是在某种教学思想指导下构筑起来的教学模式，而是可供教师和学生在教学中参照执行或操作的具体方案。它有着明确具体的内容，是具体实施教学活动的基本依据。而教学原则和教学模式均不涉及这一层次的问题。教学模式只是规定了某种教学内容的一般教学程序，并不涉及每步如何做的具体指导；教学原则则更超脱了具体教学内容，只是笼统地表述一些教育规律。教学模式、教学原则侧重的是指导性、理论性，而教学策略则提供了教师怎样才能教好学生的实用技术与方法，因此教学策略具有操作性、实用性，通过培训更容易为教师理解、掌握，也更容易物化到自己的教学实践中。

3. 灵活性

尽管教学策略要涉及多种因素，但试图建立一个能包揽一切的、大而全的教学策略是不可能的，也没有实际意义。不能把教学策略看成是“万金油”式的“教学处方”，不顾教学对象、内容以及其他条件如何变化，都用一个“处方”去对付。教学策略的灵活性表现为：根据不同的教学目标、内容和任务的要求，并参照学生的初始状态，将最适宜的教学方法、媒体和教学组织形式组合起来，保证教学活动的进行，以便实现特定的目标，完成特定的教学任务。每当教学目标、内容和教学对象发生变化，教学策略也随之而改变。同一个教学策略对不同的学习群体会产生不同的教学效果；而不同的教学策略面对同一学习群体也会有不同的效果。这就需要教师依据实际状况灵活掌握。

4. 层次性

我们认为，教学策略是有层次的，不同层次的教学策略有着不同的功能。从教学实践来看，教学策略至少有两种不同的层次，一个层次是建立在元认知基础上的教学监控策略，它以反思性为自己的特征，将对教学各方面因素的考察提高到一个一般策略性认识的水平。它体现在教学过程的方方面面。另一个层次则更多地侧重于具体教学目标，有着极强的针对性。这是因为，具体教学策略是针对具体教学目标而精心制定的，离开具体教学目标、盲目使用教学策略也就无最佳策略可言，也就不会收到事半功倍的良好的教学效果。

第三节　教学策略的研究与分类

最初有关教学策略的研究，都是从某一方面入手展开的。如伊万斯（Evans）、霍姆（Holm）和格拉塞（Glaser）制定了一套使用规则和范例的策略；斯金纳对外显反应、强化及其形成进行了策略研究；布鲁纳对各种各样表征形式的策略进行过研究；奥苏伯尔对言语类型内容的学习进行了先行组织者策略的研究；罗斯科夫制定了利用萌发性信息的策略……诸多微观教学策略的研究，为确立基本教学策略奠定了坚实基础。

一、加涅提出的九种基本教学策略

1968 年，加涅首先开始综合各种微观教学策略的共同特点，进而提出了对有效开展教学至关重要的九种教学活动策略。

- 利用改变刺激的方法引起学生注意。
- 告诉学习者学习目标，以帮助他们认清教学的重要性和相关性。
- 刺激回忆前提性知识，使学习者能把它们同新的知识结合起来。
- 以适当的方式向学习者呈现刺激材料。
- 根据所学知识的复杂程度和难易水平，以及学习者具有的智慧水平，提供学习指导。
- 引出所期望的学习的行为。
- 做出行为正确与否的反馈，对正确的行为加以强化，对不正确的行为加以抑制。

- 评价行为以便评价学习。
- 通过提供检索线索和检索策略来增强记忆，促进迁移。

1981年，加涅、瓦格尔（Vagle）和罗杰斯对九种基本教学策略继续予以充分肯定，并补充说，在具体教学活动中，要视学习目标和预定的学习者性质，来决定采用哪种活动，如何表述它们以及如何序列化。1985年，加涅在《学校学习的认知心理学》一书中提出，教学策略应包括保证学生接触教材的管理策略和易化教材学习的指导策略两部分。在基本管理策略中，强调开学伊始，教师就应该组织有方，井然有序，有足够的时间向学生讲解规章制度，让班级有章可循。对待家庭作业，也要采取有效的方法进行检查，迅速弄清没做作业的学生名字，诊断每题的对错情况。在指导策略中，他又进一步补充认为，教学目标要清晰、明白，反馈机会要多，而且要做到更清楚、更具体，帮助学生复习必要的前提性知识。

二、盖奇提出的七种基本教学策略

盖奇于1978年针对20世纪70年代初以来大量的有关教师行为与学习成绩的相关研究，按被试者年龄进行了分类，从中发现了充分提高8岁学生阅读和算术成绩的七种教学策略，称为"教师七要"。

- 教师要制定一整套规则，使学生不需征求教师意见就知道做什么，满足自己的需求。
- 教师要在教室中经常走动，在解答学生问题的同时检查课堂作业，并注意学生的学习要求，让学生知道教师在注意他们的课堂表现。
- 让学生独立完成的作业要有趣、有意义，难易程度掌握在学生都能完成作业的标准上。
- 教师要尽量减少把学生集中在一起进行教诲这样一类的做法，

把每日课程表写在黑板上，使学生知道干什么等等。

- 提问学生时，教师要先叫学生的名字，然后提出问题，要使所有学生回答问题的次数相同。
- 教师应该不断地启发学习落后的学生回答问题。
- 在阅读小组教学中，教师要尽可能提供大量的简短的反馈，并使教学活动的节奏像“操练”一样快。

三、库宁的教学管理策略

1970 年，库宁（Kounin）提出成功的教学管理策略应包括以下几项：

- 制订留有一定余地的学习计划。
- 安排进度，确定难度和使学习活动具有多样性。
- 顺利开展教学活动，并使其毫不松懈地发展下去。
- 在课堂同时应付几件事情。
- 观察并对各种不同的事情做出反应。
- 把教学活动向适当的目标引导。
- 始终注意学生集体活动。

随着教学改革的不断深入，国内的一些学者也逐渐重视并开展了对教学策略的研究。但一般来说，绝大多数的研究都是针对某一具体的教学策略，对教学策略较为完整、系统的研究相对较少，而试图建立教学策略理论的尝试也为数不多，这与我国如此丰富的教学经验、如此多彩的教学活动形成极大反差。著名教育家刘佛年先生说过，教师们创造的经验可谓汗牛充栋，但凡是未能做出理性概括的，随着时间的推移，常常如过眼云烟而不能站住。总的来看，国内较有影响的对教学策略的研究主要是下文阐述的几种。

四、顾泠沅对教学策略的研究

顾泠沅在1996年写了一篇文章，提出要重视学科教学策略的研究。文章从认知过程的四个要素的角度探讨了教学策略的问题。

● **激起认知动因的策略**。真正的学习需要学生全部心理活动的参与。为了使学生的学习热情保持在最佳状态，应该从几个方面改进策略：(1) 组织和指导学生的学习活动，使他们真正参与到教学过程中来。(2) 以实际行动关心全体学生的成长，使他们“亲其师，信其道”。

● **组织认知内容的策略**。学生头脑里的知识体系是由课程、教材、教学方案的结构和序列转化而来的，因此必须追求最便于学生理解和应用的呈示方式。对此，下列策略值得注意：(1) 根据学生的年龄特征和不同发展阶段的特点，有步骤地提高所呈示的知识和经验的结构化程度。(2) 组织最佳的有序累积过程，并注重知识的问题化。

● **安排认知方法的策略**。学习是获得知识经验的学与进行行为实践的习相结合的活动范畴，学生的行为结构与心理结构具有不可分割的密切联系。以前的教学常有偏颇，现在应该特别重视学生的主动活动。(1) 最有效的学习方法应是让学生在体验和创造的过程中学习。(2) 实现最佳教学过程的关键是接受式与活动式互相补充、合理结合。

● **利用认知结果的策略**。教学目标达成的最佳控制必须依赖于反馈策略。实际上，反馈作为适应技巧，可以调节学生的学习行为和调整教师的施教行为，以使教学相长；作为运行机制，则有助于掌握各个教学过程始末的因果联系。在这方面至少有下述策略可供选择：(1) 及时了解教学效果，随时调节教学。(2) 改善控制机制是高效学习的现实途径。

五、施良方、崔允漷对课堂教学策略的研究

施良方、崔允漷根据课堂教学过程的展开，将课堂教学策略分为课堂教学准备策略、主要教学行为策略、辅助教学行为策略、课堂管理行为策略及课堂教学评价策略五个方面。

- **课堂教学准备策略。**教学是一种有目的、有计划的行动，因此在活动之前，教师需要进行必要的准备，在头脑中或书面上做一个计划。这里的教学准备策略涵盖了课堂教学的基本要素，即教学的目标、内容、行为和组织形式。
- **主要教学行为策略。**主要教学行为是教师在课堂上为完成某一目标或内容定向的任务所表现出来的行为。这里包括呈示、对话和指导三种主要的教学行为策略。每种教学行为都是作为整个教学程序的组成部分而存在的，教师在实际应用教学行为时有一个选择和组合的过程。选择和组合时既要依据教学目标，教学内容和学生特点，又要考虑每种教学行为自身的功能和表现形式。
- **辅助教学行为策略。**辅助教学行为是指教师在课堂上为完成那些以学生学习状况或教学情境问题为定向的任务所表现出来的行为。它是为主要教学行为服务的，与主要教学行为不同的是，主要教学行为往往是直接的、外显的、经过专门设计的，而辅助教学行为通常表现为间接的，有时是内隐的，而且偶发性较强。这里主要讨论四种辅助教学行为策略——学习动机的培养与激发、有效的课堂交流、课堂强化技术和积极的教师期望。
- **课堂管理行为策略。**课堂管理是指教师为了保证课堂教学的秩序和效益，协调课堂中人与事、时间与空间等各种因素及其关系的过程。课堂行为管理是课堂管理行为中的重要组成部分，它不仅有助于维持良好的课堂教学秩序，约束和控制有碍学习的问题行为，而且有助于

激励学生潜能的释放，引导学生从事积极的学习活动，提高学习效率。这里主要讨论课堂中的行为管理和时间管理。

- **课堂教学评价策略**。教学评价策略发生在课堂教学之后，是教师或他人对教学过程做出价值判断的策略。它主要涉及学生学业成就的评定与教师教学工作业绩的考评，此外，还涉及家庭作业的布置等。

六、李康的教学策略分类

李康认为，教学策略是以某个构成教学活动的主要因素为中心，形成其策略的框架，将其他相关要素有机地依附于这个中心上，形成一类相对完整的教学策略。据此可以归纳出方法型、内容型、方式型和任务型等四种类型的教学策略。

- 方法型教学策略就是教学以方法这个因素为中心，构造其教学策略的框架。在教学实践中存在着众多的教学方法和技术，根据这些方法在呈现教学信息和引导学习活动上的倾向性，把它们分为讲授性策略和发现性策略。
- 内容型教学策略就是以教学内容这个要素为中心，在分析和处理教学内容的基础上，构成其策略的框架。这种类型的策略主要是根据教学内容的性质和内在的逻辑结构，安排教学活动的步骤和方式，一般可分为直线式、分支并行式、循环式和综合式，等等。
- 方式型教学策略就是以教学中师生活动的方式为中心，展开其教学策略。英国教育技术学家提出两种基本策略，即以教师/学校为中心的策略和以学生为中心的策略。
- 任务型教学策略就是以教学任务或学习类型为中心，在分析任务、创设学习条件的基础上，展开教学策略。这种类型的策略又可分为讲解性策略、练习性策略、问题定向性策略、综合能动性策略等。

七、申继亮、辛涛等对教学策略的研究与分类

申继亮、辛涛认为，教学策略是有关问题解决的知识，而且与问题情境依存关系的倾向性十分突出。因此他们通过与解决问题的一般教学过程模式的联系来对教学策略进行分类，将教学策略的结构分成两个层次。

第一个层次是监控策略，主要成分是操作原则的知识，其功能是指示策略运用者“应该做什么”。它体现在四个方面：支配，告诉人们该项策略的作用如何，能解决何种教学问题；控制，告诉人们必须按照何种规则去运用才是正确的；监控，指示人们怎样做才不偏离教学目标；调节，指示策略运用者应该怎样做什么而不应该做什么。

第二个层次是应对策略，由操作程序的知识组成，其功能是指示策略运用者“应该怎么做”。它由判断策略、计划策略、执行策略、评价策略构成，分别与教学问题解决过程的四个阶段相匹配。

判断策略对应的是教学问题解决过程第一阶段的情境。要能消除掉这一阶段的目标障碍，准确地理解和表征问题，就必须懂得如何去感知问题中蕴涵的相关信息，如何理解问题结构中的各种关系，如何分析问题的性质和类型，如何综合问题的信息等知识，而这样的知识就必须由判断策略来提供。

计划策略对应的是教学问题解决第二阶段的情境，它通常要指示人们如何找出能达到目标的方法和技术，如何将已搜寻出的方法技术相互比较，进行选择，如何将方法技术相互搭配起来，如何将匹配好的内容按事件进程进行编码，这样，策略运用者就能比较容易地制定出一个完整的方案了。

执行策略与教学问题解决过程的第三阶段相对应，它必须具体告诉人们如何按照方案的要求审查外部动作的正确性，唯有如此制定的方案才能变为所期望的现实。

评价策略与问题解决的第四阶段相对应，指导策略运用者如何根据目标校验动作的成效，检查结果与目标间的差距，如何依据目标期望的价值来度量动作的意义，为策略运用者提供自我的信息。

申继亮、辛涛依据不同的分类标准，将教学策略分成一般性教学策略和特殊性教学策略，以及问题指向型教学策略和自我指向型教学策略。一般性教学策略，是一般情况下都要运用的，用以解决一般性教学问题，如教材呈现策略、课堂管理策略、教学评价策略、教学资源管理策略等。特殊性教学策略，是只有在特殊问题情境中运用或运用时具有个人特点的策略。

根据上述国内外对教学策略的研究及本人对教学策略的理解，同时也是为了阐述与理解的方便，本书拟将教学策略以基本教学策略与特殊教学策略的分类来展开讨论。基本教学策略主要讨论教学准备策略、教学行为策略、教学管理策略、教学评价策略、教学监控策略五个方面的内容。特殊教学策略以语文、数学为例探讨学科教学策略。

2

教学准备策略（上）

教学为谁而准备?

教师和学生好像是教学的两极，不同的教学观体现在教学策略上也截然不同。教师为教而准备，即意味着在某种程度上教师自觉不自觉地准备将自己放在课堂的中心，因而尽可能想把课堂情境控制在自己的掌握之中。教师为学而准备，即承认学生才是课堂教学的主人，教师的作用只是为学生创造一个充分发展的空间。

其实，在实际教学中，教与学的这种截然的分歧并不多见。更多的是在这两极之间寻找一种平衡。我们要探讨的，是无论你采取哪一种教学观或学生观，作为一个教师必须要做的准备工作以及相应的策略。

第一节　制订教学计划的策略

一、课程计划

课程计划是为在规定的时间里组织和安排要教授的内容而制订的计划。学校将一学年进行划分（如分为两个学期），使得课程在一定时限内完成。课程计划的内容包括熟悉所教的内容，确定教学内容的呈现顺序，考虑材料、教材的变化，确定课程中各内容的大体教学时间安排，根据具体环境和学生的需要增加、删减、调整课程，制订课堂常规等。

（一）制订课程计划的步骤

步骤一：确定课程目标（明确期望让学生通过课程学到什么）和支撑目标的原则。

步骤二：确定与课程目标有关的课程内容，包括选择要学的主题，并以恰当的顺序组织它们，确定每个主题的重要性程度。

步骤三：确定每一个主题需花多少时间。

步骤四：根据所选的目标和主题，确定课程所用的方法，包括基本策略、主要作业、课本等。课程大纲是这一步骤的成果体现。

步骤五：制订订购具体设备、书本、录像带、计算机软件或其他材料的计划，安排具体的教师以及与学期、单元、每周计划的合作计划。

步骤六：确定评价学生实现课程目标的程序。

（二）课程计划的形式

课程计划通常采取的形式是概括性的内容大纲，其中包括课程内容、方法、评价的具体概念。其他相关材料也可以视为课程计划的成果。教师可以把这些所教课程或科目的材料保存在专门的笔记本里，在做学期、单元和每周计划的时候，很可能就要参考这些资料。

1. 课程目标表

按照制订课程计划的步骤，教师首先要准备的是课程目标表。教师可以在仔细查阅、考虑课程大纲、教学参考书和其他材料之中的目标之后，综合确定这些目标。

2. 课程内容大纲

列出课程中包含的各个单元，以及各个单元中的章节数目和标题。这种单元大纲可以与所用教科书的顺序一样，也可以由教师自行决定更改单元的顺序。

3. 有关每个单元所花时间的注释

以内容大纲为基础，教师要确定每一具体单元计划要花的时间量。例如，教师可以在大纲上注明，从开学到十月中旬要完成第一单元。在每一单元都要做类似的注释。

4. 课程提纲

在课程提纲中，教师应向学生介绍有关本课程的基本情况、所需要的材料、所使用的教学方法和活动、课程要求和评价程序、各种事件的安排、课程内容大纲等大致信息。通过这一过程，教师在课程开始之前就将课程要求和评价程序确定下来，有利于学生对课程产生整体印象。

5. 订购设备和其他教学资源的记录

教师可以立即订购具体设备、书籍、录像带、计算机软件或其他材料，也可以提醒自己在课程快开始的时候再订购。同样，教师可以立即安排具体的教学或合作计划，也可以提醒自己在真正开始单元教学之前再做这些工作。

二、课时计划

课时计划是对具体一天中某节课的目标、材料、活动、评价和其他信息的准备。课时计划能帮助教师明确每节课的目标、内容，确定教学活动和如何实施活动的具体方法，组织恰当地评价学生的学习。

一份详细的、组织良好的课时计划常常会使新教师受益，而在经验逐渐丰富起来的时候，教师可以简化计划的详细度，但必须在脑海里对略写的部分有个明确的构想。

（一）课堂教学过程的组成部分

在决定一节课的教学内容及其呈现顺序的时候，教师一般应该虑及三个部分的活动：引入活动、发展活动和结课活动。

1. 引入活动

引入活动是用以向学生介绍内容，吸引他们的注意和兴趣，并为下一阶段的课堂教学活动做准备的活动。引入活动的形式可以多样化，为激发学生兴趣服务。从内容上说，在引入活动中教师一般应概述本课的目标、学习内容及其关键点、本节课对学生成绩提高的促进作用，以及教师本人对学生的期望。这有助于学生了解本节课的学习内容，明了本节课与先前的课的联系，从而促使学生将本节课与整个课程大框架相协调。

2. 发展活动

发展活动即呈现内容的活动，是学习内容的传递过程。包括教学组织形式、教学媒体以及本章将要重点论及的教学策略。

教学策略的选择要有助于学生达到教学目标，在教学中教师应根据学生注意力的变化、学生的不同学习风格等使用多种教学策略，以增强教学的多样性，更好地促进学生学习。例如，小学六年级的一节语文课，可以先由教师简单介绍故事部分；然后全班看关于这个故事的录像；接着，学生结对分析和理解刚读过的故事，并以此作为课堂作业；最后，以全班讨论和归纳出中心思想来结束本课的学习。在这节课中包含了四个主要部分，每一部分运用了不同类型的活动，学生在其中的角色也不同。

3. 结课活动

结课活动再次概括本课内容，并让学生做好下课准备。优秀的教师会在上课结束之前几分钟停止发展部分，为内容结束和下课程序留出足够的时间。

内容结束即是在下课前概括本节课的主要内容。这有助于强化本节课所涉及的内容，帮助学生理解这些内容与本单元和课程中的其他信息之间的联系。下课程序则是为了使学生有足够的时间为下一门课或去下一个教室做好准备，学生可以利用这段时间记下家庭作业，收好教材和文具，然后准备离开教室。

虽然许多教育工作者都认为引入、发展和结课活动是任何一节课的重要组成部分，但也有另外一些观点。如罗森夏因（Rosenshine）提出，在教师为主导的教学中应包括复习旧课、呈现新内容、教师指导练习、纠正与反馈和独立练习五部分，另外教师还要安排每周和每月的复习。与以教师为主导的教学方法相反，亨特（Hunter）提出课堂教学包括预设情境（集中学生注意力于待学习内容）、本节课的假设和目标的陈述、教学输入、模仿、理解度的监控、有指导的实践、独立实践。这些都为课堂教学过程的设计提供了借鉴，教师只有灵活运用，才能取得预期效果。

此外，课时计划的制订并非一劳永逸，需要教师在课堂教学开始前和过程中适时做出调整。例如，教师可能会同时教三个班的世界历史课，在三个班中用同一个课时计划。但是现实中不存在两个完全相同的班级，每个班级都有自己的特点，这些特点肯定会影响教师的实际教学。譬如某班有学生去过课堂上要讲到的国家，那么教师就可以利用这些特殊学生；而另一个班的学生可能在合作学习活动中表现比较好，教师可以多安排合作学习活动。因此，在教学开始之前，教师应根据各个班级的具体特点调整课时计划。

在实际教学中，教师可能会发现情况并不像所计划的那样进行。学生可能对概念的掌握有困难，或者对教学内容不感兴趣，不像教师所期望的那样参与进来。由于这些情况的出现，教师需要在教学的过程中随时做出调整。可以让学生采取结对活动的方法，以代替个人活动，或者缩短某项活动的时间，增加另外的活动。如果教学活动不像计划的那样进行，教师可以改变活动的类型或者活动的方式。

由于这样或那样的原因，教师需要在教学过程中做出调整。在教师做出调整之后，应在课时计划中注上附加说明，在下一次制订本课的计划时，这些附加说明就会成为丰富的信息资源。

（二）课时计划制订的一般要求

课时计划制订的一般要求是为有效地制订并实施计划服务的。有经验的教师在制订课时计划的时候，一些要求会自动浮现在脑海中，这甚至已成为其制订课时计划的技巧。主要如下。

（1）保存所有的笔记和课时计划，作为下一次教授这一内容时的参考资料。

（2）制订备用计划，以应付不可预料的情况发生，如教师迟到或者教学设备出现故障。

（3）制订计划时，如果其他教师能够提供思想和支持，就去寻求他们的帮助。

（4）使本节课的目标与单元和课程目标密切结合。

（5）确保每一项教学活动都为实现本课目标服务。

（6）为每节课设计多种教学活动，使用多种教学媒介。

（7）设计激励策略。

（8）为每项教学活动安排恰当的时间量。

（三）课时计划的组成部分

课时计划的书写有多种形式，但不管哪种形式的计划通常都要包括本节课的基本信息、本课目标、过程、材料和评价这些内容。也有的课时计划将教学材料说明并入本节课的基本信息。

1. 本节课的基本信息

每一个课时计划的开头都要有一定的关于这门课程、这一科目以及这节课的信息，包括授课教师的姓名、课程标题、年级、班级、单元名称、本节课的主题以及授课时间。虽然授课教师早已知晓这些信息，但读到这份课时计划的其他教师却很需要这些信息。例如，代课教师就需要这些信息，以便能恰当运用原任教师在周计划中简要描述的课时计划；校长和同一教研室的教师也需要了解计划表中的信息。

2. 本课目标

正如课程有目标一样，每节课都有一个或多个目标。一个目标就表达了一个预想的学习结果，通常以学生在教学结束之后能够做到什么的形式来描述。

（1）目标表述。麦戈（Mager）认为，教学目标应包括：

第一，行为描述。课堂教学目标中的行为描述通常以期望学生知道什么或做什么的形式来表述（如写一篇关于众议院成员选举程序的论文）。学生的这种行为或表现要能为教师所观察，这样教师才能通过观察或评价表现，了解学生是否已经掌握了教学内容或技能。为此，教师应确定一个行为动词，这个行为动词描述了学生成功完成学习任务的特定时期教师将观察到的行为。在选择观察的具体行为的时候，教师要分析课程的目的、可利用的教学内容与材料、为学生准备的学习任务，以及教师期望学生保持以在将来的学习或工作中运用的技能或知识。

通常，教师在制订课时计划的时候，脑海中会出现一些通用的词汇，如“知道”“理解”“欣赏”或“相信”等，此类词汇不甚确切。较为理想的词汇是限定性的词汇，如“写出”“背诵”“辨别”“区分”“对比”“列出”或“比较”等。因此，教师应该以可观察的词汇来书写教学目标，而不是一些通用的抽象的词汇。总之，行为动词的选择应能明确表述期望学生表现的行为。

第二，情境描述。课堂教学目标的另一个重要部分是学生完成教师给予的任务或作业时的情境或环境描述。这些情境或环境包括学生可利用的工具（如“使用计算器”，“不使用书本”），完成任务的时间限制（如“15 分钟之内”，“在两周的时间里”），以及进行任务的地点（如“在课桌上”，“在本小组内”，“在图书馆里”）。例如，如果要求学生列出临近本省区的其他省区，这就涉及是可以利用地图回答问题，还是只能凭记忆回答。课堂教学目标中应将此类完成任务的情境描述清楚。

第三，标准描述。课堂教学目标的第三个部分是评价学生成功达到目标的标准。例如，要求问题回答的正确率达到 80%，或围绕给定题目写一篇英语小作文，至少写五句等。这里确定的标准通常只是最低限度的理想表现，事实上，教师希望学生在更高的水平上达到目标，而不是最低限度的达标。

标准的确定受到许多因素的影响，教师要综合考虑，保证标准的合理性。例如，有的材料过去已经接触过，但是如果这一材料是新概念或技能的铺路石，那么让学生加深对它的理解就很必要了。这种类型的材料通常被称为“必要信息”或者成功完成相关学习任务的基本信息。没有完全理解这一信息，学生就难以掌握新概念或技能以及下一个或相关的技能。对于这类必要信息，教师可以规定达到至少 95% 甚至 100% 的能力水平。许多教师在进入一个单元之前都要做前测，以确保学生的需要与目标相符。

（2）学习领域分类与本课教学目标的确定。将目的转化为教与学目标的方法之一是将期望结果归入一个分类系统。分类法就是一个使教育工作者明确地组织学习目标以实现某些结果的分类系统（布卢姆，1984）。布卢姆的教育目标分类法是分层的，分类系统的各个水平之间相互联系，层次越高就越复杂，每一个低层水平都是更高水平的基础。

在布卢姆的分类系统中，按照逻辑关系将学习目标进行了归类，分为三个学习领域。[①] 它们是：认知领域，指的是智力上的思维技能和能力；情感领域，指的是学生对学习的态度；动作技能领域，指的是学生的身体运动和相关的技能。每一领域都有帮助描述过程和设计学习活动的分类系统。学生所学的可能有 80% 属于认知领域，其他两个领域所占的比重相当。

分类法要求在制订课时计划的时候，教师要仔细考虑本课的教学目标，因为这些目标将规定所教内容的性质。另外，目标选定之后，就应该以其为指导进行内容的选择和呈现。例如，如果希望学生描述哥伦布环球航行的原因，那么就不应该只呈现航行的时间和事件的日程安排。教学后的测验也要根据这一目标和内容范围来确定（例如，如果目标和内容是关于航行的原因的，测验题目就应该是问航行的原因）。总之，分类法是对目标、教学过程和评价手段的综合检验，以确保所教的内容学生能运用，并得到同等复杂水平的评价。

3. 过程

在设计教学过程的时候，教师要考虑早先论及的有效性教学的几个部分，即引入活动、发展活动和结课活动（包括内容的结束和上课的结束），将过程落实在这一框架内。给每一项活动都确定一个大致的时间量，以便能够更好地判断在课堂上可以完成多少活动。因此，教师在课的结构中要关注活动的选择、顺序的安排，以及学生在活动中的分组。

---

① 限于本书篇幅不做过多介绍，欲了解详细内容，请参见：布卢姆．教育目标分类学［M］．罗黎辉，译．上海：华东师范大学出版社，1986.

在选择教学活动的时候，教师需要考虑的因素包括学生的个性特点、教学活动本身的性质、教学情境和物理环境、自身的知识和技能、任务的复杂度、学生的投入程度、限定的时间量等等。

在确定活动的顺序时，教师应主要考虑两个原则：第一，活动应由简单到复杂，由具体到抽象；第二，第一次一般不应要求学生做对他们来说是新的和困难的活动。

将学生进行教学分组的方法很多，一般有全班教学、小组教学（包括合作学习和同学辅导）和个别教学。教师应选择能最好的促进学生达到本节课目标的分组方式，但同时又要考虑到教学形式的多样化。

（1）全班教学是将整个班级作为一个整体来教学。在这种形式中，教师可采用的教学方法有很多，如教授、演示、说明，面向全体学生提问和回答，向全班学生提供相同的叙述、实践和练习，解决同一问题，使用相同材料。即使是全班教学，教师也可以请某一个学生回答问题，监控参与活动的学生个体，在个别化的基础上与学生合作。换句话说，在全班教学中也要考虑到学生的个体差异。

（2）有时将学生分成小组学习更利于达到教学目标，能使学生更主动地投入学习活动，教师也可以更好地监控学生的学习进度。一般一个小组的人数不超过6人，否则就难以保证每个人都能积极参与。但对于某些教学方法的运用来说，中等规模的小组并不比大组效果好，如讲授法、演示法等。分组通常依据学生的能力、兴趣、技能、观点、活动，或者采取综合分组，有时也采用随机分组的形式。教师常用的分组类型有三种，即能力分组、合作学习小组和同学辅导。

能力分组即是将学习能力相近的学生归为一组进行教学。能力分组通常有两种类型：班级间分组（即根据学生能力的不同分班）和班级内部分组（即在班级内部按能力相近的标准分成若干小组）。

合作学习是一种将学生分成混合能力小组的方法，一般每组4～6名学生。教师给每个小组安排一个待解决的问题或待完成的任务，小组中的同学齐心协力、互相帮助、互相鼓励和质疑，最后获得一个小组表现的分数。通过合作学习，学生明白了他们不仅是为自己的学习负责，还要为团体成员的学习负责。但是，D. W. 约翰森（D. W. Johnson）和R. T. 约翰森（R. T. Johnson ）的研究表明，合作学习方法只能占7% ~ 20%的课堂时间[①]。合作学习通常有三种方式。第一，安排个别学生在全班任务或项目中承担具体责任；第二，安排学生共同完成一个普通任务或项目；第三，安排学生在小组中学习，并对小组其他成员的学习负责。

同学辅导即是学生教学生，通常有两种。第一，跨年级辅导，即年级大的学生辅导年级小的学生；第二，同辈辅导，即本班同学一起学习。同学辅导常常对那些反感成人参与讨论的学生有比较好的教学效果，同时能增进同学间的友谊，辅导的学生也会受益于这种学会教学的过程。对教师来说，同学辅导使得教师在面向全体学生教学的时候能顾及到学习有困难的个体；另外，在合作学习情况下自然会出现同学辅导，因此教师不必经常正式地去组织和管理它。

（3）个别教学。由教师创造个别学习的机会，学生完成自己选择的任务，或者由教师设计活动，让学生独自完成。古德（Good）和布罗菲（Brophy）（1997）在调查中发现，有三分之一的小学教师倾向于个别教学，中学教师也有五分之一倾向于此。在安排个别化学习的时候，教师可以运用多种教学策略，最常用的是探究和发现教学方法，如计算机辅助教学、学习中心、实验室、发现技术等。但并不是所有的个别化学习都采用探究方法，掌握学习方法也是一种著名的由教师指导的个别化教学策略。

4. 材料

课时计划中应包含教师在这节课的教学中所需要的一系列材料，包括教科书、附加书籍、散发材料、电影胶片、录像带、视听设备、地

---

① BURDEN P R. , BYRD D M. , Methods for Effective Teaching（2nd ed. ）［M］. The United States of America：Ally and Bacon，1999：100.

图、图画、地球仪、图表、实验设备、小黑板等。在做出最后决策之前，教师应检查这些材料，以确保上课时能够使用。例如，如果教师要用电脑做演示，应在制订计划的时候就预订好。

5. 对学生的评价

评价学生是否达到了单元或每节课的目标是教师的一项重要工作，因此，教师应在每节课的教学中都检查学生对教学内容的理解度，但没必要每节课都进行考试或测验，可以采用灵活多样的方式。例如，教师可以简单地通过关于本课内容的问题或活动来检查学生的理解程度，学生的反应就是其掌握内容程度的重要反馈，可以帮助教师决定是继续教学计划，还是将学生感到困难的地方再教一遍。另外，在授课开始之前复习上节课的某些问题也可以评价学生的理解程度。教师也可以定期地专门评价学生对上一阶段知识的掌握情况。

6. 其他可能部分

以上所论及的都是课时计划的一般组成部分，在课时计划中还可以包含以下信息：

（1）教学原由。有的教师在课时计划中包含本节课的教学缘由，这样教师就能明确本节课的价值，并将其传递给学生。

（2）教材大纲。有的教师喜欢在课时计划中加上本节课要包含的教材大纲，以集中本课的重要内容信息。

（3）重点。有时在一节课中有教师想强调的重点，将之写在计划中能提醒自己，然后在教学中着重向学生讲述。

（4）家庭作业或其他要求。

（5）时间表。有的课时计划的一侧还附有一张表，列出了每项活动所占的大约时间量，或者也可以在各项活动描述之后简单的标上估计的时间量。

（6）特殊注释。在本节课中，教师可能会有一些特殊的信息要告诉学生，如特殊事件、事件发展的时间线索提示、作业的补充信息等，可以将这些信息作为注释标在课时计划中。

（7）本节课的评价。这一项是留给教师在教学结束后记下一些关于本节课的情况。例如，某项活动可能需要比原计划更长的时间，或者每组学生的人数多一些效果会更好。这样，教师就有了关于本节课的体会的书面记录，在下一次制订这一课的课时计划时，就可以参考这些记录，做出一些必要的调整，以求提高教学质量。

（四）可供选择的课时计划格式

在教学实习的时候，实习生们都希望原任教师能提供每一课的完整课时计划表，这些表格不需要太长，2～3 页就可。作为新教师，坚持写完整的、详细的教案是明智之举，当经验逐渐丰富的时候，才可以适当减少教案的详细程度，甚至可以仅在周计划中概括地表述课时计划。

教师所使用的课时计划格式是多样的，没有普遍适用的课时计划内容。因此，教师可以自己决定在课时计划中包含哪些信息，然后以符合自己需要的格式呈现这些信息。

教师可以自行设计课时计划的格式，也可以直接采用一些成功的格式，或者在计算机上形成格式文件，这样，教师对每节课都形成了一个电子文件，便于读取和打印，并且每次制订新的课时计划时都可以适当做出些调整。另外，教师应将制订好的课时计划分别保存在各自的单元文件夹内，以便于日后查找和取阅。

第二节　确定教学目标的策略

教学目标是指教学活动所要达到的预期结果。它可以是较长时间教学活动的预期，比如一个月；也可以是对短期教学活动结果的预期，比如一节课。但不论时间的长短，它都是针对具体的教学情境而设定的。

在课堂教学中，要合理地设立教学目标，也要明确地表述教学目标。教学目标的合理性和明确性可以归结为这样两个问题——怎样确定教学目标和怎样表述教学目标。在课堂教学中，教师恰当地解决这两个问题，是取得教学成功的先决条件之一。

一、教学目标的作用及其选择策略

（一）教学目标的作用

衡量一项教学目标是否合理，就要看这个目标能否发挥应有的作用。目标不仅是教学活动的预期结果，而且是教学活动的调节剂。教学目标一经确立，就会反过来给教学活动以积极的影响。当然，这只是对合理的教学目标而言，实际上，不合理的教学目标也会使教学活动遭受挫折。我国一些优秀教师从自己的教学经验中总结出，教学目标要难度适中，使学生“跳一跳，摘桃子”。就是说，必须有一定难度，要“跳一跳”才能摘到“桃子”；同时又不能过难，以至于使大劲“跳一跳”也摘不到“桃子”。

优秀教师的教学经验和教学论的研究都表明，合理的教学目标能够最大限度地发挥学生的学习积极性，积极地促进教学活动朝产生最大成效的方向发展。

教学目标对教学活动所起的作用主要有三种：指向作用、激励作用、标准作用。

目标的指向作用是通过影响人的注意力而实现的。有了明确的目标，人在活动中就会把注意力集中在与目标有关的事情上，尽量排除无关刺激的干扰。有人曾做过这样一个实验：

把同一班的学生分成两个小组，领他们去郊区农村参观。出发前告诉第一个小组的学生，“你们注意观察谷物的生长情况，看那里有什么，长得怎样”。告诉第二个小组的学生，“你们注意观察蔬菜和水果的生长情况”。回来以后让他们分别把观察所得写下来。学生们一般都有比较详细、具体、生动的描述。接着，教师让第一组的学生描写蔬菜和水果的生长情况，让第二组的学生描写谷物的生长情况。结果，只有极个别的学生能够写出自己的印象，大多数学生的叙述是含混、模糊的。

这个结果清楚地表明了目标的指向作用对学生观察的影响。这说明，教学活动的效果与教学目标的指向作用有着十分密切的关系。一个出色的教师总是能够在教学开始时就向学生提出明确的目标，而有些教师做不到这一点。其结果必然是，前一种教师在课堂上的一切活动都有明确的目标，也很清楚怎样才能实现这些目标。因为胸有成竹，所以也就有可能从容自如，做到事半功倍；而后一种教师的活动则有可能缺乏条理，劳而无功。

在这个例子中，目标的激励作用已经显露出来了。很明显，实验者指出的目标激发了学生观察特定对象的积极性。也就是说，激励作用和指向作用是紧密相连的。但是这并不是说有指向作用就必定会有激励作用。比如，对一个不喜欢音乐的学生，教师就是提出学习音乐的明确目标，他也不一定会积极地学习音乐，即使勉强从事，也不会维持长久的热情。这说明，教师提出的目标虽然起到了指向作用，却没有起到激励作用。所以，教学目标要起到激励作用，就必须与学生的内部需要相一致。只有教学目标符合学生的内部需要时，才能够激发学生的动机，引起学生的兴趣，转化为学生积极参与教学活动的动力。

教学目标能否起到激励作用，还要看该目标的难易程度是否适当，也就是符合“跳一跳”才能摘到“桃子”的要求。一个难度适中的目标能够激发学生强烈的学习动机，引起持久的学习积极性，激励学生为实现该目标而做出不懈的努力。而一个过难的目标会使学生望而却步，退缩不前；一个过易的目标又会使学生感到“没劲”，缺乏刺激力，从而视若无睹，引不起强烈的动机和兴趣。在这两种情况下，教学目标都会失去激励作用。我们既不能片面地强调“高难度”，也不能对学生的学习潜力估计过低，不敢让他们经受困难的磨炼，处处扶着、抱着，使他们得不到迎接挑战的机会。在教学活动中，要想使教学目标充分发挥激励作用，教师就应当在研究学生的兴趣、动机、意志、知识和能力水平以及他们的个别差异上下工夫，只有这样，才能够把握住学生的“最近发展区”。

教学目标确定之后，是否达到了既定的目标，就成了衡量教学效果的尺度。在教学效果的检测和评价中，教学目标的标准作用是显而易见的。教学检测就是以既定的教学目标为标准，用可靠的数据显示教学效果是否达到或在何种程度上达到了既定的教学目标。教学评价则是根据检测结果对教学过程进行全面分析研究，其中一项重要内容就是看教学目标是否发挥了应有的作用。这就是说，一方面教学目标是检测教学效果的标准，另一方面教学效果也为评价教学目标的合理性提供反馈信息，以便在下一阶段的教学中对教学目标做出必要的调整。

以教学目标为中心建立的评价模式称为行为目标模式（泰勒模式）。一般来说泰勒（Tyler）模式教学评价的对象主要是学生的学业成绩，评价的依据是教学目标。这种评价模式一经介绍到我国，其鲜明的可操作性使得它在我国得到了广泛的运用。但应当指出的是，随着教学评价思想的发展，人们逐渐认识到教学目标不是评价的唯一标准。教学评价不仅要依据教学目标进行；一个全面完整的教学评价不仅要评价教学活动的结果，还要评价教学的决策过程，评价教学活动的过程。在此基础上，形成了多种评价模式。除了行为模式外，还有为教学决策服务的 CIPP 模式；重视对教学的非预期效果或负效应评价的目的游离模式；注重评价教学活动，体现价值多元化的应答模式，等等。这些不同的评价理论和评价模式为教师确定教学目标提供了多种可供选择的方案。

（二）教学目标的选择与确定策略

教学目标的选择与确定过程无疑也是教师对教育理论、教学理论中不同观点的选择与确定过程。教师确定什么样的教学目标，事实上反映了教师对教育教学观念的不同理解。例如，一个教师在教学中，可以决定让全班的学生学习同一教科书规定的内容，也可以给学生提供多种信息来源，让学生自己选择学习的内容。一般而言，影响教师选择教学目标的因素主要如下。

1. 教师对教育与教学意义的理解影响其对教学目标的选择

教师在从事教育教学活动的过程中，需要经常不断地思考这样一些问题，教育的意义何在？在我的教学活动中，什么最重要？前者可以说是教育理论中最基本的问题。历史上曾有“个人本位论”与“社会本位论”之争，而如今没有人会走向哪一个极端。但教师在选择与确定教学目标时总会有自己的倾向。如果教师倾向于认为教育主要是为培养人而存在，他在选择和确定教学目标时，可能会更多地考虑到学生的发展水平和学生的兴趣与需要；如果教师倾向于认为，教育更应该满足社会发展的需要，那么，他会更多地从社会的需要来选择和确定教学目标。同时，学科本身的学术价值，学科逻辑体系也是影响教学目标选择的因素。值得指出的是，选择教学目标的这三个影响因素并不是截然分开的，而是综合地对教学目标的选择与确定产生影响。在教学目标的选择与确定过程中，要考虑多方面因素。对于教学活动中什么是最重要的问题，也有过不同的观点：教学是以向学生传授知识、技能为主，还是以发展学生的智力为主。对这些问题的思考常常会影响到教师对教学目标的选择。

2. 教师对“知识”的理解影响其对教学目标的选择

人们对“知识”本身的认识是不断发展的。中国传统的知识观认为，知识是客观事物的属性与联系在人脑中的主观反映；根据反映的深度，可分成感性知识与理性知识；根据反映的内容，可分成自然的、社会的、思维的知识；根据知识的来源，可分为直接知识和间接知识。现代学习理论对“知识”有了更广义的理解。梅耶（Mayer，1987）提出，知识可以分成三大类——语义知识、程序性知识、策略性知识。语义知识是指个人关于世界的知识；与陈述性知识的含义基本一致。程序性知识是指用于具体情境中的算法或步骤；策略性知识主要涉及学习者学习的方法和解决问题的一般方法，包括自己学习的策略。这种广义的“知识”包括了传统意义上的知识、技能和策略。对“知识”认识的变化必然引起人们对技能、智力以及学习的理解随之变化，因而影响到教师对教学目标的确定。

3. 教师对教学目标的三大领域的理解直接影响到教师对教学目标的选择与确定

第一，情感领域的教学目标最为隐蔽，它以潜移默化的形式渗透在所有的教学中。这一领域的教学目标涉及教学对学生情感的影响。情感领域的教学目标实质上反映了教师希望通过教学活动使学生形成一种积极的态度，对自己、对他人、对客观世界的积极的态度。情感领域的目标虽然较为隐蔽，但却非常重要。学生家长和学校的管理者都非常关心学生在学校中的情感体验。家长会问刚上学的学生，“在学校开心吗”“老师对你好吗”。而学校管理者也会了解学生对教师的反映，包括教师的教学能力、知识水平，还包括教师对学生的态度，教师管理班级的方式。这些都说明人们对情感领域的目标的重视。

第二，动作技能领域的目标是以发展学生肌肉的力量和身体的协调性为主。在学校教育活动中，这一领域也许是三大领域中最不受重视的领域。但教师应该认识到，对动作领域的重视程度与教育的阶段和学校的培养目标有关。

第三，认知领域可以认为是学校教育中最为重视的领域，也是教学目标最为普遍的形式之一。认知领域主要涉及知识和技能的传递。无论过去和现在，人们普遍认为这是学校教育的主要任务。美国学者经过调查得出结论：中小学生在学校中，平均有 80% ~90% 的时间是在完成认知目标。这种情况在教师的教学策略和测验的种类中也有所反映。实际上，我国教师对学生的评价主要是致力于认知目标方面，家长和学校管理者也同样注重认知领域目标的实现。

二、教学目标的表述

教学目标的表述应全面、适度、明确、具体。

全面，就是指既要有知识方面的教学目标，也要有能力、情感、习惯方面的教学目标。

适度，就是要求不能过高，也不能过低。一堂课的容量既不能太多，以致学生消化不了，也不能太少而使学生学不到什么东西。目标要从学生的实际出发。一个班里几十个学生，他们的认知水平和动机水平是有差别的，教师拟定的教学目标应有针对性，要分别适合于上、中、下不同水平的学生。

明确，就是目标要抓住教材的重点，不要不分主次地提出一连串教学目标。

具体，主要是指知识方面的教学目标，要用学生的学习结果来表述，不要用教师或学生的行为过程来表述。例如，可用“学会本课的8个生字和这些生字组成的词语”这样的语句来表述，不要用“教本课的8个生字……”或“学习本课的8个生字……”来表述。用学习结果的动词来表述，这样才能检测教学是否达到了预定的目标。

例1. 广州市一位小学数学教师教《分数的初步认识》时拟定了如下教学目标。

1. 认识分数的产生，认识几分之一和几分之几；认识分数各部分的名称，掌握分数的读法和写法。

2. 能用分数表示图形里的阴影部分，也能在图中画出阴影部分表示分数；能说出几个几分之一就是几分之几和几分之几包含几个几分之一，并能在分数线上标出一定的分数；提高观察、操作和用完整数学语言表述的能力。

3. 养成用尺画分数线的习惯，培养学习数学的兴趣、自觉性和克服困难的意志。

这里既有知识和技能方面的教学目标，又有能力方面的目标，还有情意和行为习惯方面的目标，体现了全面性。认知领域目标的表述采用了“认识”“掌握”“能用……表示”“能说出”“能标出”等反映学生学习结果的行为动词，这就使教学目标具体化，便于操作和检测。

例2. 北京市一位小学语文教师教《称象》一课时拟定了如下教学目标。

情意领域

通过学习曹冲称象的故事，了解曹冲称象的过程，从中学习考虑问题的方法（懂得要灵活运用学到的知识，善于把事物联系起来进行比较和联想）。

认知领域

1. 识记：学会10个生字，读准字音，熟记字形，并会写课后8个词语。

2. 了解：了解生字的字义，体会句子中用与不用带点字词有什么不同，懂得怎样按事情发展顺序叙述。

3. 简单应用：会用“议论”造句，会按课文内容填空，会给句子加冒号、引号。

这一节课的教学目标也体现了全面性，对不同的知识点提出了不同的学习水平达成度，采用了可检测的行为动词。有了这些明确、具体的目标，就便于教师用它们来调控教学过程。

目标要有层次性。拟定教学目标，除了项目要全面之外，还应特别注意面向全体学生。有些目标项目可能只有一部分学生能达到，这些教学目标可用分层要求的方法来拟定。例如，对学优生和学困生分别提出不同的教学达成度。

例3. 有一位小学数学教师教两步计算应用题，她最初制定的教学目标是这样的：

1. 教给学生分析两步计算应用题的方法。

2. 使学生初步学会解答“求比一个数多（少）几”的两步计算应用题。

3. 初步培养学生分析问题和解决问题的能力。

在学习了分类要求的教学理论后，她将这节课的教学目标修改为：

1. 使学生初步了解两步计算应用题的分析方法，初步学会用分析法解答“求比一个数多（少）几”的两步计算应用题。

使学习基础较差的学生能在老师启发下，随着老师提出的问题去思考问题和解答问题；

使学习中等水平的学生能在理解题意的基础上判断一道题是一步计算应用题还是两步计算应用题；

使学习水平较高的学生能用分析法分析问题，找出题中的隐蔽条件，确定解题步骤，独立解答两步应用题。

2. 使学生对学习应用题产生兴趣。

课堂教学目标可以分三类，也可以分基本要求和较高要求两类。

例4. 一位初中数学教师教“直角三角形习题课”时制定的教学目标如下。

基本教学目标：

1. 使学生能够看着图形正确叙述直角三角形的三个重要性质；

2. 使学生能够直接应用直角三角形的三个重要性质求解一步的计算题。

较高教学目标：

1. 使学生能够熟练地解典型的直角三角形的问题；

2. 使学生掌握解直角三角形问题的一些常用技巧，会添加辅助线和用分析法寻求难题的解法。

要求学习水平较高的学生达到“较高教学目标”，做相应的练习；要求学习水平较低的学生必须达到“基本教学目标”；让学习水平中等的学生完成“基本教学目标”，并鼓励他们积极参与“较高教学目标”的教学活动。

第三节　设计教学内容的策略

教学内容是根据教学目标来定的。这些目标完全可以是认识的，包括学习具体知识，以便回忆和解决问题；也可以是情感的，如有关自知的学习和合作的价值；也可以是二者兼有的。总之，教学目标决定了教学内容。

然而，在教学中输入内容并不像投进一枚硬币让售货机运转那样简单。教师要认清同样的材料以不同的形式包装，会产生显著不同的效果。例如，载于书报上的故事和用电影放映出来的同一则故事，其效果是不同的；教科书中的历史和用新闻短片呈现的历史也是极为不同的。此外，教师也是这种信息中的一部分。甚至在放电影时，教师对影片是否有热情，都会对学生接受何种信息以及接受到什么程度产生重要影响。

一、先行组织者策略

（一）先行组织者策略概述

认知派心理学家非常强调有意义学习，其重要的教学策略——先行组织者就是根据这个原理产生的。奥苏伯尔认为有意义学习的心理机制的同化，即学习者原有认知结构中的知识被吸收并固定新知识的过程，是新旧知识之间相互作用的过程。新知识被同化到个体的认知结构中，使认知结构发生变化。根据新旧知识的三种不同的作用关系，奥苏伯尔将学习分为三种。（1）下位学习。在这类学习中，新学习的观念是原有知识的下位观念。（2）上位学习。在这类学习中，新观念是原有观念的上位观念。从许多具体范例中概括出概念的学习都是上位学习。（3）并列结合学习。在这类学习中，学习者的原有认知结构中，既没有上位的也没有下位的适当观念可以用来同化新观念，但有某些可以类比的观念可以用来帮助理解新观念。无论哪类学习过程，都是学习者对学习内容的加工过程。在三类学习中，下位学习最为容易。因此，奥苏伯尔提出，当学习者认知结构中没有适当的上位观念可以同化新观念时，教师可以在教新观念之前，让学习者学习一个引导性的材料，它比将要学习的新材料具有更高的概括程度和更高的包摄性。然后，学习者利用这一材料去同化新的学习材料。这就是先行组织者的基本原理。通过先行组织者，帮助学习者对所学内容进行加工。

奥苏伯尔认为，教学的目的是培养学习者良好的认知结构，先行组织者就是为使学习者的认知结构强而有力设计的。先行组织者有陈述性与比较性两种类型。前者为学习者后面的学习提供“认知路线图”，后者为学习者后面的学习提供可类推的材料，学习者通过类比能更好地理解新材料。

（二）先行组织者的范例

一位临时教师同一群中学生参观艺术博物馆。她说：“我要告诉你们一种观点，这一观点将有助于你们理解我们将要看到的油画和雕塑。这一观点是，尽管艺术是一种个人思想和情感的表达，但它以多种方式反映了产生艺术的文化和时代特点。在你们注意到东西方艺术的差别时，你们首先会很容易理解这一状况。然而在每一种文化中，随着文化的变化，艺术也会发生变化。这也是毫无疑问的。这正是我们为什么能分出艺术的诸多时期的原因。这些变化经常反映在艺术家的技巧，作品的主题、色彩和风格上。主要的变化经常反映在那些被创造出来的艺术的形式上。”这位教师接着指出了这些特征中一两种变化的例子。她还要求学生回忆他们在小学时代以及在五六岁和再大一点儿时所作图画的差异。她把学生成长的不同阶段比作不同的文化时期。

在随后的参观中，这个教师在学生欣赏油画和雕塑作品时，向他们指出变化中的时代给这些作品带来的差异。她说：“你们是否看到画中人物的身体几乎完全被他的长袍所遮盖，衣服遮盖了人体的线条？在中世纪，教会告诉人们，人体不重要，而灵魂就是一切。”后来她又评论说：“你们看这幅画，这个人的肌肉透过他的衣服而显露出来，他多么坚定地站在地球上啊！这体现了文艺复兴的观点，即人处于宇宙的中心，人的躯体、人的心、人的力量确实极为重要。”

（三）先行组织者的程序

先行组织者由三个阶段组成，每一阶段都遵循奥苏伯尔的信息加工原理。

1. 呈现先行组织者

教师在让学生确定目标后，向学生提供先行组织者。教师要向学生解释组织者，因为先行组织者本身也是一种观念或是一个概念。必要时，教师要向学生列举组织者的基本特征，解释特征并给以例证，帮助学生理解组织者。但呈现组织者应该是简明扼要的。在这一阶段的最后，教师要提醒学生意识到自己认知结构中与组织者和学习新材料有关系的知识，以便学生能更好地利用组织者同化新的学习材料。

2. 呈现学习任务或学习材料

在这一阶段，教师将遵循逐步分化的原则将学习材料呈现给学生。“逐步分化”是奥苏伯尔组织教学内容的原则。在教学过程中，“逐步分化”是将较大范围的概念或概括分化为较小范围的概念或概括。也就是将概念分化为不同的层次，使学生独立地学习不同层次的知识，了解不同层次知识之间的关系，使学生形成良好的认知结构。

（四）先行组织者的新进展

近年来，研究者们在奥苏伯尔“先行组织者”概念的基础上，提出了更为宽泛的“组织者”概念。即认为“组织者”一般在要学习的材料之前呈现（“先行组织者”），但也可以放在学习材料之后呈现。它既可以是在抽象、概括性上高于学习材料的材料，也可以是具体概念，在抽象、概括水平上低于原学习材料的知识。

总的来说，“组织者”可分为两类：

第一类为陈述性（expository）组织者。

陈述性组织者与新的学习产生一种上位关系，目的在于为新的学习提供最适当的类属者。奥苏伯尔等人在20世纪60年代用有意义的材料进行了一系列的实验。他们发现，通过给学习者提供一些适当的陈述性组织者，可以使新知识与原有认知结构快速发生联系，有助于学习与保持。例如，奥苏伯尔在1960年做了一个实验，实验要求两组被试者学习有关钢的性质的材料。实验组在学习该材料之前，先学习了一个陈述性的“组织者”，这一组织者强调了金属与合金的异同，各自的利弊以及为什么要冶炼合金。控制组在学习该材料之前，先学习了炼钢和炼铁方法的历史，虽然这个材料可以提高被试的学习兴趣，但没有提供可以作为理解钢的性质的观念框架。结果在学习钢的性质的材料之后，两组被试的学习成绩产生了显著差异。实验组的平均分数达 16.7，而控制组的平均分数只有 14.1。

研究表明，“组织者”对言语和分析能力较低的学习者可以起到更大的作用，因为这些学生自身不能发展一种适当的图式把新旧材料联系起来。陈述性的“组织者”不仅用他们能懂的语言为他们的学习提供了适当的固定点，而且也促进了他们有意义学习的心向，避免了不必要的机械记忆。

第二类是比较性（comparative）组织者。

比较性的组织者用于比较熟悉的学习材料中，目的在于比较新材料与认知结构中相类似的材料，从而增强新旧知识的可辨别性。通过大量的研究发现，比较性组织者指出了新旧知识的异同，增强了原有的起固定作用的观念的稳定性和清晰性，所以当先学的知识不稳定和不清晰时，采用一个比较性“组织者”比过度学习新材料效果更好；当原有的知识本身就已经很巩固和清晰时，提高可辨别性的唯一方法，就是过度学习新知识。

可见，在概念或原理的学习中，呈现一系列相关的比较材料，以便连续地比较概念的有关特征与无关特征，有利于促进概念的形成。有时，即便没有实际呈现比较性组织者，但只要学生形成了一种比较新旧知识的意愿，同样也可以促进学习与保持。

无论是陈述性组织者，还是比较性组织者，在策略运用中都要注意两点。第一，教师要慎重选择教学内容的难度。教学内容必须适合学习者的能力水平，一方面要简化教学信息，另一方面要能产生新的信息，有利于知识的运用。第二，教师呈现教学内容时，要遵循“不断分化”和“综合贯通”的原则。从纵的方面来说，要遵循由一般到具体、不断分化的原则；从横的方面来说，要加强概念、原理、课题乃至章节之间的联系。教师在教学中应引导学生努力探讨观念之间的联系，指出它们的异同，消除学生认识中表面的或实际存在的不一致之处，把握概念、原理的本质。

二、让学生自主选择的教学策略

人本主义心理学家马斯洛和罗杰斯都强调，教学的内容应该是使学生认为是有价值、有意义的知识或经验。罗杰斯认为，只有当学生正确地了解所学内容的用处时，学习才成为最好的、最有效的学习。一般说来，学生感兴趣并认为是有用处、有价值的经验或技能比较容易学习和保持；而那些学习者认为价值小、效用不大的经验或技能往往学习起来很困难，也容易遗忘。如果某些教学内容需要学习者改变自己的兴趣或自我结构，那么这些教学就可能受到学生的抵制。因此教师要尊重学生的兴趣和爱好，尊重学生自我发展的需要，在教学内容的设计上给学生以充分的自由，允许学生根据自己的兴趣和爱好以及自我理想来选择有关学习内容，而不应把学生不喜欢的东西强行灌输给学生。在这种教学思想的影响下，选择性学习必将成为学生学习的主要方式。

（一）选择性学习的实质

人的本质特征就在于，人具有自觉自由的选择意识。人在选择中体现着自己的主体性和能动性，在选择中改造和完善着自身。学生的学习活动也是一连串选择的集合，但不知从什么时候开始，学生选择学习的机会被剥夺，他们的学习被强制，只能听命于教学大纲、教科书和教师的安排。

在我国中小学，教学基本上是面向中等生的教学，智力发展超常和智力发展落后的两部分学生在这样的班级里不可能达到理想的发展。这是因为，在以中等生为核心的教学模式中，蕴藏于超常儿童身上的巨大的学习潜力没有在课堂教学中得到开发。而智力落后的学生，由于先天禀赋、早期家庭环境和早期教学的失利，使得他们的发展更为不利。在以中等生为核心的班级中，智力落后的学生每天需要花费几倍于他人的时间和精力去学习对他们来说是很难理解或根本无法理解的教学内容，教学总是在吸收和消化尚未完成的情况下进行，他们的学习自然经常处于吃夹生饭的状态。这种忽视两头的教学是失败的教学，它是以放弃两头学生的发展为代价的，它与现代教学的要求是格格不入的。

选择性学习，是在教师指导下，学生根据自己的才能选择适合自身发展要求的学习内容、方法和进度等的一种自觉自主的学习方式。选择性学习的实质在于强调学生的学习是一种选择活动，学习的主体是学生，通过选择，激发学生的主体意识，力求最大限度地促进每个学生的发展。

（二）选择性学习的根据

选择性学习是现代和未来学习的必然要求，是建立在一系列可靠的依据上的一种有效学习策略。其主要根据有以下几点。

1. 选择性学习是学生丰富个性的必然要求

在以班级为教学单位的条件下，教师的教学策略不是面对抽象的学生，他所面对的教学集体是一个由多种智力背景和情感背景所构成的集体，不同智力和情感背景下的学生之间存在着明显的差别。每一个学生又是一个独特的智力世界和情感世界，他们在先天禀赋、智力水平、学习能力、早期家庭环境、情感、意志、兴趣等方面存在个别差异，并表现出各自的倾向性。正是这种个别差异和个体倾向性，决定了他们具有不同的学习基础和认知倾向与能力倾向，也正是学生的丰富个性，使得选择性学习成为可能和必然。

2. 选择性学习是信息社会的必然要求

当今世界，平均每秒钟就有一篇论文发表，每分钟就有一部图书出版。一个科学家即使夜以继日地工作，也只能阅读有关全部出版物的

5%。美国总统克林顿在1997年国情咨文中称，知识总量每5年翻一番。数字化、信息化在给人类带来文明和便捷的同时，也给学习带来了危机感。在信息的海洋里，需要人类学习和掌握的信息实在太多了。我们为学生选教什么？学生能学习什么？中小学教学内容仅仅局限于同一的教材内容已经不能满足时代的要求和不同学生发展的需要。今后教师的重要任务之一，就是帮助学生选择和为学生提供教材之外的各种有效信息。

3. 网络技术使得选择性学习成为现实

学生学习地点和学习方式的改变，使选择性学习成为信息社会学生学习的最佳方式。在传统的学校中，课堂是学生学习的地点，教师是知识的化身。随着信息技术的发展，特别是信息高速公路的开通和网络教学的实现，网络学习和网上交流将成为中小学生一种新的学习方式。现代社会的复杂性以及数字化时代的力量，对每个人提出了相应的要求，他们需要改变受教育的方式和学习的策略。网络可以帮助教师寻求各种信息和教学材料，使教师得以更轻松地学习他人的经验，帮助教师和学校的其他人员、家长与学生之间及教师与教师之间建立联系。网络学校就是一种选择性学习。美国国家信息基础设施顾问委员会组织的“让学生进入信息高速公路的花费与回报”调查显示，“在三个学年中，那些接受计算机辅助教学的学生，与没有条件使用新技术的学生相比，几乎可以多学一年的东西”。

4. 评价标准的多元化和评价方法的综合化是选择性学习提出的依据

现代教育的发展要求用多元而不是一元评价标准，从多维度而不是一个角度，用综合的评价而不是单一的评价方法来评定每一个学生的发展。在一定程度上，学生也可以根据自己的实际选择评价自己学习成效的标准和方法，学生通过自我评价，来判定其发展速度和发展水平，并在自我反馈的基础上，修正自己的学习方案与策略，调整学习进程和重新确定新的学习目标。

（三）选择性学习的实施

选择性学习的实施关键在于转变观念，教师要相信每一位学生完全有能力学得好。选择学习使教师和学生的角色发生了根本性转变，教师不再是教学内容和教学时间的主要占有者，学生真正成为学习的主人，教师的重要任务是精讲——提供学习材料——指导释疑。选择性学习不是降低了对教师的要求，而是提高了对教师的要求。苏联著名教育家、合作教育学者阿莫纳什维利做了有益的尝试，他给小学一年级的学生进行自由选择的机会与权利；苏联著名教育家沙塔洛夫给学生出了100道习题，让他们自己选择做哪些习题和做多少道习题。事实证明，即使是最缺乏创造能力的儿童也能进行选择。

具体而言选择性学习的教学策略可以从以下这几个方面着手

1. 设置多层级的学习任务

学习内容是实现学生发展目的的前提，适应学生自己发展的学习任务是教学内容最优化的表现。根据布卢姆的掌握学习理论，绝大多数学生在适当的教学条件下都能达到掌握学习的要求，影响学生学习的只是学习时间的多少和学习速度的快慢。因此，我们应该创设最适应学生发展的教学条件。布卢姆还认为，对于具有较好发展潜力的学生来说，预示着他可能先走一步，学得快一点，时间用得少一点。心理学理论表明，人的发展具有很大的不平衡性，这既表现在个体内，也表现在个体之间，根据学生的生理年龄来划分班级教学，必然存在着弊端。当学生的认知水平和认知任务不相符合时，不仅学生的潜能受到压抑，而且学生的学习动机也受到影响。因此，我们应该设置多学科、多层级的学习任务，以满足不同学生的发展需要。这主要从两方面着手：

一方面对学生提出的目标及相应的内容要做到同中有异。所谓“同”是指教材中应该掌握的双基，所有学生应该也必须达到。所谓

“异”是指教学内容的深度和广度、教学速度、理解知识的层次、作业设计和学业帮助各不相同，做到“下要保底，上不封顶”。

另一方面可实行学科分班教学。因为学生学习的实际可能性不一致，学生智能结构也存在差异，所以可以根据不同的教学目标，提供不同的教学内容，实行学科分班教学，以满足学生学习需要。如可将语文、数学等学科划分为三层次（A 班、B 班、C 班），由学生自主选择适合自己学习的教学班。

2. 提供可自主选择的学习评价

学习评价作为学习过程中一个重要环节，发挥着调节学习策略、激发和维持学习动机的作用。学生作为学习活动的主人，从某种意义上说，也应该有进行自我学习评价的机会，有选择评价标准的权利。因此，在评价上，我们也应该考虑充分发挥学生的主体性，让学生参与学习评价、选择学习评价。

（1）提供学科分层次能力试卷。学期末学科水平测试，可以采用体现不同教学目标的 A 卷、B 卷、C 卷，让学生结合自己的实际学习情况，选择适合自己的学习评价。一方面，学生通过评价，能更正确地认识自己，了解自己学习的进展情况；另一方面，因为学习评价是由学生自己选择，他对评价会采取比较认真、负责的态度，能更积极地投入到学习中去。

（2）提供重考、免考的机会。对于学习态度端正，知识掌握水平好的学生，期末学科成绩测试时可以免考；对于测试成绩不理想的学生来说，他还可以再次选择测试标准，重新考试，并以其较好的一次成绩作为标准。

（3）注重形成性评价。部分儿童由于在合适的教学环境、教学过程中经过一段时间学习，逐渐适应了新的学习环境，并顺利地完成了他们现有的学习任务，各项水平得到了充分的提高。因此，在每学期的不同阶段，提供形成性测验的机会，判明学生的适应情况，并进行相应的调整。这种形成性测验不是教学过程的结束，而是伴随教学过程来进行的，学生通过评价，可以从中获得自己的学习、行动是否正确的有用信息，同时也有助于教师和学生认识到其学习的实际可能性，及时加以调整，选择最适合自己的学习。此种评价提倡注重学习过程，而不是学习结果。

3

教学准备策略（下）

第四节　学生差异与教学策略

个体间差异是普遍存在的，作为一个个具体的教育对象，学生与学生之间在生理、个性心理、智力、能力发展等方面存在着差异，完全相同的两个人是不存在的。个体内差异是指每个人的素质结构上的差异。每个学生的内心世界都是一种独特的结构，这种独特的整体素质结构，是人在自然基础上，经过家庭、学校、社会环境的影响，并通过自身的实践活动逐步形成和发展起来的。一个正常的儿童，在这个独特的整体素质结构中，总会表现出某些方面的优势和特点，同时也存在着某些方面的劣势和弱点，表现出个体内素质之间的差异。每个儿童都有最适宜于从事某种活动的才能，每个儿童的才能表现领域和学习可能性是各不相同的。

一、学生的认知方式差异及教学策略①

学生的学习风格是指在学习情境中个体表现出的比较稳定的处理方式和倾向。学习风格在整体上反映了学习者的个性类型特征，它通过学习的认知方式、学习的情绪、动机状态特征、对环境的选择喜好以及对学习的社会性组织方式显示出来。其中，认知方式是学习风格最主要的成分。对认知方式的研究，始于20世纪40年代。在近60年的时间里，心理学对认知方式的研究取得了令人瞩目的成就。

在早期对认知方式的研究中，研究者倾向于以认知的某一具体过程或维度为基点去探讨认知方式问题。

（一）认知的知觉方式

认知的知觉方式分为两种，一种是场依存型—场独立型（field independent style-field dependent style）；一种是拘泥型—变通型（constricted style-flexible control style）。

场依存—场独立，最早由威特金（Witkin）于1954年提出。他在研究成人知觉时发现，在对知觉信息进行感知和抽象方面存在着个体差异，于是便将这种差异区分为场依存与场独立。场独立者倾向于以内部参照知觉事物，表现出独立地根据自己认为准确的标准觉察、判断事物。场依存者往往依赖于外部参照知觉事物，因而在做出判断时难以摆脱背景因素的干扰。场独立—场依存具有重要的教育含义，这一点已得到广泛认同。威特金本人也宣称其最有价值的应用是在教育上。国内外众多学者利用这一维度的理论成果在教育领域内进行了深入研究。研究主要集中在如下几个方面：（1）学生的认知方式与专业分化；（2）学生的认知方式与教学过程；（3）学生的认知方式与教师的教学策略；

---

① 宋广文，等．学生认知方式及其教育应用的研究与进展［J］．华东师范大学学报（教育科学版），2000（12）．

（4）教师的认知方式与教学过程；（5）教学过程中师生认知方式的匹配关系对教学效果的影响，等等。

拘泥型—变通型这一认知维度方式于 1954 年由克雷恩（Clein）提出。它是指个体在外在刺激干扰下因注意力是否集中而产生的个别差异。拘泥型个体容易因外物的变化而分心；而变通型个体则能较好地控制自己，不易受到外界因素变化的干扰。在学校环境中，这一维度的认知方式会影响到学生身心各方面的主观行为反应。教育心理学家和中小学教师合作，观察收集了学生在不同情境下所表现出的不同读书习惯等资料，提出构成不同学习类型的四种因素，其中之一便是环境因素。观察表明，习惯不同的学生对环境条件表现出不同的心理需求：有的要求安静；有的能容忍声音干扰；有的要求光线明亮；有的要求室内温暖；有的需固定座位；有的可随遇而安等。在学校教育情境中，学校制度、课堂环境、校园布置、声音、光线、温度等众多外界因素对拘泥型与变通型学生的影响不同，变通型个体比拘泥型个体更能抵抗外界刺激，从而在学习中表现出较强的坚持力和控制力。因此，学校中一切教育设施的设立都应当考虑对学生认知效能的客观影响。

（二）认知的记忆方式

按认识的记忆方式可分为平稳型—敏锐型（levelling style-acute style）和复杂认知型—简约认知型（congnitive complexity style-cognitive simplicity style）两种。

霍兹曼（Helzman）和克雷恩最早使用平稳型—敏锐型这对术语来描述认知的记忆风格。他们指出，平稳型者会简化他们感知过的东西，倾向于在旧经验的基础上吸收新知识，惯于遵循类化原则；而敏锐型者则惯于遵循辨别原则，倾向于强调当前感知的任务并把它们单独处理，以区别于旧经验。加德纳（Gardner）等人的研究进一步证明学生在知觉、记忆和获取信息时都存在着这种差异。平稳型和敏锐型一般可通过图式化测验加以测定，即令被试在暗适应后估计带光方框的大小，对方框尺寸低估次数较多且误差较大者为平稳型；而那些低估次数比较少的人则是敏锐型。这一认知方式对学生学习活动尤其是新知识的掌握具有重要影响。研究表明，在学习过程中，平稳型者表现出一种趋同性，难于看出新旧知识的区别和联系，往往以先前的记忆表象来判断和解释新知识；而敏锐型者则能敏锐地区分出新旧知识的异同，较易接受新知识。

凯利（Kary）等人依靠段落完成法等测量方法，对复杂认知型—简约认知型认知方式维度进行了研究，随后斯科特（Scott）的研究进一步确认了这一维度。该维度体现了在问题情境中运用具体线索时的个体差异。复杂认知型个体在知觉过程中能考虑到各种不同线索，并能尝试综合运用它们；而简约认知型个体则不善于处理复杂的问题情境，善于按简约法则行事，不能全面照顾各种线索。在学生的学习活动及其他活动中，这两种类型的学生面对问题情境时倾向于采取不同的行动。复杂认知型学生善于处理复杂问题，但有时也可能因对具体环节考虑太多而“陷进去出不来”；而简约认知型学生虽然处理问题简洁明了，但一旦面对复杂问题情境时便会手足无措。通过来自教师的训练和学生本人的自我训练，使学生在认知过程中既能忽略无关因素，又能抓住关键之处，其认知效率必将有明显提高，例如，面对科学概念时学生应运用复杂概念从多层次上分析理解；而对于政治问题，则使用简单概念从单维度上加以认识。

（三）人的解决问题方式

按人的解决问题方式可分为冲动型—沉思型（impulsive style-reflective style）和概念型—知觉型（conceptual style-perceptual style）。

冲动型—沉思型维度最初被卡根（Kagan）及其同事用于描述个体对一些具有不确定答案的问题的反应速度的差异。沉思型者总是谨慎地检查完各种假设，确定没有其他情况时才给出答案；而冲动型者则对问题未予以通盘考虑时便匆忙给出了问题的答案。因而前者表现为反应较慢而错误较少，后者则是反应迅速而错误较多。这种差异通常采用匹配相似图形测验（Matching Familiar Figures Test）予以评定。该测验要求被试从给出的6个图形中选出一个与标准图形相似的图形，由此判断出差异的两极。这两种认知方式的学生，在学校中解决问题的有效性是不同的。研究者对该认知方式维度与其他认知因素的相关进行了研究，结果表明，冲动型的认知方式妨碍对问题的有效解决，因而在各项认知任务中冲动型儿童的表现均不如沉思型。但是冲动型儿童可以通过训练而提高思考性，尽管这种提高在持续的时间上表现较短。所以在课堂教学中，教师应让学生认识到，应当迅速而准确地解决熟悉而又容易的问题，而审慎认真地对待生疏而又困难的问题。另外，认知策略的不同对两类学生解决问题的效果有明显影响。

一般而言，概念型的个体在问题情境中能面对众多的条件，把握住问题的关键，形成一定的概念性认识；而知觉型的个体只能凭知觉看到问题的表面，对问题的理解仅限于知觉水平。在学习活动或其他教育情境中，这两种类型的学生对问题的理解水平不同。概念型学生善于抓住问题的关键，形成概念；而知觉型学生却相对缺乏透过现象认识本质的能力，但有意识的训练可以较为明显地改善这种状态。

（四）认知的逻辑推理方式

按认知的逻辑推理方式可分成跳跃型—渐进型（holist style-serialists style）和扫描型—聚焦型（scanning style-focusing style）以及广视分类型—狭视分类型（broad category style-narrow category style）三种。

以跳跃型—渐进型为例。跳跃型—渐进型最早是帕斯克（Pask）等人于1972年在随意学习状态下对学习者解决问题能力的实验中确定下来的。渐进型者注意探索具体明确的材料，倾向于查看较少的资料，用一种逐步推进的方法来肯定或否定他们的假设；而跳跃型者则喜欢浏览大量资料来寻找某些范式或关系，倾向于检验大量预测的或相关的假设。对这一认知方式维度的评定主要是通过被试完成认知操作作业

（如键盘操作、卡片分类等）进行的。在教育领域中，首先，两种类型的学生使用的认知策略不同。帕斯克发现，尽管两类学生最终对材料的理解水平相似，但他们到达的路线却不同。采用逐步推进方法的渐进型学生，显示出从一个假设到另一个假设的合乎逻辑的线性进展。他们注意的中心集中而狭窄，谨慎而严格地对待每个步骤；而采取跳跃方式的跳跃性学生则倾向于使用整体的策略，视野开阔，在学习中表现出明显的个性化。其次，学习材料与认知方式的匹配与否会影响两类学生的学习效果。帕斯克等人的研究表明，与学习材料匹配的学生比不匹配的学生知识概括能力更强一些，学习成绩更好一些。因而，在教学中，教材设计、学习内容的呈现方式都应当考虑与这两类学生的认知特点的关系。最后，该认知方式维度对学生的社会交往与专业分化会产生重要作用。实验证明，跳跃型学生情感丰富且外向，乐于接触别人，喜欢不太正规的教学方式，喜欢语文或人文科学等课程；而渐进型学生情感抑制，不太注重社交，思想保守，喜欢较为正规的教学方式，喜欢数学或自然科学等课程。因此，这两类学生在社会交往中表现不同，在专业选择和职业定向上也存在着较大差异。

（五）认知的思维方式

按认知的思维方式可分聚合思维型—发散思维型（convergent thinking style-divergent thinking style）和分析考量型—非分析考量型（analytical conceptualizing style-nonanalytical conceptualizing style）两种。

以聚合思维型—发散思维型为例。聚合思维—发散思维是由吉尔福特（Guilford）于1959年在介绍“智力模型”时提出的，后引起了其他一些心理学家的广泛兴趣，旨在探究个体面对问题情境时在思维方式上的差异。聚合思维型者面临认知任务时，会从所有相关信息中提出唯一明确固定的解决办法；而发散思维型者面对不止一个答案的问题时，思路开阔，能提出多种不同的解决办法。对聚合思维方式的测量可借助某些智力测验项目、镶嵌图形测验、匹配相似图形测验等工具；而对发散思维方式的评定则采用开放性测验，强调能提出多个答案的能力，如画圆、画方、装桶、事物用途测验、后果测验等。这一认知方式维度的研究成果早已广泛应用于教育领域，具体表现在：第一，这两类认知方式的学生在学习活动及其他活动（如游戏、写作、戏剧表演等）中表现不同。大量研究认为，聚合型学生的智商较高，而发散型学生创造型思维能力较强。第二，该维度深刻影响到学生的专业分化与未来职业的选择。

二、风格偏好

（一）教学风格偏好

教学风格是教师在教学中运用的策略。虽然许多教学风格已经存在，但随着教学技术的迅速发展，尤其是计算机和通信技术的迅速变化，产生了大量的教学策略，其中一些常见的教学策略有：

- 讨论
- 讲座
- 学习竞赛
- 互联网学习
- 模仿
- 独立学习
- 同学帮助
- 学习/兴趣中心
- 导师制

我们可以按照学生介入程度的高低顺序将有关的教学策略排列在图表中。例如“讲座”排在学生介入程度最低的这一端，而“独立学习”则排在坐标的另一端。通过将教学策略列入这样一个连续体，教师就容易注意到某些学生对某些教学风格反映积极，对其他的教学风格却不很欣赏。

教师可利用这些教学风格偏好信息为学生构建学习机会。当个别学生或小组偏好的教学风格与在学习活动中的教学策略相匹配时，教师就能最大限度地提高学生对学习的乐趣。

当然，学生偏好的教学风格不可能总是在课堂上出现，有时只能在某些教学时间内，构建和出现个别学生喜爱的教学方法。随时记录教学风格偏好是十分重要的，因为这些教学风格也是有可能变化的。

学习风格调查表（The Learning Style Inventory）是用来获得学生教学风格偏好信息的一种工具。这一以研究为基础的工具可以指导教师考虑以课堂内学生偏好的教学风格来规划自己的教学实践，这一工具也能帮助识别年轻人中的个体所追求的适合他们的各种类型的教育经验（见学习风格调查表样项）。

学习风格调查表样项

- 喜欢让对某一问题内行的学生在课堂上发表他们的意见。
- 与他人一起去图书馆查阅信息。
- 当遇到不能理解的困难时，喜欢朋友帮你一起学习教材。
- 自己学习，以了解新的信息。
- 自己规划学习方案。
- 做作业时，把问题排列成序，有助于提高答对率。
- 做黑板游戏，以练习学习的课程（“黑板游戏”即乱涂乱写或独占黑板）。

（二）学习环境偏好

另一个包含在学生全面综合材料中的学生基本信息才能指标是偏好的学习群体形式。它反映了学生合群学习的倾向，例如，独自一个人学习、两个人在一起、以小组为单位或与成人一起学习。当学生能自由选择时，他们寻求群体接纳的程度几乎总能反映他们偏爱的社交方式。某些学生喜欢大小不一的小组形式，而另一些学生则喜欢和单个伙伴在一起，还有些人喜欢一个人独处或与某个成人在一起。偏好的学习环境往往会随着学习内容不同，完成任务的特性不同和现有的学生所在群体的社交关系的不同而变化。

教师应该使每一个学生都具备一种想象力，然后问下面的问题，“如果让你选择一个安排好的学习群体（个人、同学小组、与成人在一起、联合体），你最喜欢哪个”。

（三）思维风格偏好

斯腾伯格（sternberg）把思维风格视为“一种指导一个人智力”的方式。他确认有三种不同的思维风格，即立法型、执法型和司法型。

教师能够在日常学习、生活中观察年轻人显示的思维风格。具有立法型思维风格的学生是计划者和创造者，他们可以在课堂内也可以在家中搞设计和发明。立法型思维风格者爱好计划、舞蹈设计、设计、创作、作曲、发明、激励、思索、开发和写作。具有执法型思维风格的人是促进者，他们喜欢给现有的结构增加内容和细节。执法型思维者爱好促进、帮助、具体、简化、解释、明了、支持、忍耐、援助和说明。具有司法型思维风格的学生是评价者，他们爱好判断设计、结构或内容，喜欢估量、权衡、评价、思考、评估、决定和回顾。

当考查学生的思维风格时，应鼓励教师问下列问题，“哪一组词最能表明这个年轻人的行为和学习特点”。教师还应该强调所有的思维风格都是良好的，思维风格并没有好坏之分。个人偏好的思维风格可以通过学习活动的选择而被确认。同样重要的是，教师应该提供各种思维风格给学生学习和作业，因为在现实世界的学习环境中需要使用各种思维风格。教师还应该知晓，学生喜爱的思维风格也可能随着时间的变化而变化，所以教师应该定期评定学生的思维风格以确定连续的倾向和变化。

斯腾伯格的思维风格

立法型思维风格	执法型思维风格	司法型思维风格
设计	促进	评价
创造	简化	估量
舞蹈设计	解释	权衡
作曲	帮助	评估
发明	具体	决定
激励	明了	思考
开发	援助	回顾
写作	说明	判断
电影	支持	评判
思索	忍耐	估价

（四）表达风格偏好

在学生全面才能综合材料中最后一种风格偏好，是年轻人喜欢的表达形式或作品。教师通过对学生喜爱的设计或作品的了解——例如书面材料、艺术设计、戏剧表演等——便能识别一个学生偏好的表达风格。认识学生偏爱的表达风格，有助于教师通过给学生表达自己的各种更广泛的途径“建立合法的地位”，扩大学生个体和小组对学习内容的选择。

某些表达风格比作品介绍更具有参与精神和导向作用。组织、管理和服务活动，例如开办一个俱乐部或做一笔买卖，做某个课题或团组的领导，或参与社区服务活动都应该被认为是一种表达形式，只不过与传统的正规学习活动中表现出来的书面方式或口头方式有所不同而已。

三、多重智慧（多元智能）与教学策略

1983 年，美国心理学家哈瓦德·加德纳（H. Gardner）提出了多重智慧的理论。他认为，人具有八种智慧，分别是语言智慧、逻辑数理智

慧、空间智慧、身体运动智慧、音乐智慧、人际智慧、内省智慧、自然智慧。

语言智慧是指人对语言的语音、语义和语法的掌握和灵活运用的能力，这种能力表现为口头的（如说书者、演说家、政治家）和笔头的（如诗人、编辑、记者）。

逻辑数理智慧指的是对逻辑关系的理解、推理、思维表达的能力，表现为数理运用能力（如数学家、统计学家）和推理能力（如科学家和程序设计师）。

空间智慧指人对色彩、形状、空间位置等要素的准确感受和表达的能力（如雕塑家、画家、建筑师、发明家等）。

身体运动智慧是指身体的协调、平衡能力和运动的力量速度及灵活性，表现为用身体表达思想情感的能力（如演员、舞蹈家）和动手的能力（如机械师、外科医生、手工艺师）。

音乐智慧指对节奏、音高、旋律和音调的辨别感受和表现能力（如音乐爱好者、音乐评论家、作曲家、演奏家）。

人际智慧指对他人的表情、说话的声音、手势动作的敏感程度以及对此做出有效反应的能力，即对人们的心情、意图、动机和情感的识别能力（如顾问、教师、政治家）。

内省智慧指对自我心情、意图、动机、欲望的意见和自尊自律、自我调节的能力（如社会工作者）。

自然智慧是指对自然界的认识（如识别方向）和适应野外生活的能力（如水手、旅行家、猎人）。

多重智慧理论要求教师拓展教学技巧、方法和策略。在传统的课堂中，教师以在讲台上讲解课文、板书、提问为主；而在注重多重智慧的课堂中，教师改变以讲解课文为主的方法为空间的、音乐的方法，创造性地结合多重智慧的策略。教师除适当地讲解外，还利用图示、录像、音乐等形式教学；让学生离开座位进行活动，以加深对抽象内容的理解；通过学生之间的同桌、小组、大组活动等交往方式，自学和讨论等学习方式提高教学效果。

与语言智慧相对应的教学策略有：讲授、阅读、书面作业、写作、头脑风暴、讲故事、有声读物。头脑风暴法常用于集体任务，如集体作诗、制订小组计划等。做法是让每个学生把各自的想法写在黑板或投影片上，供大家讨论，然后从中提炼出主题或归纳出模式。这项策略的原则是，教师鼓励学生积极思考，对任何观点不加评论，让每个学生有机会发表见解。

与逻辑数理智慧相对应的教学策略有：例题、演示、苏格拉底问答法、启发发现法、逻辑谜题和游戏。苏格拉底问答法是教师作为学生观点的提问者与学生对话，目的是通过巧妙的提问，引导学生“验证”其观点的清晰性、准确性和相关性。启发发现法指的是解决逻辑问题的一系列建议、提示和策略。例如，找出待解决问题的带共同性的部分进行分析，再提出可行的解决方法，然后返回去找到并解决与此相关的问题。如要归纳一段文章的中心思想，学生就得先分析每个句子，并判断它是否表达重要论点。启发发现法给学生逻辑思维的思路，帮助他们理解新的知识。

与空间智慧相对应的教学策略有：图表、图示、地图、想象、图画比喻、影像、艺术欣赏、绘画、拼图、三维构件。图画比喻是指用视觉形象来代表一个想法。该策略的作用是让学生把新的知识与熟悉的事物联系起来，先列出教材中的要点，然后与视觉形象联系起来。例如，教学内容是人体主要器官，以特征明显的动物来代表各器官，能有效地促进记忆。

与身体运动智慧相对应的教学策略有：创造性运动、野外实习、竞争合作性游戏、体操、烹饪、园艺、体态应答、课堂表演。最常用的是学生举手表示已经懂了。还可以用多种体态语言对教学做出反应。如微笑、眨单眼、举手指（一只手指表示懂一点，五只手指表示全懂）等。在讲课时，让学生用手指按太阳穴表示“听懂了”，搔搔头皮表示“不懂”。

与音乐智慧相对应的教学策略有：韵律诗歌、说唱、打节拍、气氛音乐、乐器演奏、合唱。让学生扮演课文和数学应用题中的角色，例如，学生通过表演三幕剧来演绎三步的数学问题。课堂剧的形式和时间长短不限，既可是一分钟的即兴朗诵，也可是一小时的单元或学期的总结复习性话剧。说唱是指把教学内容的精髓部分编成可念可唱的诗歌或歌曲。例如，按节拍器节奏拼读单词，或把教学内容填入流行曲调，也可让学生编歌填词，伴以拍打节拍和器乐演奏效果更佳。气氛音乐是指选择合适的音乐为教学创设特定的气氛。这类音乐包括与特定心情相符的音响效果，大自然音效、古典和当代音乐片段。例如在学生阅读大海的故事之前播放海浪拍岸和海鸥鸣叫的声音。

与自省智慧相对应的教学策略有：独立思考、自学、提供选择、日记、制定目标、程序化自学。提供选择是让学生有机会选择决定自己的学习。选择好比举重，学生越是有选择的机会，他们的“责任肌肉”就越发达。提供的选择可小（从 12 ~ 14 页中选择做题）可大（选择本学期的设计项目）。选择既可与内容有关（选择研究的课程），也可与程序有关（从本目录中选择毕业设计的呈现方法）。教师应为学生提供很多选择的机会。制定目标是帮助学生为生活做准备。目标既可是近期的（如列出今天要做的三件事），也可是长远的（如谈谈十年后的打算）。有的目标制定只需要几分钟，有的则需好几天。目标的内容可以是个人的、学术的或社会的。教师应示范制定目标的多重形式，如文字的、图表的、日记式的，等等。

与自然智慧相对应的教学策略有：野外实习、地图绘制、观察星空、指南针定位、越野识图比赛、远足、户外活动等。观察星空即利用星图，在晴朗的夜晚观察星座在天空的位置，辨别方向和时间。指南针定位是向学生介绍指南针的用法，开展用指南针定方向寻“宝”活动，也可分小组开展合作活动。

值得注意的是，尽管多重智慧理论认为人人都具有上面提到的八种智慧，但每个人的各种智慧在认知活动中发挥的作用是有差异的。有的人各种或多种智慧的功能都很强。而有的人却在某些知识方面显得欠缺。但对大多数人来说，各有几种较强的智慧、几种中等的智慧和几种相对较弱的智慧。加德纳认为，绝大多数人的多种智慧在鼓励、强化等合适的教育条件下都可以充分得到发展。铃木天才教育计划的一个例子表明：音乐天赋平平的人经过训练能在钢琴和小提琴方面达到很高的水平。其方法不外乎环境的影响、父母的参与，让孩子在婴儿期就接受古典音乐的影响。

第五节　选择教学模式的策略

选择是教学策略的基本思想，教学模式正是基于这一思想形成起来的。教学模式是为实现特定的教学目标对教学的各方面因素进行的选择性组合。

教师必须掌握多种教学模式，然后根据具体的教学情境，选择恰当的教学模式。因此，教师需要掌握各种教学模式理论依据，模式所包含的教学策略，模式的基本程序，并要了解不同模式的适应条件及其局限性。

一、教学模式的概念

叶澜认为，教学模式俗称大方法。它不仅是一种教学手段，而且是从教学原理、教学内容、教学的目标和任务、教学过程直至教学组织形式的整体、系统的操作样式，这种样式是加以理论化的。

李伯黍认为，所谓教学模式，就是指反映特定教学理论逻辑轮廓的、为保持某种教学的相对稳定而具体的教学活动结构。其作用是设计课程、安排教学材料、指导课堂教学等等。

丁证霖编译的《当代西方教学模式》提出：“教学模式是一种可以

用来设置课程（诸学科的长期课程）、设计教学材料、指导课堂或其他场合的教学的计划或类型”。①

王维城等译的《课堂教学策略》提出：“所谓模式，就是为完成特定的教学目标而设计的、具有规定性的教学策略。说它们是规定性的，因为明确地规定了教师在计划、实施和评价等阶段的职责”。②

从以上不同的定义，可概括出教学模式有以下四个特点。

- 任何一种教学模式都建立在一定的教学理论基础之上，或反映了一定的教学理论，教学模式是教学理论的具体化；
- 每一种教学模式都有明确的主题、特定的目标，具有可操作的程序，同时包含了以某种教学策略为主导的多种教学策略；
- 教学模式具有相对稳定的结构，在教学模式中教学中的各因素以一定的方式组合成相对稳定的结构；
- 每种教学模式都有自己的适应范围和一定的局限性，没有普遍适用的教学模式。

二、教学模式的组成部分

教学模式由以下几部分组成。

- 教学目的。每一种教学模式都是针对特定的目的而设计的。
- 教学程序。教学程序是对教学过程的设计。教学程序包括教学的阶段顺序和教学步骤，它提供的是教师或学生在整个教学过程中的系列活动安排；它将教学过程划分为几个教学阶段，不同的阶段确定不同

---

① 丁证霖，等．当代西方教学模式［M］．太原：山西教育出版社，1991：1.

② 保罗·D. 埃金，等．课堂教学策略——课堂信息处理模式［M］．王维城，等，译．北京：教育科学出版社，1990.

任务，每一阶段中可安排几种具体的活动。

- 作用方式。在不同的教学模式中，教师、学生、学习材料三者之间的关系也不同：有的模式以教师为中心；有的模式以学生为中心；在有的模式中，学习内容需要学生自己发现；而在另外的模式中，学生只需要同化学习材料。
- 教学环境。教学环境是指课堂内外各种因素的总和。

三、教学模式的分类

美国著名的师范教育家乔伊斯（Joyce）在《教学模式》一书中，将教学模式分为四大类。

（一）社会相互作用模式

该类模式注重发展学习者与他人和社会的相互交往、相互作用的能力。其中，伙伴学习模式侧重于发展学习者的合作精神；角色扮演模式帮助学习者理解自己在社会中的角色意义，掌握社会行为规范和学习有效地解决社会问题的方法；法理学模式用案例教学的方式帮助学习者认识社会争端问题、公共政策问题，包括公平、平等、权力、义务等，形成处理社会问题的观念，并在观念的基础上形成价值观。

（二）信息处理模式

该类模式注重帮助学习者获取信息，并发展学习者获取信息、加工信息、观察问题和解决问题的能力。不同的模式有不同的侧重，归纳模式侧重信息的获得和信息的加工；概念获得模式主要是帮助学习者有效地学习概念；探究模式主要在于培养学习者探究的技能。

（三）个人发展模式

这类教学模式主要在于发展学习者独特的人格和促进对个人与社会

的相互关系的理解。个人发展模式希望学习者通过学习，能更好地认识自我，具有独立的人格，对自己对社会更富有责任心，在追求高质量的生活中更有创造力。这类模式包括非指导性教学和增强自我意识模式。

（四）行为主义模式

这类模式建立在行为主义的社会学习理论和行为矫正、行为治疗、控制论的基础上。布卢姆的掌握学习、斯金纳的程序教学和加涅的学习条件同归于这一类型中。

四、以探究为主导策略的教学模式

对发现模式和探究模式的比较如下。

（一）发现模式

发现模式又称发现法、发现学习模式，由著名教育心理学家布鲁纳在20世纪70年代首先倡导。

1. 发现模式的理论基础与教学目的

布鲁纳认为，学科知识的基本结构就是基本概念、基本原理、基本规律。学生掌握学科基本结构的作用之一，是促进学习产生迁移。布鲁纳认为，发现学习有助于发展学生的智力，因为它要求学生自己运用探究的方法去发现要学习的内容，包括学科的概念、结构、结论和规律。通过这种方式可以使学生像科学家那样去思考，去探索，体验科学家发明、发现、创造的过程，培养学生创造的态度和创造的能力。

2. 发现模式的程序

一般来说，发现模式的程序包括四个阶段。

（1）提出问题。教师向学生提出问题，提供学生探究所需要的材料。问题可以从学科知识中引发，也可以根据学生需要设计。总之要激发学生的好奇心。

（2）提出假设。在教师的指导下，学生观察具体的事实、现象，对资料进行处理，分析问题，同时对问题进行讨论。然后，提出解决问题的假设。假设可以是一个，也可以是多个。在提出假设过程中，教师应允许学生猜测、想象。

（3）形成概念。学生在提出假设后，要对假设进行验证。在验证假设的过程中，可能有的假设被推翻，有的假设需要进行修正。最后，是验证假设。假设一经验证，就成为学生应掌握的学习内容，学生应将结论上升为概念。在教师的指导下，学生用科学的语言表达获得的结论，形成概念或定理。

（4）运用新概念。教师指导学生将获得的新概念运用到新的情境中，解决新问题或解释新现象，同时培养学生解决问题的能力。

（二）探究模式

探究学习的实质，是学生主动参与教学过程，积极从事各种探究活动，亲自发现科学概念和原理，掌握探究技能。

教师在设计教学过程时，有许多因素要考虑，其中尤为重要的一个便是学生的兴趣与能力水平。某种活动方式如不能激发学生的探究兴趣，促进学生的发散思维，不管它如何科学，也不会取得理想效果。比如小学生尤其是低年级小学生，思维发展水平尚低，还不能完全理解事物间的因果关系，如果采用旨在考查变量间因果关系的实验来检验假设，是不会取得成功的。但若采用试误性方式来进行检验，结果就会大不相同。因此，探究方式必须适合学生的兴趣与能力水平。此外，不同的学科有不同的逻辑结构和组织形式，这也是影响探究教学的另一重要因素，它要求教师所设计的探究方式符合学科的性质和特点。

当然，不论有多少变式，它们都必须包括全部合乎大多数构成探究过程的各种活动——形成问题、建立假设、制定研究方案、检验假设、作结论，否则就不能称其为探究教学。

探究教学的方式多种多样，从思维过程来看可分为：归纳式——从个别或某类事例中得出一般结论的探究；演绎式——从一般概念或原理出发发现具体事例与其联系的探究。从教师提供指导与帮助的程度来看，又可把探究教学分为：定向探究——教师提供大量帮助和指导的探究；自由探究——教师很少提供帮助或指导，由学生自己独立完成的探究。实践表明，归纳探究有利于激发学生学习兴趣和培养学生认知过程中的技能，演绎探究则有利于短时间内掌握知识，完成教学任务；定向探究虽相对容易开展，却不如自由探究那么有利于培养学生的批判性和创造性思维。

从社会发展趋势看，培养过程技能、学会自由探究，是探究教学的重要目标。因为多变、充满问题的未来和社会的发展要求个体具有这样一种素质和能力，即积极主动地发现问题，以一种全球主义的视野，探究问题的实质，自己思考，独立判断，在与他人合作中解决问题的能力。

1. 萨奇曼（Suchman）的探究训练①

萨奇曼探究模式的理论依据是：（1）人们感到疑难时自然会去探究；（2）人们能够意识到他们的思维策略并且学会分析这些策略；（3）新的策略可以直接教给学生，并且可以对学生现存策略有所增补；（4）合作型探究丰富了思维，并且有助于提高学生学习知识的暂时的、不断发生的性质，以及有助于学生鉴别可供选择的解释。同时，萨奇曼还认为一切知识都是尝试性的，提出的理论不断被新的理论所取代，永久的答案是不存在的。

2. 萨奇曼探究模式的基本程序可分为四个阶段

（1）遭遇疑难情境。教师向学生展示问题，使学生处于教师设置

① 李晓文，王莹．教学策略［M］．北京：高等教育出版社，2000：118.

的疑难情境中，学生理解需要探究的问题并了解探究的程序。在运用探究模式时，创设问题情境是一项较为艰巨的任务。教师在准备问题时，第一，要考虑该问题是否一定需要学生通过收集资料，检验假设才能解释。也就是说，问题不能过于简单。第二，教师要考虑需要解释的问题是否超出了学生的知识背景与能力的发展水平。也就是说，问题应与学生的发展水平相适应，不能太难。第三，教师还要考虑问题是否能激发学生的学习兴趣，激发学生的好奇心，能否成为学生学习的动机因素。问题的呈现方式也可能成为影响学生动机的因素，教师在选择呈现问题的方式时，需要考虑学生的特点。

（2）假设和收集资料。在探究模式中，提出假设和收集资料是同时进行的。学生可以先有假设，根据假设收集资料，也可以从收集资料开始，一边收集资料，一边提出假设。这一阶段，实际上是“假设—收集资料—假设”的不断循环。在最初阶段，学生收集资料有一定的盲目性。随着经验的积累，学生越来越倾向于有意识地为验证假设收集资料。在这一阶段，教师充当资料的提供者。萨奇曼要求对学生提出的问题，教师只回答“是”或“否”。这样做的目的是让学生承担收集资料和解释资料的责任。当不能用“是”或“不是”回答时，教师要鼓励学生承担收集资料和解释资料的责任。教师要鼓励学生尽可能地提出问题，不要限制学生提问。

（3）得出结论。通过“假设—收集资料—假设”的循环，最终验证假设，得出结论并证实假设是这一阶段的主要任务。教师要求学生对收集到的资料进行解释，当解释能说明收集的资料时，结论就出来了。当无法解释说明材料时，就要要求学生进一步收集资料，或进一步对资料进行分析。有时，学生会请求教师对他们的解释做出判断。

（4）分析。得出结论后，探究过程模式的最后阶段，教师要引导学生回顾探究过程，目的是使学生对自己的思维过程进行认识，帮助学生分析他们的探究过程，以便使学生认识自己的探究过程，为今后改善探究过程提供依据，促使学生思维能力提高。这是发展学生探究能力必不可少的阶段。

在实践中，我们应该认识到，必须把教学方法看成是教者和学习者的一部分，教学是个特殊的人际关系的问题。教学中的每一步都包含了师生的交往，所以离开方法的运用来孤立地描述方法，可能只是一种空议论。尽管教学方法常常依据某种理论（如学习理论、动机理论、人本主义理论、心理治疗理论等等）加以阐述，但它的特性总是随着运用它的教师的个性而有明显的不同之处。从本质上看，教学方法只是一种工具。当用文字加以描述时，它像典型的小提琴弓一样，是一种平常的、普通的工具。有些弓制造得与其他弓不同，因而效果稍有不同。真正能让工具发挥作用的是教师。只有当教师像小提琴手一样，把演奏和自己独特的发挥与控制交融在一起，才能把无限的可能性转化为自己独特的表演。这不是单纯用一种教学方法所能做到的。教师在实践中总会以自己独有的特性去影响教学方法。

发现可以产生某些方面的经验，发现者通过发现看到了对他来说是某种新的或有意义的事物。每当学生在教与学的情境中得到这种经验时，我们就可以把这种教学方法称为发现法。在发现的活动中必须有直接参与探索过程的发现者。显然，不是每一个学生都能成为发现者，而且在发现者中，不是每个人时刻都在发现。

不能绝对地说某种教学方法或模式是最好的。教学方法或模式的效果既有赖于教师要达到的学习目标，也有赖于教育环境（包括学习类型、可得的材料和可用的时间）。既无逻辑证据也无研究事实能够证明某种教法在学校教学中是唯一的方法。当我们说，一种学习方法优于另一种学习方法时，我们通常指的是：甲方法比乙方法能使学生更快地获得概念或技能；用甲方法获得的概念能使学生更有效地解决很多问题；学生能更持久地保持所获得的概念。独立的发现学习（老师的指导最少），除了比讲授教学更费时之外，也没有证据说明，它比后一种方法在一般条件下更为优越。目前，我们简直不知道哪种方法更好：是让学生知道一般原理的一系列例子，然后让他们得出规律的方法好，还是先教规律，然后让学生在不同情境中运用并检验规律的方法好。

教师最后的问题是：我从这里向何处去呢？下面一段结论性的话引自布鲁纳本人最近的著作，它也许能最好地解决这个问题。

最后，让我们采取一个非常实用的主张。尽你的可能去发现最好的教学法吧。看你能取得的效果好到什么程度，然后分析你的做法的性质。在这一方面我们还没有足够有效的原理指导适当的实验，以便使用两组对照比较两种实验处理的效果。这类实验一般都失败了。我认为在一定条件下，你能做得最好的事情是设计一种极有效的教学方法，然后努力按你的方法去办。接着提出假设以便确定你的做法。但，此时，我们能宣布暂停效果甚微的实验吗？不！我们宁愿进行对照、使用各种不同的描述，尽力运用一定的形式，发展自我意识。由于心理学、常识和运气相结合，你也许会取得研究的学习效果，然后去净化实验。但首先要发明，要观察，在我看来，那样的做法乃是实用的策略。

4

讲述与倾听

许多教师认为，当他们用言语向班级呈现教材时，他们的信息沿着直线到达学生那里。根据这种看法，他们常常在课堂上从头讲到尾，又认为要讲的都已讲到，教与学就完成了。事实上，这些看法是没有根据的。凡是当过学生的人都可以证明这一点。相反，课堂交流应常有停顿和反复。停顿的时间不论多么短暂，都可为学生提供安静的机会，便于他们思考、鉴别、消化和组织教师前面所讲的内容。停顿有利于学生“以退为进”并给交流以一定的节律，使之不至于速度过快、平铺直叙和一成不变。反复有助于教师重新构思语句或组织思想，以便学生从不同的角度去看，变得易懂。对学生来说，反复使他们有第二次机会接触可能遗漏的内容，而对能力较强的学生来说，则给他们站得高、看得远地观察事物的机会。围绕一个问题滔滔不绝地讲30分钟是比较容易的，所需的不过是教材知识和言语流利而已。但是，在讲述的同时，对学生的反应保持敏感，并且能根据不断变化的需要、心境与环境调节自己的授课方式，则完全是另一回事。因此，在课堂教学中，需要以各种不同的教学策略应对不同的教学情境，适应不同学生发展的需要。

第一节 讲　　述

讲述行为是指教师以口头语言向学生呈现、说明知识，并使学生理解知识的行为。从信息传播方向上看，讲述行为的传递具有单向性，它不要求学生有对应的互动行为。讲述行为是教师课堂上最常运用的教学行为。美国教学研究专家弗兰德斯（Flanders）曾在大量课堂观察研究的基础上提出了“三分之二律”，即课堂时间的三分之二用于讲话，讲话时间的三分之二是教师讲话，教师讲话时间的三分之二是向学生讲话而不是与学生对话。通过对我国中小学高成效教师课堂观察后也发现类似结果，讲述平均占课堂时间的65%左右。所以，对一名教师来说，掌握讲述行为的策略至关重要。

一、讲述行为的语音、语流和语速

就发音准确性而言，我国曾有人进行过教师标准发音（普通话）与方言发音（地方话）两种情境下学生对教师人格特征、讲课效率和人际吸引力等方面评价的对照研究。结果发现，讲普通话教师在各年级学生评价中的等级均高于讲地方话教师。在中学生和大学生的评价中，与男教师相比，讲普通话的女教师获得更高评价，讲地方话女教师获更低评价。这一结果意味着，教师用普通话教学之效果优于用地方话教学之效果，对女教师来说，尤其如此。

据希勒（Hiller）等人研究，教师语流的流畅性与学生成绩之间有显著正相关。另外，还有人研究发现，教师语流中断可造成学生成绩的显著下降。语流的速度是指单位时间内所发出音节的多少。语流速度过快、过慢都不利于学生成绩提高。如果速度过慢，教师教学节奏变缓，教师单位时间所讲述内容就会减少，这势必会降低教学成效。教师语流速度过快，超过学生信息加工极限，教师之讲述效果也会降低。

美国心理学家塞门斯（Symonds）说："在教师的许多特性中，声调占着一个重要部分，但是一种不好听的或低沉的声调，很可能阻碍教师成功的事业。有时教师的失败，是由于他的声调太弱了，以致学生听不清他的话，而他也不能用他的声调来控制学生的注意。另一方面，有些教师的声调如粗糙的晨号声，听着非常刺耳。"[①] 这说明，教师言语中的声调问题，是不能忽视的。另外，口语的语调也能增强语言的表现力，因为每一种语调都可以使对方获得某种附加的信息。所以马卡连柯反复强调，教师的声调要给学生一种亲切感、确信感。你的心情不管怎样，你都应该保持真正的、好的、坚决的声调。他甚至认为：只有学会用十五种至二十种声调来说"到这里来！"的时候，只有在脸色、姿态和声音的运用上能够做出二十种风格韵调的时候，我就变成一个真正有技巧的人了[②]。

二、讲述的内容

教师能否就学习内容向学生提供清晰、明了的讲解，对帮助学生彻底明白学习内容有重要影响。教师能否使学生明白学习内容，取决于以下因素。

（一）用词的精确性与模糊性

教师讲述过程中用词的精确性与模糊性可从教师所使用的一般教学语言和专业术语两个角度考察，目前有关研究多集中在一般教学语言方面。希勒等人曾把教师所用的模糊用词归纳为 9 类：

---

① 潘菽．教育心理学［M］．北京：人民教育出版社，1983：446.

② 马卡连柯．论共产主义教育［M］．文颖，译．北京：人民教育出版社，1979：443.

- 指称不明——所有这些、某地
- 否定性强调——不很多、不十分
- 接近——大约、有点、某种程度、差不多、大体上
- “蒙混过关”和转折——无论如何、当然、实际上、等等、实质上、众所周知、长话短说、换言之
- 认错——对不起、抱歉、我不能肯定、原谅我
- 模糊界定——一些、几个、一群
- 多重性——许多种、许多类
- 可能性——也许、可能、大概
- 或然性——一般、有时、经常、通常

有人曾总结教师用词模糊与学生成绩之间关系的5项相关研究和5项实验研究。就10项研究结果总体而言，其中有8项显示两者之间显著相关，显著性水平在0.05~0.001之间。

例如，我国教师霍懋征讲课非常注意用词的准确性，从不含含糊糊。霍老师在讲《我的伯父鲁迅先生》一课时，和学生有这样一段对话：

师：什么叫呻吟？

生：就是声音很小的说话。

师：那你们小声说话叫呻吟吗？上课回答问题声音很小，老师说你怎么呻吟呢？行不行？什么叫呻吟？

生：在非常痛苦的情况下，小声地自己哼哼。

师：对，生病了，或哪儿痛了，哼哼叫呻吟。

霍懋征讲课用词非常准确，能把学生的含糊理解引导到确切准确的思路上来。

（二）专业术语使用的时机

教师使用专业术语的时机对学生学习有很大影响。在学生刚开始接触一个新的专业术语时，适当运用该术语的日常生活词汇、俗称来描述，可帮助学生学习和理解新术语。但在学生已经掌握新术语，并能够运用专业术语解释新现象、学习新知识时，教师使用非专业术语就会失去科学知识的严谨性和严肃性，甚至引起学生错误理解。当然，滥用学生不太熟悉的专业术语，尤其是在学习某个新概念时，也不利于学生学习。

（三）讲述内容的组织性、逻辑性

许多研究认为，通过某些行为对讲述内容进行组织以及精心安排所呈现的内容序列，可提高学生成绩。有关教师呈示清晰性研究的学者一致把组织学习材料并使其富于逻辑性作为重要核心行为，而且许多研究也证实教师呈示清晰性与学生成绩和满意程度之间有实质性联系。有关“先行组织者”的研究也证实，帮助学生找出学习材料的联系性、逻辑性，有利于他们的学习，尤其对缺乏预备性知识的学生帮助更大。

信息加工理论认为，人的信息加工能力是有限的，如果教师向学生呈现的内容线索不明，而且信息量超过学生短时记忆的限度，学生就会只加工其中的部分信息，而忽略其他信息。倘若教师精心组织新信息，并合理安排呈现顺序和步骤，学生则倾向于依次对信息作加工处理，而不会漏掉其中的某一部分。简言之，教师讲述富于组织性、逻辑性可促进学生对新信息的解码过程，因而有利于学生学习。

三、讲述行为的运用

（一）讲述行为的特点和“误用”

讲述行为是课堂教学中最古老、应用最多的一种教学行为，对它的批评也最多。但是，人们所提出的许多缺点，有些并非讲述行为本身所固有，实际上是由于对讲述行为的运用不当所致。是什么原因导致人们使用不当呢？要弄清这一问题，关键在于了解讲述行为的基本特征。不了解讲述行为的基本特征，在实际操作中便难免出现讲述行为之误用，也谈不上真正有效把握讲述行为的运用策略。讲述行为对于其他教材呈现行为而言，基本特征是能在短时间内呈现大量知识。这一特征既可能使讲述行为成为一种非常有效的教学行为，又可能使讲述行为成为一种非常有效的教学行为，也可能使人们因讲述行为运用不当造成严重失误。讲述行为的误用主要有以下几种形式。

（1）过短的时间内呈现了过多的新知识。如果在一定时间内向学生讲述的知识超过了可能加工并理解的信息限度，学生会变得迷惑不解，如坠云雾，对自己学习能否成功也会失去信心，教师随后的讲述也是徒劳无功的。

（2）讲述时间太长，超出学生有意注意的时限。人维持有意注意时间是有限的，超出一定限度，则会产生分心、注意力转移现象，有时还会诱发问题行为。一般而言，对小学、初中学生以讲述10～20分钟为宜，对大学生及成人以30～60分钟为宜。

（3）讲述内容缺乏组织性、逻辑性。如果没有说明诸多讲述观点之间的相互联系，这些内容就会对学生失去意义性，只能产生机械学习。

（4）讲述不顾及学生原有知识基础，或对学生知识准备作想当然假设。学生在不具备前提性观念情况下的学习必然是机械学习。

（5）讲述时没有激发起学生有意义地理解知识的心理倾向，教师讲述内容组织得再富于条理性、逻辑性，也难于使学生对其获得心理意义，产生有意义学习。

（二）讲述行为运用策略

针对上述的误用表现，我们给教师在课堂中合理进行讲述提出了一些建议。

语音准确，语词适当，语流连贯，语速适中。教师语音应以普通话为准，保证学生听清楚每一个字。教师讲述中应使用普通话词汇，避免使用方言词汇。教师也要适时、恰当地使用本学科的专业词汇，避免使用日常生活词汇。为准确表达自己的思想和教学内容，教师应选择最精确的词汇，防止使用笼统和容易引起歧义的词汇。为了表达连贯流畅，教师在备课时要把教案中的书面语言转换为口语化的语言；讲述时尽量使用短句子，戒除说话带口头禅和多余语助词的不良习惯。教师讲述时的语速以稍慢于日常生活中讲话速度为宜，大致在每分钟 200 ~ 300 字。

讲述学生不太熟悉的新内容时，教师可向学生呈现“先行组织者”，以明确新知识的内在结构性和新旧知识之间的联系。“先行组织者”是指新材料学习之前向学生呈现的引导性材料，它比新材料本身有更高的抽象性水平、包容性水平。它的主要功能是展示所学习材料是如何组织的，说明学生已有旧知识与新知识的联系，增进学生对新材料的理解。

结合讲述内容本身结构选择某种组织形式，展开讲述。讲述可按以下组织形式展开。

1. 部分—整体关系

即可把一个课题分成若干个小课题，如有必要，还可进一步分成更小一级的课题。教师由一个课题向另一个课题过渡时，要向学生发出“转承”信号，提示学生旧课题已结束，新课题要开始。如“这样，我们就结束了有关……问题的讨论，接下来要考虑的问题是……”。

2. 序列关系

这种组织关系以某种顺序，如时间顺序、因果顺序或事件发展顺序为基础展开。

3. 相关关系

这种关系有一个核心思想和论点，教师讲述时要围绕核心论点来选择并依次展开相关的论据。

4. 过渡（连接）关系

教师可重复使用某一短语，来表明讲述内容的组织结构，告诉学生所讲内容是某一个系列思想的各个组成部分，或者教师可使用某一短语暗示学生，接下来要给出一个小结。如“当……时，我们可以从……角度分析它；当……时，我们可以从……角度分析它；当……时，我们可以从……角度分析它；总之，我们可以从多种角度分析它”。

5. 比较

教师对两类或多类事物作比较讲述，可先列出或界定第一个比较的维度，然后说明各类事物在这一维度上的异同；接着列出第二个比较维度，重复上述过程。

6. 组合技巧

如果一个课题可从不同维度上进行两种或多种区分的话，教师则可将这些区分组合在一起，展开讲述。按照两个维度上各自区分的类别不同，教师可制成 2×2 或 2×3 列联表，依次向学生介绍其中的每一类组合中的问题。

讲述过程中，尤其在讲述新概念、新原理时，以“规则—例证—规则”形式向学生提供足够的肯定例证和否定例证。掌握新概念即把握概念的关键特征，向学生提供多种肯定例证和否定例证，有助于帮助他们澄清对新概念关键特征的认识。所谓肯定例证是指包含关键特征的例证，其中隐含着最有利于概括的特征；而否定例证是指不包含关键特征的例证，它隐含了最有利于辨别的信息。

有意识地使用连接词并适时地提醒学生，在所呈现信息中哪些部分或方面是重要的。连接词可以恰当表述各部分思想之间、句子之间或短语之间的关系。如：因为；所以；因而；如果……那么……；结果……;通过……（手段）；等等。提醒学生的具体表达方式有：请注意……；这一点非常重要……；认识到……是特别重要的；如果你记住……将对你理解……有很大帮助；现在，我们该讨论最重要的问题了，即……等等。

四、非言语表达

有人曾以《教态对课堂教学效果的影响》为题，向100名不同文化层次的学生做了问卷调查。调查表明，学生十分注重教师的教态，普遍认为教态对教学效果会产生重要影响，这100份问卷对教态回答情况如下[①]。

- 当新教师走进教室时，你首先注意的是什么？有62%的学生注意新教师的眼睛，35%的学生注意新教师的衣着气质，3%的学生注意新教师讲话是否标准。
- 当教师在课堂上看着你讲课时，你是否喜欢正视老师的目光？有58%的学生答不喜欢，38%的学生回答喜欢，4%的学生答有时喜欢。
- 当你回答教师提出的问题时，是迎着教师的目光还是把脸扭开？

① 陈从耘．试论教态对教学效果的影响［M］．课程·教材·教法，1992（12）．

答迎着教师目光的有66%，答躲避教师目光的占34%。

● 在什么情况下你喜欢更多地看着教师？有65%的学生答“听讲时”，28%的学生答“回答问题时”，3%的学生答“不喜欢瞧着教师”，1%的学生答“在教师被问倒的时候”。

● 当你答完题时，是否瞧着老师，以求教师对你的回答作一评价？80%的学生希望教师作评价，17%的学生不希望作评价，3%的学生认为无所谓。

● 你是否理解教师用姿势动作来表情达意？表示能够理解的占88%，表示基本理解的占12%。

● 当教师提出一个难题，而课堂上一片寂静时，你希望教师与你保持什么样的空间距离。答“远距离”的占81%，“近距离”的占19%，抱无所谓态度的占4%。

● 你希望教师在讲课时来回走动，还是一直站在讲台后？希望站在讲台后的有74%，希望来回走动的占31%，持“随便”态度的占5%。

● 你希望教师在课堂上表现出什么样的面部表情？希望“微笑”的占83%，“教室里吵闹时严肃”的占10%，有3%的学生希望“教师能在气氛紧张时保持笑容”。

从这个调查结果中，我们可以得到很多启示。相对于教师的语言表达系统，非语言表达也自成一个系统，如手势表达系统、面部表达系统、眼神表达系统、体态表达系统等。

手势表达系统：手是人体中强有力的表情器官。关于手势的分类，埃克曼（Ekman）等人从功能方面将手势分为以下几类：划出思考途径或方向的表意动作及指向谈及对象的指点动作；表示暂停、着重强调某一个词或短语的手势；描述空间关系的手势；指明身体某一个动作的手势；描绘所指事物图形的手势；表示节奏或速度的手势；用来解释语言陈述、重复或者代替一个词语或短语的手势等。同时，手势的活动区域可分成上、中、下三部分：肩部以上为上区，肩部至腹部为中区，腰部以下为下区[①]。上区可表达希望、审理、喜悦、祝愿、抗议等积极、宏大的感情；中区可表达叙事等较平静和缓的情绪；下区则一般表示否定、鄙弃等内容。而教学手势多在中区平稳运动。

面部表达系统：面部表情是由脸的颜色、光泽、肌肉的收与展，以及脸部的纹路和各器官的动作所组成的。它以最灵敏的特点，把具有各种复杂变化的内心世界最迅速、最敏捷、最充分地反映出来。有位中学历史教师，他所教的那个班绝大多数学生的成绩属于中下等，大都有厌学情绪。他便采用微笑教学来融洽师生关系，特别是对那些失去信心的学生，采取微笑提问、微笑肯定、微笑批评、微笑启发、微笑辅导的“五微笑”法。一年下来，该班成绩提高很快，及格率达到85.9%[②]。

眼神表达系统：眼神是面部表情中最富于表现力的部分。行为科学家们认为，只有当你同他人眼对眼的时候，交际的真正基础才能建立。在教学中，眼神的灵活变化及丰富内涵有时比语言表达还来得微妙。研究表明，眼神的运用经常涉及教师行为效果的问题，凝视的形式和次数对课堂管理和课堂教学是十分重要的。每当教师注视学生的次数减少时，学生注意力分散的情况就会增加。为维护课堂秩序，大多数教师都意识到直接引起个别人不安的一种严肃的凝视所起到的作用。为达到教育目的，盯着学生会引起学生的注意，从而使他们参与课堂活动并注意听教师讲课，当教师单独教一个学生时，这些做法尤为重要[③]。研究还发现，指导教师多看学生，学生学到的东西也较多。指导教师们说，和自己对视较多的学生，他们的考试成绩也好些。因此教学中的眼神表达，对教育者来说是“此时无声胜有声”，而对受教育者来说则是“心有灵犀一点通”。

---

① 邵守义．实用演讲学．北京：中国青年出版社，1985：183.

② 隋云翔，刘平．非言语沟通与课堂教学．现代中小学教育，1991（4）.

③ 中央教育科学研究所比较教育研究室．简明国际教育百科全书·教学：上［M］．北京：教育科学出版社，1990：48.

第二节　倾　听

所谓倾听，是指“把感官、感情和智力综合起来，寻求其含义和理解的智力和情感过程”。它包含两个层次的功能——既帮助听者理解字面的意思，也促进听者理解对方的情感。好的倾听者不仅能听到对方的语言文字，而且能穿透文字，理解对方表达的感受和情绪。教师在课堂教学中要倾听来自学生的各种声音，教学才能得以顺利展开。

从倾听教师的授课中，学生获得知识技能，受到教师学习情感的熏陶。教师在倾听学生言说的过程中，能够敏锐地发现学生理解上的偏差、情感中的疑惑、知识背景中拥有或缺少的东西。通过倾听，教师能准确地判断学生的理解程度，从而果断地决定教师是否介入与何时介入。通过倾听，教师领悟了课堂教学是“人”与“人”之间的对话，而不是“教案”与“学生”的交流。如果教师拒绝倾听，那将会使课堂教学变成教师个人的独白，变成教师执行教案的过程。

一、倾听的误区

课堂上，老师行云流水般地讲课，“课文第五自然段再次让我们明白了人民大会堂的雄伟壮丽，我们把这一自然段连起来有感情地读一读……”正当教师抑扬顿挫地讲课时，教室一角，一只小手高高地举起，“老师，我有个问题！老师……”老师似乎没有看见，仍在声情并茂地讲着课文内容，直至下课……

这种现象在日常教学中屡见不鲜，特别是在一些公开场合的课堂教学中。

在教学过程中，教师听了学生的回答，并且做了总结肯定。但教师对学生的回答停留在“能想得出来就好，能回答上就可以”。学生的每一个回答似乎从教师的这只耳朵进去，又从另一只耳朵悄然流出，没有使教师的言行和态度发生任何变化。这种“倾听”看似教师在倾听学生的叙说，实际教师没有作任何个体教育反应。

有的教学过程中，教师心中的答案其实早已框定，他让学生回答问题，只是让学生猜测自己心中的答案是什么。一旦学生猜不出，就不断提问，直至达到教师认为最满意的答案。更有甚者，有的教师完全无视学生的回答，将自己的“标准答案”强加于学生或者曲解学生的回答。这样的教学过程看似教师在“倾听”，实际教师并没有引导学生对语言文字进行正确理解，没有培养学生对语文丰富情感的感悟体验。这种看似认真倾听实际上教师错误地认为只有自己的答案最正确的现象，是一种隐蔽的失听。

二、学会倾听意味着什么

美国知名主持人林克莱特去访问一位小朋友，问他：你长大后想当什么？小朋友天真的回答：嗯，我要当飞行员。林克莱特接着问：如果有一天，你的飞机飞到太平洋上空，所有引擎都熄火了，你会怎么办？小朋友想了想：我先告诉飞机上的人绑好安全带，然后我系上降落伞，先跳下去。当现场的观众笑得东倒西歪时，林克莱特继续注视着这孩子。没想到，接着，孩子的两行热泪夺眶而出，这才使得林克莱特发觉这孩子的悲悯之情远非笔墨所能形容。于是林克莱特问他：为什么要这样做？孩子的回答透露出一个孩子真挚的想法：我要去拿燃料，我还要回来！我还要回来！主持人林克莱特与众不同之处，在于他能够让孩子把话说完，并且在“现场的观众笑得东倒西歪时”仍保持着倾听者应该具有的一份亲切，一份平和，一份耐心。这让林克莱特听到这名小朋友最善良、最纯真、最清澈的心语。

（一）民主与尊重

教师的倾听意味着师生间民主的氛围。课堂教学中的师生对话和生生对话都需要建立在最基本的师生平等和教学民主的关系基础上。教师应充分运用倾听教学，把学生看做是与自己相同的生命体，想方设法引导学生与他人对话，细心聆听学生的发言，通过师生之间的平等交流，培养学生的创新能力，达到教学相长。

（二）赏识与期待

善于倾听，是教师必备的教学素养。教师的倾听意味着积极的赏识。对勇于提出自己独特见解的同学，不管见解是否合理，教师都应给其以鼓励，耐心倾听其意见。倾听是要把学习的主动权交还给学生，只有把主动权让给学生，才能唤醒学生的主体意识，让学生根据自己的能力水平提出问题，并由学生讨论，阐述自己的见解，而教师应是热情地期待并适时地参与学生的交流讨论。这样的教学，学生主动性得到充分调动，同时在相互的交流中既获得了知识，也培养了学生间互相交往的能力。

（三）策略与参与

教师在倾听的同时敏锐地判断学生理解知识的广度与深度，根据具体的教学内容，选择恰当的教学手段、方法和途径，引导学生积极思维，激发学生对教材内容各抒己见。通过倾听学生，一位好的教师能准确地判断学生是否已充分交流完他们所能想到和理解到的一切，从而果断地决定在何时介入讨论，以何种方式介入；通过倾听学生，教师还能对每个学生的理解水平有一个大致的了解；通过倾听，教师根据恰当的教学内容，在最恰当的时机，使学生思维中的矛盾激化，并能够将学生思维的着眼点引至对与错、是与非的对立点上，最终在相互理解的基础上解决矛盾。课堂教学中作为倾听者的教师，通过倾听可以听出学生对求知欲望的需求、学生的情感思想、学生间的差异区别、学生的知识掌握与个性发展以及学生与他人的关系等。

三、对学生倾听要关注的几个问题

第一，听课≠倾听。

听课指的是简单用耳朵听，听课时如果学生不能融入兴趣、思维、感情等主动性因素，那即使认真到一字不落的程度，也只是被动听课，不会收到良好的效果。课堂倾听则是一种含有听课技巧和听课艺术的积极高效的听课，它还包含鉴赏性思考、主动性理解、批判性接受等方面。

第二，甲听≠乙听。

在课堂上，学生的资质参差不齐，他们的倾听能力和倾听状态也有较大差异，甲愿意听不等于乙愿意听，甲听得懂不等于乙听得懂，他们上时段在听不等于下时段也在听。据心理学分析，学生的倾听效果是由学生对学科的兴趣和其倾听目的来决定的。如果兴趣不浓，目的不明，或存在其他的倾听障碍，它会自动关闭接受口语信息的通道，故意听不见教师的讲解，这样就产生了心理学上所讲的“选择性失聪”现象。所以，教师要增强教学的针对性、层次性，教学形式要丰富，问题要有坡度，因人而异，因材施教；要引导学生抓住关键词，抓住主要内容倾听。

第三，要使学生明白，学会倾听，不单单是用双耳倾听，更要用心去倾听。边听边思考，如大家都在思考老师的问题，有同学先回答，听了之后就要想想，他的答案有没有道理，和自己的答案有没有联系，或者在他们的答案上加以改进，使自己的回答更完美。时刻与老师、同学同思、同想，才能有更高的倾听质量和效果。

四、教师倾听应关注的几个问题

一是耐心。倾听是了解学生的途径，也是尊重学生的重要表现，学生在课堂上发言，是一种情感态度，是一种积极参与，无论说的对与错，清楚与不清楚，教师都要耐心而专注地听，不能有半点儿的不耐烦，更不能打断学生的发言，随便发表自己的看法。当学生结结巴巴的时候，当学生说错话的时候，当学生“欲言又止”的时候，教师要善于耐心等待。善于课堂等待不是浪费时间，而是教师的一种专注，这种专注是对学生无声的期待和信任，是对学生无形的鼓励和支持。在倾听过程中耐心等待，在等待中无声地鼓励学生，这是一种“此时无声胜有声”的高超的课堂驾驭能力的体现。教师静静地等待，等来的不仅是学生正确的回答，更有学生对老师的敬重和对学习的自信。

二是关注。教师应通过自己的体态语言即丰富的表情动作以及专注的眼神表现出对发言学生及其所讲内容浓厚的、始终如一的兴趣。心理学研究表明；喜欢别人听自己讲话乃是人所共有的一种基本需要。学生发言时，教师要注视说话的学生，将注意力始终集中在学生说话的内容上，并应以浓厚的兴趣面对讲话的学生。及时捕捉学生言谈中显露出的各种相关信息，既可了解学生的理解程度、对知识的掌握情况，又可预知教学进程推进的合理性。教师要观察学生的行为是生机勃勃还是没有生气；是一边思考一边书写，紧张地忙碌着，还是冷漠地坐等，浪费时间；是主动地自负其责还是被动地应酬；是与同学共享合作还是独往独来。如果是前者，说明你的学生对学习有兴趣，学习是自主的，学生具有合作意识。

三是观察。教师要善于从对方的表情、语气和形体动作等隐性语言中去捕捉和品味言语背后的含义和实情，把讲话者所讲的内容、感觉和意思真正听明白。教师要观察学生的目光及表情，如果学生昂首挺胸、跃跃欲试、无忧无虑、充满自信，那就意味着你营造了一个良好心理氛围，这时你的学生才敢于大胆地发表自己的意见，你才能与学生平等地参与教学。否则，你就要重新调整你的行为和语言，让学生真正地接受你。如果看到一名学生无精打采，碰上老师的目光马上躲开，显得无所适从。这时教师就应该感觉到这位学生需要帮助，就该对他给予启发和引导。教师在课堂上要通过观察学生的表情和行为做出正确判断，并给予必要的帮助。要做到这一点，教师必须通过自己的心理参与，在倾听中努力去发现讲话者的动机、个性、脾气，边听边思考对方谈话的要点，把握其内在的意向和态度。有时因为表达能力的差异或种种顾虑，学生可能会有意或无意地漏掉或掩盖部分内容和某些实质性的细节。

教师在听学生讲话时，应尽量为“理解”而倾听，而不是为“评价”而倾听，既让学生得到适当的关注，又让其可以畅所欲言。要善于听，切忌简单处理或草率评价，把自己的观点强加于学生。

四是适时反馈。倾听是一种双向交流的过程，不仅讲者要陈述自己的观点，听者也要有适当的反馈。教师可以通过体态语言来对学生的表达进行反馈，也可通过简单重复、适当升华等语言评价来反馈。作为倾听者，教师要对学生讲话做出适当的反馈，不仅要有较高的理解力，也需要具备较高的移情能力。

五、教师倾听的行为策略

教师成功的倾听必须做到以下几条。

（1）要有正确的“听”的态度。专心的听对方谈话，态度谦虚，始终用目光注视对方。不要做无关动作。人人都希望自己讲话能引起别人的注意，在教学中，教师和学生间只有建立相互尊重、相互平等的关系，学生才愿意听。所以教师的语言要注意亲切、清楚，语态要随和、自然，脸带微笑，消除与学生之间的距离感，让学生在教师有声有色的表述中静静地倾听。

（2）要善于通过体态语言，语言或其他方式给予必要的反馈，做一个积极的“听话者”。例如，赞成对方说话时，可以轻轻的点一下你的头；对他所说的话感兴趣时，展露一下你的笑容；用“嗯”“噢”等表示自己确实在听和鼓励对方说下去，等等。

（3）提出问题。凭着你所提出的问题，让对方知道，你是仔细地在听他说话。而且通过提问，可使谈话更深入地进行下去。如“造成这种现象的原因是什么呢?”，“他为什么要这样做?”，等等。

（4）不要中途打断对方，让他把话说完。讲话者最讨厌的就是别人打断他的讲话。因为这样，在打断他的思路的同时，又让他体会到你不尊重他。事实上，我们常常听到讲话者这样的不平，“你让我把话说完好不好”。

（5）适时引入新话题。人们喜欢从头到尾安静地听他说话，而且更喜欢被引出新的话题，以便能借机展示自己的价值。你可以试着在别人说话时，适时的加一句“你能不能再谈谈对某个问题的意见呢”。

（6）忠于对方所讲的话题。无论你多么想把话题转到别的事情上去，达到你和他对话的预期目的，但你还是要等待对方讲完以后，再岔开他的话题。

（7）要巧妙表达自己的意见，不要表示出或坚持明显与对方不合的意见，因为对方希望的是听的人“听”他说话，或希望听的人能设身处地为他着想，而不是给他提意见。你可配合对方的证据，提出你自己的意见，比如对方说完话时，你可以重复他说话的某个部分，或某个观点，这不仅证明你在注意听他所讲的话，而且可以以下列的答话陈述你的意见。如“正如你提出的意见一样，我认为……”“我完全赞成你的看法……”。

（8）要听出言外之意。 个聪明的倾听者，不能仅仅满足了表层的听和理解，而要从说话者的言语中听出话中之话，从其语情语势、身体的动作中演绎出隐含的信息，把握说话者的真实意图。只有这样，才能做到真正的交流、沟通。

六、倾听能力训练

倾听能力是指听者理解言者口语表达的信息和能在头脑中将语言转换成意义的能力。倾听能力的构成是：专注的倾听习惯；倾听过程中的注意分配能力；对倾听内容的辨析能力；在各种倾听环境中排除外界干扰的能力。具体说来，倾听者必须听得准，理解快，记得清，并具有较强的倾听品评力和组合力。

教育的过程就是教育者与被教育者相互倾听、相互应答的过程。学会倾听应该成为广大教育者的一种责任、一种职业自觉。不会做一个真诚的倾听者，也绝不可能成为一个合格的教育者。

训练一　我是什么样的倾听者?

1. 我在与别人交谈时会想象自己的表现，因此常错过对方的谈话内容。

2. 当别人在说话时，我允许自己想别的事情。

3. 我试着去简化一些我听到的细节。

4. 我专注在谈话内容的某一细节上，而不是在对方所要表达的整体意义上。

5. 我允许自己对话题或是对对方主题的看法去影响对信息的评估。

6. 我听到我所期望听到的东西，而不是对方实际谈话的内容。

7. 我只被动的听对方讲述内容，而不积极响应。

8. 我只听对方讲，但不了解对方的感受。

9. 在未了解事情全貌前，我已对内容下判断。

10. 我只注意表面的意义，而不去了解隐藏的意义。

训练二　考察和改进你的倾听技能

假设学生刚对你讲了下面的话，请对下面的每句话做出两种反应。第一，不模仿学生的话，只是对学生的话进行释义。第二，在释义中添上情感色彩。

1. 有人偷了我的签字笔!

2. 这项工作太难了。

3. 我们能多休息10分钟吗?

4. 小明把这本书拿走两天了。

5. 我恨你!

6. 今天上音乐课时，我没遇到什么麻烦事。

7. 全班没一个同学喜欢我。

8. 我非得将我的成绩卡带回家吗?

9. 我从来就没上过榜。

10. 她老是挑我的刺。

训练三　列出某天学生向你诉说的5句话和向你提出的5个问题，你觉得听这些话时最好能使用全神贯注和不加评论的倾听技能。列出这10句话后，写下你对每句话做出的反应。

5

提问与讨论

第一节　提　问

毫无疑问，提问是最重要的教学策略之一。它是学习和满足一个人好奇心的当然的方式。当小孩子开始意识到他们周围的世界，并开始发展他们的说话能力时，他们会问无数的问题。这是一个持续贯穿一生然而逐步减弱的过程。可以说，一个人停止问问题，也就停止了学习。在教学中，这一策略适合任何教材，任何年龄的学生，也是教师必须掌握的关键性的教学技能。良好的课堂提问可以加强师生之间的交往，激发学生的学习动机，调控教学过程。而拙劣的提问却会影响师生之间的正常交往，使学生陷入一种全然被动的状态。

在现代社会，思考经常被说成是教育的一个优先目标。如果教师期望用反思帮助学生发展他们的智力技巧，他们将不得不用提问来引发这些技巧。因此，注意力集中在所谓的高水平问题——即要求对信息的运用、分析、综合，对数据的解释等。在本章中，所谓的低水平问题（那些需要回忆或信息再现的问题）将是适当的。

在或高或低的阶层组织中，问题的分类已经被有效地运用，这使教师更关注能促使学生思考的各种问题，这也导致了实践中不同种类问题价值的分配。那意味着高水平问题被看成是有用的，而低水平问题则被认为是无效的。最后，在用一个高低问题交杂的过程中，在我们的文化中我们宁愿贴上“高”的标签。事实上，在我们讨论问题和制定提问策略的过程中，这引起了一些困惑。

高水平问题和低水平问题与问题自身的价值无关。一个问题是否提的有价值，要看它的目的，它怎样表述，它对所问对象的合适程度。所谓的低水平问题仅仅是没有被好好利用，事实上它在评估教育计划的某些方面是完全有潜力的。例如，当一个教师检查学生的阅读理解时，除了问建立在阅读基础上的一些实际的问题之外还能做什么？因此，让我们关注高水平问题天生的好的方面，和低水平问题天生的不足方面，并且思考通过每一种问题的使用要达到的教育目标。

毫无疑问，教师倾向于滥用我们称之为的低水平问题。这些问题往往与回忆及再生信息联系在一起——姓名、地址、评述、名单、身份；或者谁、什么事、在什么地方、什么时间。它们很容易被记住是因为它们是直接建立在客观事物基础之上的。如果是一篇阅读过的作文，教师可能会引导学生“指出作文中问题的答案”，这是一个相当普遍的检查阅读理解的技巧。这种方法的问题在于人们往往倾向于夸大问题内容的重要性。教师的目的也许仅仅是检查学生阅读的正确性，但学生可能认为教师正在提示一个重要信息。

所谓高水平问题通常无法直接从信息源如课本或百科全书那儿得到正确的回答，而不得不被解释、推测或从一些零碎的信息中归纳出来。一个人无法在一本书中指出一段话来回答这种问题——为什么？你怎么知道？如果那是真的，那么……接下来会发生什么？你能扼要地……在将一些零星信息整合成一个深思熟虑的、符合逻辑的结论时，需要有想象的、创造性的反应。这些问题更难以得出框架，这也许是教师不那么频繁使用的原因之一。提出这些问题的目的主要是在学生反思过程中给予他们一些经验。

在课堂上有的时候低水平问题与高水平问题共存。教师需要发展使用这两种类型问题的技巧，并且需要在使用两种问题上寻找一种平衡。当教师的问题以口头提问或在测验中以书面形式呈现时，这可以有利于学生认识到教师为他们所想的是极其重要的。问题发出一个信号就像教师做或说的其他事情一样。

一、问题的水平

为使提问取得最好的效果，提出的问题必须与教学目标和学生的需要相适应。在教学中，不同种类的问题在不同的时间会产生不同的效果，提问效果的好坏取决于问题是否与学习者的特点和学习内容相适应。例如，有这样两个问题：

- $9\times 6=?$
- 我们学习鲁迅的《药》有什么现实意义?

可以看出，这两个问题对学习者的要求有明显不同。如果教学目标是让学生掌握乘法运算，那么第一个问题是有效的和重要的，而第二个问题对希望发展学生分析问题能力的中学语文教师来说则十分重要。衡量提问效果的关键是，提出的问题能帮助教师最有效地实现教学目标，高效率的教师为特定的、明确的教学目标而教。教师需要不同水平的问题，需要向不同的学生提问，并通过不同的提问技巧来促进教学目标的实现。

（一）低水平问题

在认知领域的教学目标中，最低水平的目标是“知识”水平的目标，这一水平的目标只要求学习者回忆储存在大脑中的有关信息。低水平的问题引发出的就是对“知识”的回忆。如：空气是由哪几种气体组成的？行为主义学习理论的主要观点是什么？

无论何时，当提出的问题只是要求学生去回忆有关的事实、名称、事件等信息时，这类问题就是低水平的。

（二）高水平问题

低水平问题与高水平问题的主要区别是，前者仅限于对信息的回忆，后者则要求学生对信息有一定程度的加工。因此，在认知领域的教学目标中，只有“知识”水平的目标被认为是低水平的，其余的五个水平（领会、运用、分析、综合、评价）都被认为是高水平的。简单地说，任何问题，只要对学生的要求超出了回忆知识的范畴，都属于高水平问题。对学生来说，高水平问题中的难度和要求也是不同的，但这些问题的共同特征是，它们对学生的要求已超出了“回忆”。不同的研究者对高水平问题和低水平问题作用也有不同的看法，但基本点是相同的，那就是教师提出的问题的难易程度要与学习者的特点和学习内容相适应。在这一前提下，不管是高水平问题还是低水平问题，都是重要的。

在课堂教学中，提出高水平的问题有利于学生摆脱死记硬背的学习方式，促使学生对学过的知识进行加工，有助于学生思维的发展。高水平的问题是多种多样的，如教师要求学生用自己的话说明一种观点或对某一事物下一定义；在学生回答了一个“知识”水平的问题后，向学生提问“你为什么这样认为”；在学生读完一篇文章后，向学生提出“文章反映出作者处于什么样的时代背景”等问题。这些都是教师在课堂教学中常用的高水平问题。此外，还有像解决实际问题的提问也属于高水平问题。高水平问题的两个基本特征是新颖性和独特性。

高水平问题可分为两种类型——“陈述性问题”和“比较性问题”。陈述性问题要求学习者描述物体或事物，如阐述、说明、用图形或表格表示或证明。这些描述是由教师直接提问引发，如“你注意到了什么”“请描述你面前的物体”“你能告诉我有关的情况吗”。这一类型的问题能使学生卷入学习，促使学生成功，提高学生的表达能力。这类问题看似简单，与低水平问题有相似之处，但它们要求学习者的感知觉、辨别能力和过去的经验共同起作用，因而属于高水平的问题。

比较性问题要求学习者观察两个或两个以上的物体、事件、图表或表格，证明和确认两个物体之间的相同之处和不同点。学生在确认物体的共同点时，他们要形成一种模型，然后形成概念或概括。例如，教师可以给学生以下几个句子：

- 他安静得像一只小猫。
- 他强壮得像一座山。
- 他跑得像风一样快。

然后问学生什么是“比喻”。这样的问题要求学生要确认一种模型，最后实现对“比喻”特征的把握，例如学生发现以上的每个句子中含有“像”这个词。比较性问题属于高水平问题，这类问题鼓励学习者对信息进行加工。

二、有关提问的研究

（一）发问

对教师发问的研究集中在以下这样一些方面。

1. 问题的难度和认知水平

教师发问的问题难度和认知水平对学生成绩有怎样的影响呢？研究表明，对小学一年级至五年级学生而言，低难度问题有效；对高年级学生而言，高认知水平问题更有效。低年级和高年级学生所处的认知发展阶段不同，各类问题对他们的作用也不同。

2. 问题的清晰度

问题的清晰程度显然会影响学生能否回答问题及其回答所能达到的水平。语法结构复杂或包含抽象、笼统、概念化语言的问题，学生一般认为是不清晰的问题，理解起来往往困难。教师一次提出一连串问题，学生从中找不出核心问题，也会使问题变得模糊。

3. 发问次数

大量相关研究和实验研究结果一致表明，教师高频率发问对学生学习有重要的积极作用。如，在一项初中数学教学的相关研究中，在 50 分钟的一节课里，高效教师平均问 24 个问题，而低效教师平均问 8.6 个问题。这可能是由于：一是围绕学业问题发问频率高的教师通常有组织和管理好课堂的能力，并把绝大部分时间花在积极教学上；相对而言，其他教师的课堂要么组织得很差，要么把时间花在非学业目标上。二是频繁发问的教师实际是在讲述、演示、课堂练习过程中运用师生问答、讨论等给学生提供口头表达的机会。

（二）等待

等待作为一种技能，看似简单却非常有效。在这里，等待是指教师提出问题后到教师采用启发或转移技巧，向另外的学生提问的这段时间。等待学生回答问题是有意义的。等待可以促使学生真正地思考问题，对信息进行加工，培养学生良好的学习品质，同时促使学生回答问题的质量得到提高。在最初的阶段，教师与学生可能会觉得有些尴尬，但一段时间后，教师和学生都会习惯起来。因此教师应尽可能多等待几秒钟，当然也不是越多越好。那么等待多长时间为最佳呢？目前来看，对候答时间的研究可以归纳为下列几点。

1. 发问后候答时间

这是指教师发问后，学生回答前的候答时间。据调查，美国教师候答时间在3秒以内，通常不足1秒。有的研究者发现，在实验条件下教师发问后的候答时间增至3秒以上时，教学效果明显提高。其主要原因可能首先在于给学生提供了更多的思考机会；其次是创造了有利于学生思考问题的更为宽松的课堂气氛。

2. 学生回答后候答时间

这是指学生回答后至教师对回答做出反应之前的时间。一般情况下，教师往往对学生的回答在1~2秒内迅速做出反应。当教师把候答时间增至3秒以上时，师生之间的问答性质就会由“质问式”变成“对话式”。这种变化有益于学生集中注意力，提高成绩。

（三）叫答

对在课堂中教师叫答的研究集中在叫答方式与叫答范围这两个方面。

研究表明，按一定形式（如座次、学号顺序、姓氏笔画等）依次请学生回答的，学生可预见的规则叫答方式要比教师的随机叫答方式教学效果好。因为规则叫答方式可减轻学生焦虑水平，有利于集中注意。而且教师随机叫答多倾向于让好学生回答，这对能力较差的学生来说是不公平的。有两项研究结果表明，请自愿回答者回答与学生成绩呈负相关。所以教师应适当控制对自愿回答者的叫答，保证其他人回答问题的机会。

学生自愿回答的一种特殊形式——“大声喊”（即不请自答，未经教师同意，直接说出答案），对不同背景学生有不同影响。在低社会经济地位班级中，与学生成绩呈正相关，而在高社会经济地位班级中，与学生成绩呈负相关。为此，我们建议教师遵循以下原则：学生渴望回答时，教师要适当抑制“大声喊”，让他们学会尊重别人的回答机会；多数学生沉默不语时，则要鼓励他们参与教学，甚至允许“大声喊”。

有关研究显示，叫答范围越广，教学效果也越好。有人曾对教师叫答单个学生与叫答所有学生的教学效果作过比较研究，结果发现，真正叫答所有学生的情况下，学生表现出较多的专心行为，较少测验焦虑，学业成绩也较好。有人在一项合作学习研究中，给予所有学生回答问题的机会，结果发现，与叫答单个学生相比较，学生有更多的专心行为、更好的测验表现，多数学生更满足。

（四）理答

教师对学生回答的反应可能有以下几种行为。

1. 积极反应

教师积极反应的形式有许多种，如口头表扬，表示接受学生观点，运用代币制等。在美国有关表扬的 13 项研究中，有 8 项研究结果是正相关，5 项是负相关。有研究认为，在小学低年级能力或社会经济地位较差班级中，表扬与学生成绩呈弱相关；而在能力或社会经济地位较高班级中表扬与学生成绩呈负相关。此外，理答阶段教师表扬的效果取决于学生怎样理解受表扬的原因，如果学生认为只有能力差的学生才会受到表扬，那么表扬就会失去有效性；如果表扬太频繁，也会失去其价值，尤其对高年级学生更是如此。

接受学生的观点就是充分利用学生的回答继续下一步教学。具体可能表现为：认可学生的观点，对它作进一步修改、比较或概括等。有人分析了 9 项相关研究，发现其中 8 项有正相关，相关系数平均为 0.19。接受学生观点不仅有利于提高学生成绩，而且学生对教师也会有更积极的态度。

2. 消极反应

教师对学生的消极反应有表示不赞成、批评、训斥等。有关教师批评与学生成绩之间相关的 16 项研究中，有 13 项是负相关，3 项是正相关，尽管教师频繁批评与学生低成绩之间孰为因孰为果还不清楚，但两者经常伴随存在。

另一方面，提问教学策略比较注重教师课堂提问技能的培养，但大多还是局限在课堂教学“教师提问，学生回答”这种言语交流活动中。在提问这一行为上，师生的课堂参与机会严重不公，教师没有着重培养学生主动的问题意识，从而在一定程度上影响着教学效果的发挥。从经验实践来看，现在的中小学生思想活跃，敢想敢干，但很少有问题意识。究其原因主要有两点：

一是观念障碍。在实际教学中，人们往往认为提问是教师的专利，整个教学只需有目的、有计划、有组织地按照教师设计的问题一个个解决，学生就可以理解知识、牢固掌握所规定的知识内容。这样一种观念无疑是严重影响学生问题意识产生的重要原因之一。学生是学习中的主体，具有自主能动性，如果只要求课堂秩序良好，有条不紊，而不调动学生提问的积极性与胆识，是很难真正提高教学质量的。另外传统教学观念中只注重学习的结果而不注重学生思维过程的分析，这也使学生问题意识的产生失去了很好的机会。而且，尽管教师把问题作为教学的出发点，教师、学生适时提问、反问，并由教师指导学生讨论答疑，最后总结这种形式虽然具有启发性，但如果提出的问题不是关键性的，不富有挑战性，不能激起学生已有认知结构与当前研究课题的认知冲突，就会流于形式，这也会消磨学生问题意识产生的积极性。

另一个是信息障碍。有学者提出一个值得注意的观点：信息量和创造性之间有一定的关系。她认为，创造力可以在最小信息量的前提下产生，亦能在信息完备的充分条件下产生；信息的规模越大，对信息进行创造力加工所依据的现实性的范围也就越大，正是在信息量不够的情况下，才能产生解决问题和战略的可能性，这些战略和可能性都可以看做是富于想象力和独创性的，而对文化和社会具有极罕见和突出意义的创造力的最高形式，只有在拥有最大限度的信息时才能达到。发展中的学生不可能具有最大的信息量，达到创造力的最高形式，但问题意识的产生的可能性是完全存在的。

三、教师提问策略的使用技巧

三个小技巧是提问技巧的一个组成部分：问题构思与阐述，提问顺序，提问速度。让我们简要地看一看每个技巧。

（一）问题构思与阐述

在构思与阐述问题时，首先需要与客观事物及提问的目的相适应。但即使它们符合上述条件，也有可能在技巧上有缺陷。下列指导方针将会有所助益。

（1）问题应该合乎语法，句法容易让人理解。问题要简单明了，不要咬文嚼字。

（2）问题表述清晰以便让学生理解并明白以何种方式做出回答。

（3）问题中不要给出线索。

（4）如果问题这样开始，“你认为……”或其他类似的需要表达自己意见的词汇，教师应准备好接受学生的任何一种回答。

（5）应该用鼓励学生回答的声调来进行问题的阐述。

（6）问题的阐述应该能激励学生的思考而不是引导他们接受现成的答案。

为避免这些指导方针在使用上所产生的困难，可以让实习教师在拓展课上写出他们要问的问题。当新教师面对满满一教室学生依靠即兴发挥时，常常会问出糟糕的问题。而制作并听一盘教学录音以便评估其提问技巧却往往是有帮助的。

（二）提问顺序

如果在一堂课上的思想要被发展，问题必须以能引出逻辑结论的方式呈现。思想发展意味着课程有一个方向：问题引导的某个地方。教师不能提出一系列漫无目的的问题，并且期望思想就此成长起来。在下列问题的顺序中，注意每个问题是如何建立在前一个问题的基础上的。这些问题是基于一个年轻人参观一个被人遗弃的房子的故事。

（1）你能总体描述一下查利所参观的房子吗？

（2）那里是什么东西使他感觉不自在？

（3）什么时候他开始发现有些不同寻常的东西？

（4）为什么你认为他那时不会离开？

（5）他根据哪一点确定屋子里还有其他人？

（6）准确地说，发生了什么事情使他意识到他不是一个人？

（7）那时他为什么不去寻求帮助？

（8）从查利进入异常的不熟悉的环境的经验中我们可以学到什么？

即使读者不熟悉这个故事，故事的基本线索也已经从问题的顺序中显露出来。如果在一个漫无目的的顺序中则无法产生这种结果。

编写一个故事

用上述的问题（1）～（8），你的学生能够编写一个故事吗？对中高年级学生，你应该让他们试试基于这个故事的另一系列问题。然后用一幅图画和学生的问题框架来组织学生按一定的顺序讲述这个故事。

① 在这样的练习中所使用的技巧是什么？

② 教师怎样利用这种经验来增强学生提问的技巧？

也许学习如何按序列提问的最容易的方法就是教会学生一个固定的提问序列过程，或者讨论一个问题怎样产生或被使用。科学实验有它特殊的序列并可以很好地引导人们学习提问的序列，正如数学中的演算一样。随着经验的增长，教师将逐渐对一个问题是否有合适的顺序非常敏感。在这方面提问就好比建立一个电脑程序。更进一步说，课堂中的教师是大部分时间的计划者。相应的，如果学习是有效地开始，那么教师应该提供这样的问题——用一个更进一步的复杂的序列来处理学习的各个组成部分。

（三）问题的节奏

问题的节奏与提问的速度有关。通常有两个方面的难题。一个难题是提问的速度太快。在一个问题提出后，很少或几乎没有时间来展开联想，另一个问题又提出了。回答的简洁要比精致受到更多的期待与鼓励。第二个难题与留给学生回答的时间较短有关。教师似乎认为除非学生立即答复，否则问题就需要重复或分类，或者给学生提供一条线索。事实上，假如给他们更多的时间，学生们经常会有深思熟虑的回答。

在这里，教师应该放慢提问的速度。在提供线索上应毫不犹豫，也不应该太快地重述并澄清问题。气氛应是鼓励反思而不是回答的迅速。问题的设计应激起思考，而思考需要时间。对年龄大一点儿的学生，教师可以通过让学生在口头回答之前写出答案的方式促使学生进行更多的思索。放慢节奏、让全班的学生都能思考问题，当使用反思性问题时，这一点特别重要。

四、处理学生对问题的答复

在有效的学习中，教师如何处理学生的回答也许和问题本身一样重要。作为一个普遍的原则，教师对学生回答的评论应该能够让学生愿意继续对另外的问题做出回答。让我们来看看一个教师处理学生答复的几种方式。

（一）对回答的感谢

有半数教师经常表达对学生反应的感谢，如“对”“是的”及“好”。这是模棱两可的、没有评判的语调，仅仅是表示教师知道学生做出了回答（当然，也可以是由非言语提示的伴随来表达评判的信息，诸如赞同或不赞同的面部表情，腔调或身体动作）。如果教师正在鼓励对问题的讨论，这种积极的反应经常是富有成效的。当教师的反应被认为是模棱两可之时，全班都知道这个问题还未有定论，其他的同学会加入讨论，讲出自己的想法。

在听课堂录音时，对于自己在对回答的致谢中，如此多的使用同样的表达方式，教师经常会感到非常惊讶和困惑。一个教师也许一天会说一百遍“对”而没意识到。教师应该努力发展各种不同的对回答的致谢。

（二）评论

有些教师似乎认为他们必须评价每一个回答“是的，非常正确”或“不，那不对”。当然，教师需要对学生工作进行评价，而且不应该忽视不正确的回答。但是教师对学生的每一个回答都给以评价并形成程序，在大多数情况下是不对的。首先，教师并不都知道一个回答是否正确。更多的情况是，许多回答无法被完全归纳为正确或者错误。其次，这种方式倾向于鼓励那种回答可以被如此评价的问题。有些学生并不期望这样的问题，因为他们不希望他们的回答在全班面前遭到否定。他们不愿意冒偶然性的险，如果叫到他们，他们会说不知道。最后，评述往往意味着结束。比如，如果教师说“你完全正确”，那么全班就不用继续讨论了。

（三）复述与澄清

并不是每一个问题的回答都需要复述与分类，但这是一种很好的练习。它特别适合于回答比较轻、没有被全班听到的回答。同时，教师可能知道，进一步的分类对激发持续的思考问题或提供更精确的答案很有帮助。例如，在一堂科学课上，教师会说：“如果将水倒入油中，油会怎么样?”一个学生会回答说：“它会浮上来。”教师复述并做了分类：“你说它会浮上来。你的意思是油会漂浮到水上面来?”学生继续说：“是的，它们分开了。油漂到水上面。”这里，通过问另一个问题，教师将问题分类以确证学生已经理解了。

（四）探究

如果经常发生一个学生答出问题的一部分，并且教师要鼓励更完整回答的情况就可以通过探究来寻求另外的信息。下面的这些话可以达到这个目的。

（1）“关于这一点你可以再多说一些吗?”

（2）“但是为什么你认为他会回来?”

（3）“你能解释为什么会发生这件事吗?”

（4）“你说是的，现在告诉我你为什么这么想?”

（5）“你所说的非常正确，但还有另外非常重要的一点你没有注意到。”

（6）“你能举个例子吗?”

有时教师通过重复最后一个单词或学生回答的单词，可以引导出更精确的回答。

在探究更完备的回答时，教师不应该逼得太紧，那样的话会使学生过分激动和紧张反而无法回答。适度的探究则可以获得丰硕的成果。

（五）提示

提示往往发生在教师问一个问题并且没有人回答——同学们的表情都很茫然的时候。这对任何一个教师来说都不止一次地发生过。这可能意味着问题没有说清楚，或者学生仅仅是不知道教师所问的是什么。当这样的情况发生时，教师不应该提供答案而应该通过几个简短的词汇来提示，引导学生沿着教师所给予的路线去思考。这种提示包括再次重复问题或者是强调问题，也包括教师提供少量的附加信息。

案例

师：为什么当我们把一个瓶子放在蜡烛上时，火苗会往外飘?

生：它得不到空气。

师：（提示）是的，可是在空气中蜡烛持续燃烧的必需的东西是什么？

生：（没有回答）

师：（提示）你们还记得当我们学习……

生：（领会了提示）氧气！蜡烛燃烧需要氧气。当它用完了氧气后就飘出去。

请注意，在这个案例中，教师没有给出答案。教师仅仅提供了一个小小的暗示，指导学习者沿着正确的方向思考。在这个案例中，甚至在教师没有将提示的话说完，学生就已经能够回答出了。

五、提问策略

（一）提问要有针对性

教师从目的出发选择合适的问题，提问的技巧必须非常熟练，否则结果很可能令人失望。例如，教师有时无法将学生拉入讨论。这种情况下，对教师经常使用的问题进行检查就会发现症结所在。如果被问的问题只需用是或不来回答，或者唤起对一个特殊问题的回忆，往往就难以讨论。引起讨论的问题必须允许有不同观点及公开的创造性的交流。

（二）程序性问题

教师问许多问题与课堂管理、方向澄清、翻译或修辞的需要有关。这些问题是教学的必要组成部分，但是它们经常是教师寻求学生想法时的时间上的一点补白。他们甚至会发出威胁（你是要我调换你的座位吗?）却没有人回答；事实上，没有人愿意回答。教师甚至不能完全意识到他们这种问题的内容。

例如：

（1）谁有问题吗?

(2) 你们准备好下一个了吗?

(3) 你们有多少人今天在这里吃午饭?

(4) 有谁愿意回顾一下今天音乐课我们计划要做的事情?

(5) 你认为我们能想出更好的方法来还储藏室的球拍和球吗?

(6) 班里有没有人没什么事情可做,要我安排他做额外的事情的?

"请举手"

教师是否应该叫举手的人发言?专家不同意这种做法。一些人相信随意的选择回答是最好的,因为所有的人都必须动脑筋准备回答问题。他们感到固定的提问模式是没有效率的,因为那样的话学生只会准备他们将被问到的问题。在学习过程中,对学习的研究显示,提问的固定模式效果最好,因为它确保所有的学生都参与寻求问题的答案。

罗森夏因和史蒂文斯(Stevens)在对提问方面的研究评论中,发现有秩序的提问通常在小团体中比大团体中效果要好。这个观察结果不分时间的运用也许会让教师无法吸引每一个学生。在小团体中用最少的时间获得最多学生的回答方面,集体回答技巧被发现非常有效。当学习材料需要过度学习时,这种技巧被证明是有效的。当学习者的成果是建立在学生的过度学习基础上时,集体回答在大班中也被发现是有效的,这种学习像词汇表、解码单词和数据。在两种学习中,成绩较好的学生中点名回答通常对成绩会产生消极的效果。然而,对成绩不太好的学生来说,点名回答却会产生积极的效果。调查报告显示,由于缺乏其他与此技术相关的研究,点名回答的效果应该被仔细地考虑。

(三)检查准确理解的问题

在物质科目领域像社会研究、科学和健康,教师有必要了解,学生是否被他们要读的材料中的潜在信息所吸引。经常设置一些问题来检查正确理解的情况,应该能够鼓励学生养成好的学习习惯,使他们关注重要的概念和思想,而不是杂乱无章的细节。比如,如果存在太多琐碎的事实问题，学生会猜想除了这些事实以外，材料中就没什么重要的东西了。此时可采用各种问题——有些是用来确证重要的事实和思想，其他的用于拓宽理解——来进行检查。问题应该以这样的方式来构建，即它能帮助学生明了材料中与问题最有关联的信息。

例如：

（1）理解这部分最重要的字眼是什么？

（2）在你买鞋子的价格里面包括哪些花费？

（3）在读了你们科学书里的一段后，列出所有提到的污染物。将这个名单分成两个部分，一个是自然污染，一个是人为污染。每个部分都有什么污染？

（4）做一个图表，表明你理解与间接测量问题有关的数据。解释间接测量的两个基本思想是什么？

（5）每一段里的条目之间的因果关系是什么？

（6）中东国家的什么特性使得他们团结如一家？

（7）具体而言，实验四个阶段里的每一段分别是什么？

（8）家里的五个火灾危险区是什么？

（四）反思性或“思想性”问题

反思性问题是没有结论的，并且需要高层次的思考过程。它们的目的在于激发学习者的创造性想象和思考能力。一个反思性问题没有唯一的标准答案。反思性问题经常与批判性思维和制定决策相关，这里需要多方面的以及对每个结果的考虑。反思性思考包括这样一些心理过程诸如运用、分析、综合和评价。

你说什么

在下列四种情境中，想象一下你就是教师。在这些情境中，教师问了一个问题，学生回答。然而这个回答在某种程度上不太充分。请回答为了能够进一步引导学生，下一步你该说什么？

情境之一

师：你们非常喜欢昨天读的那首诗，所以我想今天我们可以来欣赏另一首。昨天我们读的那首诗，你们最喜欢它的什么方面？

生：节奏。

你说：________________________________

情境之二

师：你们看这一行（指着标明食物生产数量的那一行）图表在上升，但这一行（指着在农场生活的人数）在下降。这告诉我们农场发生了怎样的变化？

生：它告诉我们，人们在迁移。他们找到了另外的工作。

你说：________________________________

情境之三

师：电子发电机通过磁铁上线圈的循环产生电。它需要能量源或力源来维持线圈的循环。因此，我们看到电子发动机用电能产生机械能。然而，电子发电机用机械能产生电能。我们用来产生电能的机械能的形式是什么？

生：（没有回答；沉默）.

你说：________________________________

一直以来，教师都告诫他们的学生要“思考”。即使到今天，听到教师这么说也十分正常，“现在开始思考，孩子们，努力思考！”仅仅告诉学生思考并不是发展他们思维能力的令人满意的方式。学生真正需要的是活动、情境和问题，这些可以使他们利用他们的智力技巧诸如比较和对照、注意原因和结果、多维思考以及基于材料的归纳总结。

例如：

（1）美国早期，在沿大西洋海岸的30个州，许多人有着舒适的家和良好的生活。你猜想为什么有些人选择放弃这一切，而去了西部，在那里过着艰难又充满危险的生活？

(2) 科学家认为有些化学产品对人类健康威胁非常大，它们不应该用来杀死昆虫以及控制疾病。你认为在什么样的情况下即使它们有危险也要使用?

(3) 如果每个人一星期只工作四天，什么样的商业和哪一种工作的需求会增加?

(4) 为什么有些药只有在内科医生开了处方之后才可以买到?

(5) 你认为只有当那些动物对人类有利时才去保护它的做法是明智之举吗? 为什么?

(6) 为什么不能仅仅在一个社区或一个地区控制空气或水的污染?

(7) 为什么美国鱼类与野生动物组织要从加拿大阿尔伯特黄石国家公园和 Idaho 中心引进狼?

第二节 讨 论

班级内的讨论是班级成员之间的一种互动方式，他们交流观点以形成对某一问题较为一致的理解、评价或判断。尽管讨论有其他行为难以实现的功能，但在教学实际中教师却并不乐于组织讨论。据对美国中小学所做的调查结果显示，有讨论的课在所调查课中仅占 4% ~9%，另一项调查结果不到 3%。教师不组织讨论的理由是讨论不易控制，耗费时间，而且讨论结果无法预料。由此可见，要掌握引导讨论的策略必须做出一定努力。教师既要熟悉基本理论知识，又要多组织讨论，在实践中培养技能技巧。

一、讨论行为的功能及表现形式

讨论行为的功能主要有这样几个方面。第一，培养批判性思维能力。讨论要求学生提出自己的观点，并且要学会用事实、概念、原理等进行推理，支持自己的观点。与此同时，还要抓住对方论点、论据和论证过程的错误或失误，与对方交流，最后大家达成共识。通过这一过程，学生的批判性思维得到训练。第二，帮助解决问题。讨论可帮助学生运用已学过的知识去探索，最终找到解决问题的方法。第三，培养人际交流技巧。讨论既有师生间的交流，又有学生之间的相互交流，这大大有利于人际交流技巧的提高。第四，改变态度。通过课堂讨论相互交流，可使学生认识到某一问题原来具有自己没有认识到的许多侧面，从而可以丰富对事物的认识，进而改变自己的观点和态度。而且这种观点和态度的变化还较为彻底、稳定。因为课堂讨论是一种公开活动，讨论者一旦做出某一决定，表示接受某种观点，实际上就是公开承诺要把它们付诸实施。研究发现，在学生相应的道德推理阶段到来之前，教师提出高一级道德推理的问题，组织不同道德推理阶段学生进行小组讨论等，均可以促进学生向高一级道德推理阶段发展。

教师在学生讨论时的行为表现形式主要有两种，即发起行为和支持行为。发起行为主要实现任务定向的功能，教师要协调、推进小组活动，保障讨论目标的完成。支持行为主要实现维持讨论小组的功能，教师要加强小组成员之间的联系，如提供热情、友好的气氛，调和化解冲突，缓解心理紧张，提供个人帮助等。

二、讨论行为的维度分析

教师讨论行为受多种因素影响，其中最为重要者当推讨论小组。研究表明，每一个小组的特征因素都不同程度地影响着教师讨论行为、成员之间的互动行为和讨论效果。

（一）小组的规模和构成

许多研究表明，随着小组规模的扩大，小组成员会愈加不满足，较少参与讨论，较少合作。小组规模扩大对讨论最大的影响在于每个成员讲话量的减少和主动参与者数量的下降，这给教师组织讨论带来很大困难。小组讨论一般以 5 ~8 人为宜。

由性格相近的成员构成的小组，其成员多倾向于有满足感，他们之间的关系也比较密切，便于教师引导小组讨论，但讨论效果却不好。价值观念和信仰不合的人在一起很难形成牢固的小组。然而，性格不一致的小组在讨论需要多种理解和综合认识的问题时，效果较好。

（二）小组的内聚力

小组内聚力是成员要求继续在小组的一种吸引力量。内聚力强的小组，成员之间随时准备交谈，能更认真倾听，更经常地相互影响，更频繁地主动讲话，更严格地遵守小组准则。

（三）交流的模式

小组成员讨论时的交流模式主要取决于两个因素，一是成员之间交流是否经过第三者（如教师）；二是座位模式。研究发现，须经过第三者交流的小组在完成需要小组交流的任务方面较有效，但与直接交流的小组相比满意度较低。有人曾研究小组讨论座位模式对相互的影响。结果发现，圆圈式模式中直接面对教师的学生比教师两侧的学生更多地参与交流；行列模式中，前排学生比后排学生参与更多，中间学生比两侧学生参与更多。

（四）小组领导方式

小组领导者是小组成员中影响小组实现目标进程的重要人物，可以由小组自选产生、教师指定或教师亲自担任。一项有关领导方式的经典研究，比较了专制、民主和放任三种领导方式下小组成员的行为。结果发现，专制领导方式下的小组成员比民主领导方式下的小组成员表现出更多的敌意、攻击和委过于人的行为。

另有研究认为，如果同时运用任务取向、社会—情感取向两种性质不同的领导方式，小组活动会变得更为有效。任务取向的领导方式强调小组目标的实现，而社会—情感取向的领导方式侧重成员之间积极关系的维持。小组中的社会情感方面和任务方面应受到同等程度的重视，如果小组领导人不在组内建立积极的情感关系，小组就会出现消极的情感关系。

三、讨论行为的运用策略

（一）讨论的准备策略

1. 讨论问题的提出

教师首先要考虑的是，这个问题是否足以激发学生的思考和讨论的兴趣，为此，问题的难度必须与学生的能力相适应。换言之，即一方面问题不可太容易，学生无须多思考就能解决的问题没有讨论价值，另一方面问题也不可太困难，学生费尽思索也不得要领的问题会使学生灰心气馁，丧失学习兴趣。所以教师要慎重选择和提出问题，使学生既能够理解，又能够有意见发表。这样，学生之间才能够展开讨论、交换观点、互相启发，达到解决问题和提高问题解决能力的目的。

在讨论前，教师要确定并精确表述有待讨论的主题。原来对可讨论的问题范围有一种误解，认为只有文科等“软”学科中才有可讨论的问题，数学、自然科学中没有可讨论的问题，各学科中的事实也都不具备讨论的价值。实际上，包括事实在内，所有学科中的问题都可以成为讨论的主题。事实、现成的结论作为讨论主题的价值在于，讨论过程中学生自己要对事实作清晰、准确的表述，倾听并评价别人对同一内容的不同表达形式，最终获得准确表述方式。相对而言，答案没有唯一性，每种答案背后又可能有不同逻辑推理、事实依据支持的争议性问题最具讨论价值。这些问题可激发学生搜寻新信息，重新调整自己的思维方式；它们要求学生反驳对方的逻辑、观点；这些观点经过讨论后可增进学生对争议问题的理解。

2. 讨论活动的分组策略

教师在掌握班内学生之间相互交流情况、彼此喜欢的基础上将全班分组，并尽量把相互之间比较喜欢，而经验和观点又不同的同学分在一组。这样既使小组具有较强内聚力，各成员之间又可相互启发、共同受益。小组组数一般不宜超过5组，组数太多，而教室空间有限，相互之间易产生干扰，从而降低学生对本组讨论的参与程度。小组规模可根据班级规模、分组组数、教学目标、讨论主题等具体情况而定，一般以5~8人较为适宜。

小组讨论的座位模式会影响小组讨论功能的正常发挥。据研究，座位模式如果便于成员之间眼神交流，则可增加相互间交流的机会。显然，传统的行列式座位模式不适合开展小组讨论。

教师在讨论准备阶段还要帮助学生做好讨论的准备，使学生具备充分参与讨论的基本条件。学生准备的内容主要包括：

- 乐意与其他人一起讨论，形成对有关问题的深入理解、判断或决定；
- 喜欢与别人交流看法；
- 乐于与他人谈论待讨论的主题；
- 愿意倾听并尊重别人的意见；
- 拥有讨论主题需要的有关知识和经验；
- 言语、非言语交流和社会交往的基本技能；
- 具有推理的基本技能。

（二）讨论活动的组织策略

1. 讨论的启动策略

教师首先要向学生说明他们在讨论中应承担的角色。这一点对于首次开展讨论的班级尤为重要，让学生了解自己应该做什么有助于他们学会这样进行讨论。在讨论中学生应该：

- 说明自己解决问题的办法；
- 在与其他同学交流过程中详细阐明自己的想法；
- 为自己的观点辩护；
- 根据有关思想，修正自己的观点；
- 每个人都要评价别人的观点；
- 而后，教师可把待讨论的主题写在黑板上，对主题作简要解释，说明为什么要把它作为讨论主题。

2. 讨论的组织策略

在讨论过程中教师要专心倾听，并对其谨慎地做出反应。所谓谨慎反应，是指教师尽量少说话，把更多的讲话时间让给学生，这样学生可从讨论中获益较多；另一方面，教师不得不对小组讨论做出评价时，应做到客观公正，不带有偏见和个人感情色彩。教师提出讨论主题后，主要扮演听众的角色，不应再提其他问题，否则将破坏讨论。教师虽然基本保持沉默，但却要密切关注学生讨论，要作讨论笔记，对讨论进行的逻辑线索，讨论是否切题和讨论的事实基础等适时地予以分析和评价。

教师还要做到适时、适量地介入讨论，以确保讨论不离开主题和顺利进行。教师介入学生讨论过多或过少均会影响讨论效果，那么教师在什么情况下介入才合适呢？我们拟提出以下建议：

注意是否枝节问题耗时太多，如果连续几个人的发言离题太远，教师要插入几句简短的话，提醒学生回到讨论主题。

注意是否发言之间的间隔时间过长。如果间隔时间逐渐延长，教师要介入并弄清原因。

注意是否出现了事实上的错误。如果真是这样，那么讨论将失去有效性。这时教师要及时指出错误。

注意是否有尚未觉察到的逻辑错误。如果确实存在，教师要及时指出并纠正。

在讨论过程中的某个中间环节上，教师可适时地做简短的阶段小结，明确当前的问题。这既可帮助学生概括出已走过的轨迹，预示下一步讨论的方向，又可教会学生讨论的方法。

当出现某些特殊情况时，教师应及时予以处理。讨论中，往往由于学生缺乏讨论的基本技巧等原因而出现一些妨碍讨论进行的情况，这些情况主要包括以下几个方面。

第一，个别人发言过多或不参与讨论。据研究，小组讨论中每个人的发言的确不均，而且如果根据每人的发言量不同划分等级的话，发言量不同的等级之间似乎有稳定的比例关系：第二等级发言量是第一等级的66%，第三等级发言量是第二等级的66%，等等，依此类推。所以，小组中各人发言不均似乎是正常的。就特定讨论主题而言，学生的知识背景和个人兴趣存在很大差异，这些自然会相应的影响他们讨论的参与程度。然而如果有的学生不管什么主题，都发言过多或不参与讨论，则可能有社会和情感的原因。教师除课下做好细致工作外，就课堂当时情况而言，应采取以下措施：对发言过多者，要求其概括主要观点，而后转问别人的意见；对没有参与发言者，先问及一个事实问题，而后追问解释性或评价性问题，引导学生发表看法。

第二，无人发言。如果教师提出讨论主题后无人发言，应怎样做呢？等候并打破沉默。安排合理的等候时间是必要的，因为学生需要一定时间把思考的内容加以组织并表达出来。等候30秒或再长一段时间是可以接受的。但如果等候时间过长，则易形成尴尬气氛。因此教师需要询问沉默的原因，或者大声说出对沉默原因的猜测，如说“第一个发言的人富于冒险精神”，可能会促使学生打破僵局。

第三，讨论难以继续。这种情况是指对某主题讨论的价值已全被挖掘出来，继续讨论已不再具有任何经验意义。这种情况的主要表现是：重复已提出的观点，发言的间隙延长，发言不断离题，显露出厌烦情绪等。教师应在这些现象出现之前，转换讨论主题，或讨论原主题的一个新侧面。

第四，出现争执。一个问题常可从各个角度着手解决，不同的意见只要有适当的理由，在讨论中都应该提请学生注意。不过有些学生容易意气用事，固执己见，听不进别人观点，甚至会发生影响课堂氛围的争执。这时，教师便应循循善诱，“调和”矛盾，既劝导学生服从真理，又不伤害学生的学习积极性。面对学生之间的争执，教师可采取如下策略。

- 不偏向其中的某一方；
- 引导学生认识到双方的一致之处；
- 提醒学生讨论的主题；
- 运用幽默化解双方冲突；
- 概括双方观点，提出共同面临问题，把讨论引向深入。

第五，鼓励发表创造性见解。无论在心平气和的讨论中还是在带有争执的讨论中，教师都应该引导学生从一般的、常规的思维模式中超脱出来，开展创造性思维，鼓励学生发表与众不同的疑问和观点，在发言时间的安排上要有利于创造性见解的发表。

3. 讨论的结束策略

讨论结束时，教师要对讨论结果作总结，归纳学生对讨论主题的新认识或解决办法（不一定有一致的结论），提醒学生面临的新问题，为后面的其他教学活动做好准备。事实上，问题有了解决方法，或已得到解决方案，有时还不算学习的结束。完成问题解决的学习应包括学生透彻理解问题的方方面面。教师在设计讨论活动的时候，还应该注意以下事项。

● 要使学生分辨问题的性质。人们面临的问题既有客观性的，又有主观性的。前者是从客观存在的事实、现象或人事关系中所产生的问题；而后者则为个人知觉上、情绪上或认识上所发现的问题。

● 要使学生明确问题的情境。人们解决问题的途径既有直线式的，又有迂回式的，区别在于问题的复杂程度和解决问题的难易程度。学生在课堂上面临的问题解决情境一般都应难易适中，即需要经过一定的迂回曲折，但开动脑筋、集思广益后问题又不难解决。

● 要为学生安排多种多样的练习，以免他们产生消极的心向和僵化的行为。有效的练习不是重复地以同一方式解决类似的许多问题，而是以不同的方式解决类似的或不类似的问题。能应用的方法和技巧越多，则解决新问题的可能性便越大。

提供给学生的问题不一定都要圆满解决。正如数学中的“无解也是解”，教师有时可以引导学生找出问题本身的缺陷或不合理的地方，看看有无补救的措施，并说明所持的理由。这也能培养学生观察事实、分析问题和做出判断的能力。

6

表扬与批评

在学校教育中，表扬与批评是教师在教育工作中使用的重要手段，也是一把双刃剑。表扬是学生取得成绩的公开赞美，其目的在于鼓励先进、激励后进，使得正确的思想和言行能够得到社会的承认并能够发扬光大。批评是教师指出错误，促使学生去积极改正的有效办法，其目的是为了帮助学生认识缺点、纠正错误，使之成为品学兼优的好学生。表扬与批评是教师在教学活动中不可缺少的手段。但若使用不当，会既伤害学生的自尊心、自信心，又伤害师生的关系。可以说，表扬与批评既是一门艺术，又是一种重要的教学策略。

第一节 表 扬

现代教育理论研究证明，教学不单纯是传播知识信息的认知活动，也包含着人与人之间的情感交流，这种情感交流水乳交融地渗透和贯穿于传授知识的全过程。因此，教师的表扬在教学活动中起到重要的作用。它不仅是成功教学的重要机制，也是学生获得最大限度发展的必要手段。教师如能在教学中充分运用表扬来肯定学生的能力，将对学习起到不可估量的作用。

一、表扬的作用

（一）激发学生的学习兴趣

兴趣对于学生来说是前进的心理动力。兴趣可以促使一个学生不断追寻、努力探索。行为科学家经过无数次的实验证明：人往往会重复一个能立即产生愉快结果的动作。因此，如果教师每次批改作业时，对每个学生的作业都能找出一两处比上一次做得好的地方给予好评。一段时间后，肯定会收到比较好的教学效果。学生在作业中，如果付出了比平时更多的努力，他自己是非常清楚的，因为他总是如饥似渴地等待教师的表扬，以证明教师意识到他的进步，这时的表扬如阳光雨露滋润着学生的心田，激发着学生的学习兴趣。相反，如果教师对学生的努力视而不见、置之不理，失望的情绪对学生是一个沉重的打击，也会使之失去学习的兴趣。

（二）构建和谐的师生关系

每个人都喜欢受到别人的表扬，而不喜欢被批评。不公平的批评、体罚和恶语伤人，往往会造成师生关系紧张、恶化，长期则会导致学生对教师所教课程的厌烦、痛恨。而对学生亲切和热情的教师，再加上实事求是、公正无私的表扬，可以缩短师生之间的距离，这种感情的共鸣，是开启学生智慧的大门，促使他们对知识不懈追求。

二、表扬的误区

（一）表扬失度

有的教师为了鼓励学困生，把表扬当成一种策略手段，为表扬而表扬，抓住他们身上的一点儿小事，就随意夸大其词的进行表扬，或为了安抚学生情绪而表扬，这样就会使受表扬的学生产生“假”的感觉，认为这不是在真心实意地夸奖他，而是在“哄”他进步。“表扬之声”不绝于耳，在学生回答了一些简单的问题后，有些教师在还没弄清学生有什么值得表扬时，就轻率地对学生说“你真聪明”“你真棒”“你真行”，还带头有节奏地鼓掌或给学生送小纪念品等，把课堂气氛搞得热闹非凡。其实这种对学生不分场合、不看对象、不假思索随口而出的褒扬是相当“廉价”的，结果会导致教师对学生的表扬迅速贬值，对学生来说自然就没有什么实际效果了，甚至会有损教师在学生心目中的形象。

（二）表扬失实

当学生做了好事或学习有了进步时，他们需要教师在其他同学面前给予表扬，这时他们的心情就像考试后急于知道自己的分数一样迫切。教师如能善于利用，及时表扬，就能抓住教育的最佳良机。可是有的教师没有把握好时机，以致表扬之后，学生反而产生怨气或泄气的情绪，失去了应有的效果。

（三）表扬失准

表扬要了解学生的心理状态，不要轻易为之。例如，有的教师在表扬时，往往只偏重学优生，把他们说得毫无缺点，容易使其产生盲目的优越感，满足现状，逐渐对表扬毫不在意，而那些得不到教师表扬的学困生，则可能丧失前进的热情和信心。

三、教师的表扬策略

（一）表扬要面向行为

教师要对学生良好的行为表现给予经常的关注和及时的表扬。教师应该明白，在学生的心里，渴望着自己的行为受到关注，得到赞许。表扬的力量是巨大的，在教师不断的表扬声中，学生的行为将发生奇迹般的变化，积极的表现会越来越多，消极的行为随之减少。要明确表扬的目标是行为，而不是学生本身。俗话说“江山易改，禀性难移”，须知一个人的个性是难以改变的，教师应该把注意力都集中到学生的行为上。教师不要说“你真是好孩子”，而要说“你帮助别的小朋友，真好”。或者换个说法，“老师喜欢你这样做”。表扬的目标指向，使学生本身可能产生这样的积极后果，使他们得到这样的认识：做得好就是好学生，做不好就不是好学生。为了做好学生，就不能出错。教师还应该明白，没有人永远正确，学生一旦做错事，就会产生消极的自我评价，因此，这时候教师没有必要一概指责，穷追不舍。

（二）表扬要公正

公正是表扬最基本的要求。不公正的表扬不但起不到积极、促进作用，反而会严重削弱学生学习的动力，甚至引起逆反心理。实事求是树立不同的典型作为学生的学习榜样，既能调动学生的积极性，又能使每个学生看到自己的缺点与不足。所以说表扬只能针对当事人，而不能从其家长或家属的职业、成就或地位寻找依据，不能因某个学生有特殊关系就给予更多的表扬，从而歪曲了表扬的性质，致使学生相互之间产生抵触情绪，而达不到表扬的目的。要使表扬真正成为教学行为的积极诱因，必须根据学生的个性心理特点和心理发展水平，因人而异。现实中教师对待学优生常常是赞不绝口，但事物都是物极必反，过多的赞美之词，有时可能导致优秀学生不能客观地自我评价，使其产生盲目的优越性，满足现状，对其发展是弊大于利。对于后进生，切不可以带有“有色”眼光，要善于发现他们身上的“闪光点”，对他们的每一点进步，给予及时的表扬与肯定，使表扬真正起到鼓励先进带动后进的作用。

（三）表扬要针对需要

人和人之间存在差异，人和人的需要也存在个体差异，对学生进行表扬时，无论是精神表扬还是物质表扬都要针对学生的需要进行，这样才能收到更好的表扬效果。周弘在《教你如何赏识孩子》中，针对一个家长提出的“我女儿写作业很慢，一会儿要喝水，一会儿要上厕所，怎么办”的问题回答说，想要孩子快，不说孩子慢，你越讲他慢他越慢，在孩子动作快的时候就进行表扬，优点一说不得了，缺点少说反而逐渐少。当教师一再指明孩子粗心大意，动作慢等缺点时，学生会形成一种惯性，真的认为自己粗心或慢，相反，若教师把目光放在孩子细心的时候、动作快的时候，多次强化之后，学生的心里就有一种“快”的心理暗示，越来越快。因此，教师在针对学困生进行教育时，不妨改变对学生的关注点，用教师的细心、爱心和耐心，发现学生的闪光点，赏识他，增强学生的自信心。对学优生进行表扬时，不妨提出更高的要求，激励他迎接更高的挑战。

（四）表扬要发自内心

有效的表扬需要教师发自内心，要善于发现学生的问题，根据学生的需要来进行。教师不仅要具有敏锐的观察分析能力，善于发现学生发言中的优点，更要善于把这种发现转化为对学生的鼓励赏识。这样，学生感觉到自己的探究和发现被关注、被赏识，才会始终保持积极的学习情感。

（五）“表扬”是为了“不表扬”

表扬最本质目的是为使孩子确立起一种内部激励机制，即当孩子做了好事、完成某项任务时，不需要外部表扬就能获得满足感和成就感。这也是孩子成年后从事工作和社会活动的原动力。所以，对孩子的“表扬”“奖励”是为了今后不必再进行针对具体事件的强化，是为了“不表扬”。

总而言之，良好的表扬策略的运用可以激发起学生的积极情感，积极的学习情感是学生自主学习的不竭动力。教师在教学中不仅要具有敏锐的观察分析能力，善于发现学生发言中的优点，更要善于把这种发现转化为对学生的鼓励赏识，促使学生始终保持积极的学习情感。

第二节　批　　评

批评，是教育的一种手段，目的是提醒被批评者认识到自己的错误，促使其积极改进行为。青少年时期的学生，由于自控力不强，辨别是非的能力较弱，容易产生不良行为或出现错误。对他们的不良行为采取恰当的批评方法，能及时帮助他们分清是非，认识危害，明确方向，从而推动学生努力学习，积极向上。

一、批评的种类

微笑式批评

用微笑的方式去批评学生，实际上是动之以情的批评法。这能使学生体会教师的善意、公正与宽容，博得学生的好感，使其乐于接受教师的批评并争取进步。这种方法适用于学生细微的违纪行为或偶尔为之的过错。比如学生上课迟到几分钟，或是上课做小动作，这时，教师如果对他微微一笑，学生就会意识到自己的不对。

建议式批评

建议式批评是指在批评时带有商量、讨论的口气，与学生交换意见的批评。教师以商量问题的态度，把批评的信息传递给学生，与学生交谈时，平心静气，创造一种宽松、愉快的气氛，使学生打消顾虑，与教师配合，达到圆满解决问题的目的。学生是幼稚的，常在主动工作和做好事的时候犯错误。对于这种由于想的不周到，顾此失彼导致的错误，决不能简单否定、讥笑。教师要热心提出一些建议性的意见，在他们面临失败的时候，帮助他们取得成功。或者用带有强烈感情色彩的惋惜来表示自己的批评态度。如“你什么都好，就这方面存在不足，实在可惜”“你要是不犯这个错误，那该多好啊”。这种方式既达到了批评学生的目的，又体现了教师对学生的理解和爱心，寥寥数语，效果却很明显。

商讨式批评

发现学生的不良表现后，不是以居高临下的姿态去训斥他，而是以平等的态度，心平气和地与之商讨不良表现的后果及改正的办法。譬如，初夏来临，学生上课容易疲劳，打瞌睡的现象时有发生。发现学生打瞌睡时，教师可轻轻把他摇醒，待下课后再与之交谈，“是不是老师讲得不好，提不起你听课的情绪？还是你昨天没休息好呢？”

暗示式批评

暗示式的批评是指教师用语言、神态等为暗示手段的一种批评方式。面对学生的不良表现，教师若微露不悦并沉默不语，就会给学生一种暗示。洛扎诺夫在“暗示学”中指出，“人具有可暗示性”。教师通过沉默，暗示学生的不良言行，让学生心领神会，接受批评，纠正自己的过错，这种批评可以达到“此时无声胜有声”的效果。例如，学生上课开小差，如果教师突然中断讲课，沉默几十秒钟，学生便会警觉起来，精力也就集中了。主要适用于心细、敏感、自尊心强、能知错就改的学生。只要教师稍稍给予指责信号，略作点拨，他们就会立即改正错误。

严厉式批评

如果学生严重违纪，在集体中造成恶劣影响，教师应适当对其进行较严厉的批评，不能姑息迁就。但是，采用这种批评方法时，一是要针对学生所犯的错误，有的放矢，对事不对人；二是严禁使用讽刺挖苦、带有威胁性的话语。批评也是一种教育方式，用语可以严厉，但不能伤人。批评学生最重要的原则是：不要伤害学生的自尊心。在批评学生的过程中，教师要能够容人之短，不怀成见。要做到耐心、诚恳，以情感人。教师表情应自然，态度要温和，富有人情味，说理充分，语言确切，恰如其分，不夸大，不上纲，不讽刺，不挖苦，当然也不护短。教育要深刻，虽不声色俱厉，却能触及心灵，最终使学生接受批评，改正错误。若采取“偏激”的言辞和一味严厉的惩罚，不但达不到批评的效果，还将激化矛盾，严重时可能影响教学及挫伤学生自尊心。

先表扬，后批评

一般人受激励而改过，是很容易的；受责骂而改过，比较难，而小孩子尤其喜欢听好话，不喜欢听恶言。尤其是对那些自尊心受到严重挫伤、丧失上进心、破罐子破摔的学生，批评根本起不了任何作用，教师用表扬代替批评，不失为一种良策。这样既可保护学生的自尊心，又可使学生看到前途和希望，还能让学生感觉到班主任的公正。使用这种方法，要做深入细致的调查研究，从后进生身上找到闪光点，一分为二地分析问题，表扬时要恰如其分，不夸大其词，也不轻描淡写。

二、批评的误区

1. 教师批评的方法不当，有害无益

表示自己不满和愤怒的发泄式批评。教师喜欢优秀学生，这是人之常情。对他们能不批评就不批评，而且越看越喜爱。而对后进生本来就不太喜欢，如果后进生再常常做一些错事和坏事，就会让有些教师忘记自己的职责，批评时只顾发泄自己的不满，埋怨指责甚至羞辱学生。这样就会引起后进生的不满甚至做出自卫反抗的事，使批评失去意义。

2. 态度傲慢，盛气凌人的家长式批评

有些教师认为教师就是“父”，学生就是“子”。把家庭式教育摆在第一位，把“凶”作为批评的法宝，对犯错误的学生态度粗暴，大声训斥，施行强制性政策。殊不知压而不服，压的越凶，反抗得也就越大，叛逆行为做得越多，批评的效果也就越差。

3. 含糊不清，不得要领的泛指批评

明确具体的批评有利于改正错误。反之，笼统批评、泛泛指责，会使学生不知所云，茫茫失措，总觉得“这不是批评我，我没有犯错，老师是批评别的同学”，结果难免要产生无论学生如何努力都不能达到教师满意的效果，最终对教师的批评置之不理。

4. 以偏概全式，不分场合的随意批评

每个学生都有自己的优点，即使是最差的学生也有可取之处。然而教师常常忽视这一点，抹杀学生的所有优点，这样的批评学生往往觉得很难接受，而且每个人都有自尊心，谁也不愿意别人公开批评自己的不足。如果教师全然不顾环境是否合适，就随便发“炮”，那么，受到学生的抵触、反感也就毫不奇怪了。

三、批评运用的原则

（一）用平等的态度、面带微笑地对待犯错的学生

教师主动面带微笑，可吹散笼罩在学生心头的紧张和不安，缓解气氛，消除对立，使批评在轻松的气氛中进行。“微笑”是爱的物化，是

真诚的结晶。用微笑批评，既可以营造轻松愉悦、民主和谐的课堂气氛，又可以消除师生之间的对立心理，使学生从内心感到愿意改正错误。心理学研究告诉我们，人的行动和感觉几乎是平行的，控制了行动也就能控制住感觉，教师面带微笑，还能有效地防止批评中的“走火”。

（二）保证批评的客观公正

事实确凿，判断准确，说理充分，这是批评成功的客观基础。如果对学生的违纪行为不作深入细致地调查，只是道听途说，或只见树木不见森林，或听风便是雨，那么在进行批评时势必会开口千言，离题万里，不可能一语中的；而学生则会顿生反感或反抗，认为教师主观臆断，没有必要与之合作，这样当然也就达不到批评的效果了。心理学研究表明，面对错误，教育者当即产生批评谴责的倾向，这是教育者教育需要的反映，是引发批评的原始信号，这些信号在情绪的作用下增强、扩大后才激起批评行为。批评作为一种不愉快的体验，容易引起双方的回避、排斥和拒绝倾向。就批评者而言，这种不愉快体验，可以使教育活动中一些常见的发展性错误问题上升为“无视校纪”“轻视教育者”乃至“蓄意对抗”等品德问题，以致“新账”“旧账”一起算。这种不实之词及不当做法令学生难以接受，从而削弱批评的成效。因此，教师在批评时必须把解决具体问题作为根本目的，对事不对人、就事论事，表现出对学生的充分信任和真诚态度。只有这样才能有效地抑制情绪的扩大作用，减少学生的抵触情绪，取得批评的应有成效。

另外，在批评时，教师还必须保证学生的申诉解释权利。盛气凌人或“一言堂”式的批评只会带来学生的满腹委屈与执意对抗，这样也就远远背离了批评教育的目的。

（三）批评要注重情感交流

大多数人都会认为批评是贬义的，所以教师找学生谈心，学生大多反应消极，有抵触心理。因此如果只重思想教育，就很难突破心理定式的干扰，必须兼重情感交流，融理于情之中，才能事半功倍。可以说，思想教育成效的大小，往往取决于抵触心理定式，对批评顺利开展举足轻重。一种两头表扬，中间批语的“夹心”方法，能较好地达到这个目的。例如，在一次单元考试中，一个学生因平时学习不好而抄袭了同桌同学的答案，取得了“较好”的成绩。过后，同桌同学把真相告诉了任课教师。于是教师悄悄地把那个抄袭答案的学生单独叫到办公室，用低沉的语调对她说：“这次单元考，你虽然‘进步’了，但我很难受，你的卷面很整洁，但不是真的进步那么大，你自己心里是很清楚的，是吗？你想考好成绩，想进步，这是有上进心的表现，但学习不能弄虚作假，弄虚作假不是真正的进步，你说对吗？老师相信你只要继续努力，掌握学习方法，一定会真正进步的。”对于这个学生，教师没有采取声色俱厉的直接批评，还尽量对她的行为保密，使她很感激，也很惭愧，当场表示今后一定不辜负老师的希望，好好学习，再不弄虚作假。批评时，先诚恳地肯定对方长处，在此基础上，实事求是地批评其不足，并力争使批评在友好的气氛中结束，结束时加以热情的鼓励。采用这种方法，表扬的首因效应缓冲了刺耳的批评，热情的鼓励又使学生看到了改正的前景，师生感情交流，使批评达到良好的效果。

（四）批评要注意场合和保护学生自尊心

青少年自尊心很强，如果教师批评不注意场合，不但不会被学生接受，反而会引起更多人的反感。有经验的教师都知道，表扬学生应大张旗鼓，让更多的人分享喜悦，但批评应单独进行，而且在起到提醒注意的作用后，尽可能消除对方的不愉快心理。不考虑环境，随便公开批评，最容易伤害人。有的教师喜欢在集体活动中不点名批评，这也不妥当。对当事者作用不大且不说，还会引起他人的不安和猜疑。最好用间接批评法，以讲寓言的方法暗示，也可以亲自示范，用榜样的力量进行无声的批评。总之，应尽量避免在公开场合指责学生，减少批评的副作用，尊重学生才能赢得威信。

在批评学生时，必须注意选择适宜的时机和场合。一般来讲，在下列情境下暂不适宜批评学生。

（1）在课堂上，暂不适宜批评学生。

（2）在人多或嘈杂的地方，暂不适宜批评学生。这样的环境一方面容易使学生的注意力分散，另一方面会使学生产生一种“被示众感”。

（3）在家长和异性面前，暂不适宜批评学生。在家长面前批评学生，揭其短处，学生往往会垂头丧气，有的甚至觉得自尊心受到伤害而产生强烈的反叛心理。

（五）了解学生的情绪与心理特点

由于生理方面、学业方面以及心理发展还未成熟等种种原因，学生情绪表现的两极性明显。顺利时得意忘形，受挫时垂头丧气；喜时花草皆笑，悲时草木流泪。情绪的反应强度大，很容易走极端。教师在学生出现违纪行为时必须正确识别学生当时的情绪状态，在学生情绪激动或者有抵触情绪时，不宜进行批评，而应耐心等待，故意制造一个暂时的“静场”，进行“冷处理”，待学生情绪稳定时，再批评教育，这样的效果会更好。从心理学和生理学角度分析，这是因为人在情绪稳定特别是愉快的时候，很容易接受他人的观点，容易袒露自己的心迹。如果为了显示教师权威和表现严师风度，批评过于严厉，学生的情绪可能被激化，学生会失去对自我的客观把握，要么变得谨小慎微、唯唯诺诺，缺乏自主性，要么变得与教师严重对立，不计后果，一意孤行，在错误的道路上越滑越远。

（六）重视批评的收尾工作

批评的目的不在于给学生带来不愉快的体验，而在于解决出现的问题，也不仅仅在于告诉他哪里做错了，而在于让他知道该怎么做。因此，批评的重点不应该放在错误上，而应该放在努力改正错误的手段和方法上，以避免以后重犯类似的错误。因此，在批评即将结束之际，班主任首先要确认学生是否已经知道该如何做了。由于学生所犯的错误大都属于无知、非自觉行为，是个体成熟发展中的正常现象。教师在指出其不当的同时，更应指明正确方向，乃至提供适宜的活动方法，或给予有益的启示以引导学生自己寻找解决问题的方式、方法。在批评结束之前，应以鼓励作结束语。心理实验表明，在人与人交往的过程中，往往最后一句话决定了整个交往过程的调子，这种现象叫"近因效应"。如果教师在批评结束之时采用一些鼓励性或安慰性的语言，会起到让学生感到被关心、鼓励、支持的效果，从而能改变情绪低落的心情，对其行为的改变起着良好的推动作用。而如果用"懂了没有""如果再犯……"等命令式、逼迫式的结束语，不仅留给学生一个可恶的印象，而且还可能激起学生的抗拒心理，问题也无法真正解决。批评后要注意安抚技巧，消除感情隔膜。批评后必要时可以采取适当的方法向学生表明为什么要批评，为什么要这样批评，以消除感情上的隔膜。

四、批评的"策略"

1. 主体变化的策略

批评的主体是多种多样，可供选择的。因为过错行为和不良品德的形成原因是不同的，因而，批评的主体不同，收到的效果也就不一样。批评的实施者可以是教师，可以是家长，可以是学生干部，可以是学生同伴，也可以是学生自己。不同的批评选择不同的、适合的实施者，才能起到最佳效果。

2. 直接针对的策略

批评需要对症下药，直截了当，不绕圈子。首先，需要深入了解情况，分析原因，抓住关键，对是与非、好与坏、真与假、善与恶、美与丑进行准确判断，这样的判断是正确批评和准确批评的基础。对学生的缺点和错误，应该开诚布公，直截了当，吞吞吐吐绕圈子，难以起到作用。但要注意一点：点名批评必须慎重，尽量少用。点名批评之前应考虑：点名之后，被批评者可能有几种反应，应如何对待；其他同学可能会有什么反应，应如何对待。若估计点名时，被批评者可能大吵大闹，那应该暂时不批评，认真核查事实，真正分清是非，然后再进行批评。但慎重归慎重，态度还是要坚决，应该点名的，绝不可姑息。例如有个班主任为整顿班风学风，召开班会，会上说，“最近一段时间，我们班纪律总体是好的，但也有个别同学表现较差，有的迟到早退，也有的自习课聊天……”。这里，用了不少模糊语言，“最近一段时间”“总的”“个别”“有的”“也有的”等等。这样，既照顾了面子，又指出了问题。它没有直接指名实际上起到了指名的效果，并且说话又具有某种弹性。有时这种说法比直接点名批评效果更好。

3. 营造氛围的策略

批评既是一个教育学的概念，也是一个心理学概念。批评教育是一个心理过程，因此，批评非常需要注意心理环境、心理因素。营造一种良好的心理氛围，是保证批评效果的重要条件。批评者的姿态、表情、语气等，对被批评者有十分重要的意义。

4. 把握分寸的策略

批评需要公正，公正是批评的原则。没有公正的批评，不仅不能达到批评的目的，反而会适得其反，引起对抗。把握批评的分寸，则是使批评公正的保证。批评需要就事论事，不要无限上纲，小题大做。就事论事是实事求是的作风，小题大做只是吓唬人的办法。

5. 照顾自尊的策略

批评教育的过程原本就是一个心理变化的过程，符合学生心理特点和规律的批评才能有效，违背学生心理特点和规律的批评就难以达到预期目的，甚至适得其反。照顾学生自尊就是重要的原则之一，照顾了学生的自尊，进行个别批评，给学生留面子，往往能够收到很好的效果；相反，如果过分张扬，让学生丢尽面子，不仅不能起到作用，也违反了《中华人民共和国未成年人保护法》有关不得伤害学生人格尊严的规定。

6. 无声批评的策略

“此时无声胜有声”是一种很高的境界，批评也是一样。对学生的缺点和错误，不一定非要进行有形有声的批评。相反，学生犯了错误绝非故意，学生做了错事实属偶然，这时候，学生早已认识了自己的错误，已经决心改正错误，在学生非常担心老师批评和惩罚的时候，教师采取“反常规手段”，省略批评的环节，往往会收到意外的效果。这是一种自我教育，而自我教育是发自学生内心的，因而效果也是最佳的。

有人用飞行员的着陆飞行来比拟成功的批评：飞行员的着陆飞行要频繁地受到地面指挥塔的纠正。如果他偏离了飞行线，指挥塔会毫不犹豫地告诉他；如果他飞得太低，就会得到提醒；如果他进场过高，就要受到纠正。这种纠正其实就是批评。这是一个非常贴切的比喻，指挥塔并没有让飞行员得过且过，飞行员也没有因受到批评而生气或拒绝接受。这种关系也正是我们在教育过程中渴望达到的。

第三节　奖励和惩罚

在课堂组织和管理中，为了保证课堂教学活动的顺利开展，营造良好的课堂心理气氛，教师有必要建立奖励和惩罚制度，通过运用适当的奖惩措施帮助学生消除问题行为，并达到教师所期望的行为标准。

对学生来讲，奖励和惩罚都是他们所需要的，奖励可以激发他们积极向上的动机，并产生亲社会行为。若惩罚得当，也不失为一种行之有效的管理策略。有的学者反对对学生实施惩罚，尤其是小学生，认为惩罚是教师在教育方法和教育策略上无能的表现，而且这种惩罚是不人道、不道德的。做教师的都知道皮格玛利翁效应，都赞成对学生的赞扬和奖励，但在实际教学过程中，惩罚的效用也是立竿见影。对教师而言，惩罚有时比奖励更快更容易见效。但无论是奖励还是惩罚，在使用上都有着相应的策略，在适当的时间，采用适当的奖惩策略也逐步成为大家所关注的问题。

一、对学生奖励问题的研究

（一）奖励的类型

奖励就其发挥的不同作用而言，可分为外部奖励和内部奖励两种。外部奖励又可以分成三种不同等级的奖励。低级奖励包括表扬、给予奖品等。中级奖励包括允许优先做自己喜欢做的事、授予某种证书及徽章、带荣誉信回家等。高级奖励包括在集体面前授予较高的荣誉等。

内部奖励是指个体从交往、学习中获得他人的肯定和认可，从而体验到他人对自己温暖、亲切的感觉，满足个人的好奇心，或实现自我设置的标准等。这种奖励主要与个人的精神体验相联系，它游离于教师的直接控制之外，但教师可以借助外部奖励的使用间接地进行影响。

奖励就不同性质而言，可分为以下几种：

社会性奖励：指给予个体身体或言语方面的接触与认可，如表扬、拥抱、点头和微笑等。

象征性奖励：即授予个体某些能象征荣誉的物体，如荣誉证书、小红花等。

物质性奖励：指给个体物质上的奖励，如糖果、水果以及各种他们喜欢的物品等。

活动性奖励：指有机会参加自己喜欢的多种活动，如画画、看书、参加郊游等。

对学生实行奖励和惩罚，是教育工作中最常见到的事情。尽管教育者本人也许并未注意到，但他们的行为对于学生已经确确实实构成了奖励和惩罚。

（二）奖励的原理

发展心理学家对奖励问题的研究获得了一些进展。美国心理学家戴维·普瑞迈克（Darid Premack）提出了一种观点，“世界上的任何事情或活动都有可能加强另一事情或活动——前提是：这种事情本身必须比另一事情或活动具有更高的反应发生可能性”。这种观点解释了为什么奖励可以强化某种行为或肯定某种行为。比如，食物可以增强动物或幼儿迷宫跑的行为，因为吃比探索迷宫具有更大的反应发生可能性。

利用普瑞迈克原理的关键是要善于发现那些对儿童有更高反应发生可能性的事物，因为这些事物可以加强一些儿童应该做但也许他们并不想做的事情。由于奖励本身具有更高的反应发生可能性，所以通常把奖励视为一种积极的强化手段。

1. 影响奖励效果的因素

讨论奖励的使用策略是因为并非所有形式的奖励都同样有效。影响奖励效果的因素主要有以下几个方面。

- 奖励的发生时间。指在儿童的某种值得奖励的行为发生多长时间之后实施奖励最为有效。一般认为，在这种行为发生后的短时间内奖励效果最好。
- 奖励的频率和间隔。指奖励的使用次数以及两次奖励相隔的时间。美国心理学家斯金纳及其同事在证明了部分强化效果之后，对频率和间隔提出了四种主要的部分强化或奖励的计划。其一是固定频率：指每当儿童做出一组正确反应后就给予一次奖励，比如，每当儿童把玩具分给别人三次（或数次），成人就表扬一次；其二是固定间隔：指从上次奖励后固定时间的间隔之后对前面发生的正确反应给予强化，比如，儿童若把房间保持整洁一个星期，就在周六请他看电影；其三是变化频率：指在儿童做出一定数量的正确反应后给予强化，这个数量不是固定的；其四是变化间隔：指从上次奖励后一定时间间隔之后对前面的正确反应给予强化。前两种策略属于固定计划。固定计划的好处是学习很快，一旦奖励完全取消，就比较难保持曾被奖励过的行为。后两种策略属于变化计划。变化计划的好处是能引发非常高的反应频率和非常强的抵御消退的能力。

- 奖励本身对儿童的价值。奖励的效果也取决于用作奖励的刺激物对儿童是否有价值。不同的人使用同样的奖励，效果也不同。另外，奖励的信息量大小不同，对儿童的影响作用也不同，信息量大的奖励效果好，而信息量小的奖励效果不好。

2. 不必要奖励的后果

在许多活动中，儿童并未受到别人的奖励，却在自己的活动中得到很大乐趣和鼓励。这些活动被认为具有固有兴奋性，操作这些活动的人能够从其中得到一种内部强化，或者说这些活动本身就可以强化儿童的活动。外部强化可以使儿童产生某种学习，但不必要的外部强化会损伤儿童的内在兴趣，或者使儿童的内在积极性受到削弱。外部强化对于本身具有固有兴奋性的行为，不仅是多余的，而且是有害的。当然外部强化运用适当，也可以提高某种活动的内在兴趣，比如奖励只是在儿童活动成功时出现，而非出现在所有该类活动中。这是因为当儿童成功时获奖，这种外部强化所携带的信息是：应把这种活动作为竞赛，只有做得好或很好时才能获奖，而非一做就获奖。这样的外部强化不会削弱内在兴趣。

3. 活动和结果的统一

使活动和结果有效地统一起来，这个统一系统本身就形成一种对儿童的奖励形式。换句话说，如果儿童能够觉察到自己的活动能引起某种结果（尤其是他们期望的结果），他们操作这种活动的积极性就会大大增强，这种增强的积极性无须任何外界刺激就可获得。无论动物还是人类，一旦不能觉察所操作活动和结果之间的关系，就会发展一种冷漠的状况——活动无助。所谓活动无助是指：认为自身活动不能引起任何结果，因而停止了活动。儿童一旦获得了“活动无助”，就会失去做某事的动机和兴趣。显然，它使儿童对某事的固有兴奋性受到破坏和削弱。

因此，教育者的任务就在于为儿童创设条件，使他们能够及时觉察活动和结果之间联系的各种信息。活动结果对于活动过程的这种反馈信号，可构成一种对儿童十分有效的奖励形式，这种奖励是可以受外部强化控制的。

（三）奖励的使用策略

如何恰如其分地使用奖励使其发挥最大的效用，这是课堂组织和管理中非常关键的一个问题。在运用奖励这个手段时，教师值得注意的策略有如下几点。

1. 建立一套清楚的奖励办法

在课堂管理中，教师要有目的、有计划地实施奖励。首先，教师在活动之前要向学生交代本活动要达到什么目标，以及怎样才能得到奖励。其次，奖励要因人而异并面向全体学生，不同的学生给予的表扬标准也不一样。对待学习表现比较好的学生，奖励的标准要高一些，而当学习较差的学生在一次考试中有较大的进步时，教师应马上给予口头奖励，并鼓励他再接再厉。

2. 正确地使用言语奖励

在所有的奖励中，言语奖励是使用得最多的。言语奖励可分为完整性奖励和简单式奖励。完整性奖励是班级组织和管理中非常有效的一种方法。它由三个部分组成：对所观察行为的描述、一段时间以来这种行为的转变情况以及行为的后果。

例如，小林，*这是你第一次*数学作业得了满分，**你的父母一定会很高兴**。其中，斜体部分为对所观察行为的描述，画线部分为行为的转变，黑体字代表行为后果。又如，*你的作文成绩说明你很善于观察*，由于你经常有意识地观察事物，**你才取得了这么优秀的成绩，我们为你感到骄傲**。完整性评价能将教师的满意态度与学生的行为充分结合起来，因此可以激发学生内在的动力，鼓励学生再接再厉。

而在某些情况下，如时间比较紧张时，教师就只能采用简单奖励，以保证奖励能及时进行。但无论是完整性奖励还是简单奖励，都要确保教师言语中强调的是学生的某一特定的课堂行为，教师的语言要间接具体。如说“你能正确地读出这些拼音”，而不是“你是个了不起的学生”“你能及时地交作业”“你表现得很好”等。

二、对学生惩罚问题的研究

（一）可否对儿童的错误行为予以惩罚

这大体上有两种观点，第一种叫双边效应。这种观点指出，惩罚儿童会导致两种结果，一是确实能制止儿童的错误行为，二是制止的同时也教给了儿童某种不良行为。第二种观点称作中止不期望反应。这种观点指出，惩罚的作用仅仅在于中止儿童的“不期望反应”，除此之外，不教给他们任何东西。

总之，可否对儿童使用惩罚的问题，到目前为止仍然存在许多批评和争议，但不管怎么说，近期的一些研究指出：惩罚确实可以有效终止儿童的某些不良行为。

（二）惩罚的终止原理

惩罚的终止作用主要是根据巴甫洛夫的无条件反应原理。巴甫洛夫让狗建立条件反射的过程一般分为三个阶段。第一阶段，无条件刺激引起无条件反射（食物——唾液分泌），条件反射不引起反应（铃声——无唾液分泌）；第二阶段，无条件刺激和条件刺激反复共同作用，引起无条件反射（食物+不良行为→焦虑或恐惧反应）；第三阶段，条件刺激引起条件反应（不良行为——焦虑或恐惧反应）。惩罚的终止原理就在于使儿童的某些行为与焦虑或恐惧联系起来，一旦条件反射形成，这些行为本身就会导致焦虑或恐惧，儿童自己为了避免焦虑或恐惧反应就不得不中止不良行为。由此可见，惩罚能中止某些反应是有一定道理的。

（三）惩罚的种类

1. 降低分数

当学生晚交、漏交或不认真做作业时，教师要在学生作业上打低分，并要求他下次及时、认真地完成作业。

2. 放学后留下

当学生做了一些严重违规的行为时，教师在放学后要让学生晚一些回家，带学生到一个指定的房间与学生讨论发生的事情，这种惩罚方式给教师提供了与学生私下谈天的机会，有利于学生问题行为的解决。

3. 替代性惩罚

若学生损坏公物，那么教师可以让学生做一些有意义的社会活动作为惩罚，如打扫教室或在校园里捡废纸等。

4. 延迟满足

当学生犯错误之后，马上禁止他参加自己喜欢的活动，待他认识到错误、解决好问题后再满足他的要求。

与此同时，教师要尽量避免使用以下的一些惩罚。

1. 集体性惩罚

上课时小刚、小军等几个学生相互间传递条子，周老师发现后批评了他们并让大部分同学都留下来罚做作业，却让几个在周老师看来是好学生的同学回家。这种惩罚就有失公平，很容易使大部分同学产生反感情绪，而对那几个犯错误的学生来讲也降低了惩罚的效果。

2. 体罚和变相体罚

如打骂学生等。这种做法会挫伤学生的自尊心，给学生带来严重的精神压力，同时还有可能使学生对教师产生敌意。

3. 精神上的惩罚

如严重的人身攻击、讽刺和嘲笑等。

4. 将作业作为惩罚方法

如罚犯错误的学生做大量的数学题或抄写课文等。学习活动本应该与学生对学习的兴趣连接在一起，将它们作为惩罚不但效果不好，还容易使学生对学习产生一种厌恶感。

5. 将犯错误的学生交给班主任处理

不管学生做错了什么事情，任课老师自己能解决的应尽量予以解决，将学生推给班主任只会降低自己的威信，并有可能导致学生所犯的错误人为地扩大化。

（四）惩罚的使用策略

并非所有形式的惩罚都同等有效，惩罚的效果取决于适当的策略。

1. 惩罚的发生时间

惩罚的发生时间是指在儿童的错误行为发生多长时间后进行惩罚，

它所强调的是，什么时候惩罚效果最好。研究表明，延迟几小时的惩罚基本上不能防止同类错误的再发生。“早”惩罚比“晚”惩罚更有效。其原因是，根据惩罚的终止原理，如果在儿童开始发生错误行为时就给以惩罚，儿童的这种行为一开始就会同焦虑、恐惧相连，为避免这两种反应，他们就不得不中止这种行为，一旦此种行为中止，惩罚立刻结束，焦虑、恐惧反应也随之消失；如果在儿童的错误行为发生后惩罚，则儿童在做错误事情时，不会体验到病态情感。尽管有时也许在错事做完后感觉不好，但他们或许已经从错误行为中获得了许多乐趣，这些乐趣可能部分抵消了后来的惩罚带给他们的不快。不过，近期有研究指出，如果方法得当，延迟惩罚也可以相当有效，比如惩罚时对儿童解释是由于他们的哪些行为导致了这些不愉快的惩罚后果。

2. 惩罚的强度

一般认为，较轻的惩罚形式不如较强的惩罚形式在阻止儿童的错误行为时更有效，但是某些过重的惩罚形式往往会带来一些其他后果。研究表明，较重的惩罚会使儿童回避并远离惩罚者，也不愿听从惩罚者的指导，甚至引发儿童的高度焦虑。

3. 惩罚的连贯性

如果成人对于儿童的同一种行为时而给以惩罚，时而熟视无睹；或父母双方意见不统一，这种做法会使儿童的错误行为持续很久，甚至难以消除。即使后来成人开始有规律地惩罚，可能也为时过晚，因为非连贯性的惩罚会使儿童的错误行为得到“部分强化”，这样的部分强化将巩固这些行为，甚至使这些行为成为习惯，并使儿童极端反对以后的惩罚。

4. 惩罚者同儿童的关系

惩罚的效果也取决于惩罚者和儿童之间的关系。一般认为，那些与儿童情感联系越密切的人，对儿童实行惩罚的效果越好。这是因为与儿童情感联系密切的人对儿童实行惩罚，会使儿童感到这种情感的减少。而一个和儿童本无多少情感联系的人企图纠正儿童的某种错误，效果就差得多。因为对儿童来说，他们的生气与否是无所谓的事情，不涉及担心感情联系减少的问题，当然更无重建良好关系的愿望。

5. 语词惩罚的效果

许多父母对孩子实行惩戒时，往往要讲很多道理，告诉孩子错在哪里。这种语词惩罚比单纯惩罚效果更好，原因在于语词惩罚能使孩子十分清楚他们为什么应当抑制某种行为；语词惩罚还能使孩子的焦虑反应控制在一定限度之内。

6. 惩罚同正强化相结合

提高惩罚终止效果的另一方法是强化选择反应。有研究表明，单纯惩罚的效果不如单纯奖励。无论任何时候，只要儿童去做那些应该做而他们不愿去做的事情时给予表扬，用奖励形成期望选择反应，这样多次强化以后，儿童就会减少不良习惯并逐渐形成优良品质，这种方法的实质是使惩罚同正强化相结合，因为每次出现上述期望的行为都给予表扬，偶尔出现相反行为则取消表扬，对儿童来说其意义无异于一种惩罚，但这种“惩罚”比其他形式的惩罚效果要好。

（五）惩罚的某些副作用

在讨论惩罚问题时无可否认的是，对使用惩罚的许多批评意见也是正确的。特别是当惩罚使用不当的时候，也许会引发许多非期望的反应。惩罚最常产生的副作用主要是以下三个方面。

1. 怨恨、回避

不适当的惩罚，有时从表面上看似乎终止了儿童的某些错误行为，但实际上儿童是采取了回避惩罚者的办法，他们其实从未终止不良行为，只是变换了时间、地点和方式。这是最失败的惩罚，单纯体罚式最容易导致这样的结果。

2. 焦虑、恐惧

从惩罚的终止原理分析，惩罚之所以能终止儿童的某些行为，就是因为这种行为和焦虑、恐惧之间建立了条件反射关系。但是，过度的焦虑和恐惧是应当避免的。过分严厉的惩罚会导致儿童过度焦虑和恐惧。

3. 反面样板

经常使用惩罚的父母相对而言会倾向于行为上的攻击性，尤其是依靠体罚的父母给儿童提供了一个攻击性的榜样。当一个孩子惹父母不高兴时也许会挨打，而孩子则会把相同的反应用到使他不高兴的小朋友身上去。惩罚的实施也会强化惩罚者，使他们形成习惯，并可能发展成为对儿童经常性的虐待性体罚。

7

课堂组织与管理

第一节　课堂组织行为策略

一、课堂规则

（一）课堂规则概述

课堂从物质空间而言虽然狭小，却是一个特殊的社会舞台。为使课堂教学顺利进行，就必须有良好的课堂教学秩序。课堂秩序是课堂教学顺利进行的基础，是有效教学必不可少的条件。要保持良好的课堂秩序，就必须建立制度化的课堂规则，明确规范学生在课堂中的行为。实际上，课堂秩序是在建立有序的课堂规则的过程中实现的。没有适宜的课堂规则，就不会有良好的课堂秩序。课堂规则就是课堂之中，学生参与各项活动时，有关言行举止，应该遵守的规范。没有这些规范，课堂容易失序，教学活动难以顺利进行。通常学生进入一个新班级，面对新的教师时，都会有这种不确定的惶恐感觉，课堂规则的制定，使学生知道老师的要求、期望或行为标准，由此产生安定感，可以专心学习。因此，课堂规则的制定时机越早越好，开学第一天或第二天就可制定。

课堂规则分成若干层次，有些规则可能是全国统一的，适合于所有学校的课堂；有些可能是区域性的，为该区域的学校课堂所遵守；有些却是学校根据具体实际或传统自行制定的；有些甚至是处于特定课堂环境中的教师、学生自行约定的，有些还可能是非正式的和局部的。可见，课堂规则既有共同性，也因区域、学校、特定课堂的不同而呈现出差异。

课堂规则的内容是多种多样的，几乎涵盖课堂的所有方面。其主要可分为勤奋学习、遵守秩序、维持整洁和待人接物四方面。通常设置的课堂规则有：

- 按时上课，不迟到、不早退，不随意缺课。
- 因特殊原因迟到者要向教师报告，因事因病无法上课者应请假。
- 听到上课铃响，立即进教室，准备好书籍用具，静待上课。
- 按排定的座次入座，不可私自随意调换座位。
- 上课和下课时随班长或值日生的口令而起立、问候，向教师表示敬意。
- 提问和回答问题要先举手，经允许后才能起立发言，语言要清楚、简洁。
- 课前要预习，课后要复习。
- 上课专心听讲，勤于思考，仔细观察，不看无关的书籍，不做无关的事情。
- 按时完成作业，做到独立思考、书写整洁、字迹清楚、格式规范。
- 离开座位，走动要轻声，不妨碍他人。
- 保持正确的看书写字姿势，注意用眼卫生。
- 保持课堂内外整洁，不乱丢纸屑杂物，不随地吐痰。
- 课前课后，值日生做好教室清洁卫生，要揩净黑板，整理好讲台。

- 尊敬教师，注意礼貌，关心同学，相互帮助。
- 进出课堂要按照次序，保持安静，不影响他人学习，等等。

（二）课堂规则的功能

课堂规则尽管层次多样、内容各异，但作为课堂的行为指导，主要具有维持和促进两个方面的功能。

1. 规范课堂行为，维持课堂秩序

课堂规则是课堂成员应该遵守的保证课堂秩序和效益的基本行为要求或准则。课堂规则赋予课堂行为以一定的意义，具有规范、约束和指导课堂行为的效力，使课堂成员明了行为所依据的价值标准，知道该做什么，不该做什么。实践证明，及时而适宜地将一般性的要求固定下来，形成学生的课堂行为规范，并严格监督执行，可以避免课堂混乱，维持课堂良好的秩序；相反，如果教师不注意课堂规则的建立，只凭着不断提出的各种要求、指令维持课堂秩序，就容易造成管理效率低下、时间的无益消耗和问题行为的产生。

2. 培育良好行为，促进课堂学习

学生正处于成长阶段，很多方面都还不够成熟，需要积极的引导，使他们经过不断的学习逐步做到自我控制和自我调节，养成自律的品质。课堂规则作为一系列明确的具体要求，使课堂中学生之间的互动有了依据。课堂规则一旦被学生所接受，就会逐渐内化为学生的自觉行为，就能唤起学生内在自主的要求和自我管理的欲望，激发学生自我管理的动机状态，形成心理上的稳定感，使学生形成自律，养成良好习惯。适宜的规则，使学生之间目标一致、相互合作、和谐相处，容易建立情感，形成愉快和谐的群体生活，从而形成和谐、活跃的课堂气氛，引发学生的成就动机与进取心，建立良好行为的积极的正向强化，促进学生发展良好的课堂行为。因此，课堂规则对课堂行为与课堂学习具有导向和激励作用，具有积极的促进意义。

课堂规则的维持功能与促进功能一样重要，但并非所有的规则都能发挥这两方面的功能，这取决于教师对学生的估价。如果教师对学生持正向估价，相信学生在课堂上的行为和学习表现，所确定的课堂规则往往就会偏重激励和促进；如果教师对学生持负面估价，认为学生懒惰散漫，所确定的课堂规则就会侧重于控制与维护，甚至采取一些强加措施或追求一种消极的涟漪效应。教师通常很容易把注意力放在学生问题行为的控制上，容易忽视积极正向气氛的激发。这样，课堂规则常常被用来管束或控制学生。

（三）课堂规则的制定

规则是一种指引或约束。订立课堂规则的目的，是要使课堂中的教学活动得以顺利进行，使学生享有愉快、和谐的群体生活。要达到这一目的，就必须认真细致地对待课堂规则的制定工作。

1. 制定课堂规则的依据

课堂规则的制定受多种因素影响，一般来说，主要依据以下四个方面。

（1）法令与规章。有关的法律法规以及学生守则、学生行为规范条例、学校规章制度等，在很大程度上可以说是课堂教育教学活动的根本指导原则，其中也反映了学校教育的目的和培养目标，是制定课堂规则的重要依据。

（2）学校及班级传统。学校和班级长期以来形成的那些对课堂教学活动起着保障与促进作用的优良传统，是经过实践校验并被证明是行之有效的。这些传统虽然并非都适宜于新的课堂，但可以提供一种经验、借鉴或参照。

（3）学生及家长的期望。学生是教育活动的主体，学生的期望自然应该受到重视。只是学生尚不成熟，而且不同年龄或来自不同背景的学生，期望并非完全相同，甚至有可能互相冲突。因此，在考虑学生的期望时要进行选择，并要特别注意正向的、积极的期望。家长往往对其子女有特定的期望与要求，学校虽并非以满足家长的要求为目标，但家长合理的期望对实现学校教育目标是有益的，家长期望学校及教师予以加强或消除的行为也应该受到重视。

（4）课堂风气。课堂风气即课堂成员间持续而稳定的互动所形成的某些占优势的态度与情感的综合状态。不同课堂往往有不同的风气，有的课堂积极而活跃，有的课堂拘谨而刻板，有的协调而融洽，有的却冷淡而紧张。通常情况下，课堂风气与课堂规则是相辅相成的，课堂规则是否恰当直接影响课堂风气。反之，课堂风气的状况也影响着课堂规则的制定。例如，如果课堂中存在着学生上课时不认真、吵吵闹闹、课前课后很少预习和复习等风气，在制定课堂规则时就要求侧重学校生活方面的规则，改善学校风气；如果学生太重学业成绩，恶性竞争，甚至钩心斗角，就要求侧重友爱、合作、互助等道德方面的规则，改善学生间的关系。

2. 制定课堂规则的原则与要求

课堂规则应符合四个条件，即简短、明确、合理、可行。

第一，规则和常规一定要简明扼要，使学生能迅速地记住。以下是一些规则的正例和反例：

正例	反例
• 认真看黑板	当教师在黑板上写东西时认真看
• 及时交作业	在下课时把作业交上
• 寻求帮助时举手	在确定自己需要别人帮助时举手

第二，规则要明确、合理。如“注重自己的行为”，这种规则对于学生而言显然是不明确的，难于起到约束与指导作用。又如“上课时

要坐端正，两手要放在背后”，这种规则既不合理，也无必要，而且是消极、负向的，不利于学生的学习。再如“上课期间禁止上厕所”，这种规则不但学生很难做到，而且不利于学生的身体健康。有效的规则是必要而合理，应描述清楚、指向明确，还应正面措辞。对于做不到的规则，暂时可以不定，或将其分解成数个次级规则。

第三，规则要可行，也就是应具有操作性。教师所制定的规则不但要准确地反映出学生在课堂上的适当行为，还要具有操作性强的特点，只有这样才能依据规则对学生的行为加以奖惩。我们可以通过一个简单的问题来判断制定的规则是否易于操作。

“当学生遵守或违反规则时，教师能马上做出判断吗?”

如果答案是“是”，那么这个规则就具有操作性，反之则操作性不强。我们来看看以下的例子。

正例	反例
• 安静就座	知道该怎样做事
• 认真听别人讲话	理解别人
• 提问时认真回答问题	相信你能回答问题

3. 课堂规则应通过教师与学生的充分讨论，共同制定

在传统的教育中，课堂规则多由校长、年级组长和教师决定，这种缺乏学生自己愿望的行为标准对学生来讲不具有任何亲切感。在学生眼里，这些行为标准只是教师用来约束他们行为的一个冷冰冰的工具而已。而如果教师在制定行为标准时允许学生发表他们的意见和看法，那么情况就会大有改观。

班上以慧梅为首的一部分同学对早自习不准出声、不准穿奇装异服等规定提出了异议。教师经过广泛地征求其他学生的意见，并充分考虑了学生的实际情况后，对这些规定做了小小的修改，将“早自习不准出声”改为“早自习时说话要小声”，将“不准穿奇装异服”改为

"着装大方、得体"，从而避免了有些规定过于苛刻，而这一改动更得到了学生们的支持，使课堂组织和管理的状况得到了很大改善。

由于学生对自己参与制定的规则不会轻易地予以违反，因而，课堂的管理就会从学生被动地接受规定转变为主动地遵守规则，这种转变所蕴涵的意义是非常深刻的，它意味着学生能将他人对自己的期望转变成自己对自己的期望，从而也是一个不可忽视的课堂组织和管理的重要手段。

一般来说，学生对班级管理的认识非常具体，而在教师看来似乎是"零碎"的、就事论事的。特别是低年级学生，回答问题更是行为化的、"片面的"、就事论事，因此，我们的老师常会"忍不住"启发他们，甚至替他们下结论。

师：对我们班级的小朋友来说，最重要的是做好集体的一员。你认为班级小主人首先应做到什么？

生：首先做到爱集体、爱同学。

生：自己管好自己。

生：还要做到爱劳动。

师：你认为爱劳动是指什么？

生：中午饭后帮助班级打扫卫生。

师：是否要老师指派？

生：不要。

生：自觉、自愿地去做。

师：这也是一种爱集体的表现，想到为班级作贡献。还有什么？

生：应以身作则，对自己有要求。

生：别人有困难时要去帮助别人。

生：还要带领大家一起搞好班级活动。

师：要有组织作用，要有为自己班级增添荣誉的意识。那么，增添荣誉是指什么？

生：就是要爱老师，配合老师做好工作。

师：老师是否是班级的最高领导？

生（齐声）：不是。

师：什么事都听老师的？

生（齐声）：不是。

师：那么，除了配合老师以外，还要做什么？是否为老师做？还是老师要我做，老师不在我就不做？

生：作为小主人，应该主动去做班级中的每一件事。

师：主动做事很重要。

生：还要谦让。

生：同学病了，打个电话告诉他学校里的事。

生：打电话还要问候他病好了没有。

师：做到心中有他人，能主动关心帮助他人。好，刚才我们说了爱集体、爱劳动、爱他人，对自己有要求等，在行为规范方面还有什么？

生：应做到课间不奔跑，上课不迟到。

生：上学时仪表整洁，见到老师要鞠躬问好。

师：在学习上我们要做到什么？

生：上课认真听讲，不插嘴，还要积极举手发言，做作业不马虎，要认真。

生：要按时交作业。

生：学习要踏实。

师：学习踏实指什么？有哪些表现？

生：想办法把问题搞清楚，不能看见困难就害怕。

生：知错就改。

生：订正要及时。

生：学习好了不要骄傲。

师：当你的利益和集体的利益发生矛盾时该怎么做？

生：既要做好集体的事又要做好个人的事。

师：如果今天在黑板上写着：最后一排座位底下有废纸你会怎么做？

生：及时把它捡掉。不应该马上指责扔废纸的同学。

生：我会说，你下次要注意些。

师：我们要求课桌保持清洁，可有的同学总是做不到。作为小主人，能不能为班级抹黑？

生（齐声）：不能。

通过这段实录我们可以看出，教师一直在引导、启发着学生思维。在这次活动中，由学生自发形成的标准只有6条；经老师启发后产生的标准有20条。教师对学生的这种引导作用多受教师职业习惯的驱使，教师希望教给学生一种“正确”的观念，希望学生对问题有全面的认识。因此，教师一般来说并不觉得有何不妥。但有经验的教师经过反思会发现，班级规则要符合小学生的年龄、心理的特点，尤其是低年级小学生，受到认知水平的限制，对于抽象概括的东西很难理解，也很难接受。但作为教师往往不能充分认识到这一点。因此，对低年级小学生来说，班级规则的制定要定得具体，如“看到小同学在打闹，值日班长不能参加，还要去劝阻他们”。这样的标准对行为指导性强，低年级学生更易接受。但对高年级学生来说，情况则可能相反。

4. 坚持从正面进行课堂组织

尽管课堂管理和组织带有一定惩罚性、强制性的含义，但教师还要注重从正面进行必要的管理和教育。这种正面教育包括两个方面的含义。一方面，在制订课堂规则时尽量少用或不用“不准……”“严禁……”“只要……就……”等刺激性语句，而尽量选用正面的、有积极意义的词句和字眼，如“希望……”“建议……”等。这些语句从正面的角度对学生提出了要求，满足了学生的自尊需要，因而也就收到较好的效果。另外，在教师评价学生时也应采用“是的，但是……”这样一种做法。

小超现在在上课时基本能做到认真听讲，李老师这么说，“小超，你最近有了一些进步，但下次如果在写作业时字迹再清晰一些，字体再工整一些就更好了”。

运用这样一些带有期望性感情色彩的词句来评价学生，相信会更容易被他们所接受和接纳，有助于帮助学生取得更大的进步。另一方面，教师在课堂组织中要尽可能地发挥榜样的作用，通过让学生进行榜样学习也能达到有效组织和管理的作用。

二、课堂环境

课堂是一个特殊的环境，在这个环境中包括教学者、学习者以及周围的环境。环境具有潜移默化的作用，适当地安排环境可以引导或改变学生的行为。当然环境不仅指的是有形的物质环境，在很大程度上还包括了无形的环境——课堂气氛。

（一）物质环境

1. 学生的座位安排

教室环境首先重视学生座位安排。教室座位安排应使学生能够专注于学习活动，因此一般上课听讲，要用行列式，使全体学生面向教师；分组讨论则宜让学生围坐，便于互动。但当学生围坐时，因彼此互动增加，且有些位置侧对或背对教师，教室秩序较难维持，可以用分组竞赛促成学生自我约束。

基本上座位安排的方式可分为四种：秧田形、马蹄形或新月形、方形或圆形、模块形。

秧田形是传统教室的排列形式，这种座位排列是封闭的。它的目的在于让众多学生把注意力集中在教师身上，专心听讲，做笔记，适合于集体讲授。但是，由于这种排列方式使教师与学生之间的互动范围与互动方式受到限制，课堂中处于活跃地带以外的学生在课堂上容易行为散漫，对课堂活动退缩、旁观、反应冷漠，因为他们往往离教师太远，很难与教师通过眼神、表情进行交流，得不到教师的暗示和及时反馈。相反，在“活跃地带”内的学生，与教师距离较近，正好处在与教师交流的有效区域内，师生之间可以比较容易地看到对方，教师可以无意中通过眼神、表情、举止将自己对学生的关注和期望传递给学生，既使学生处于自己的有效监控范围，又使他们在心理上产生情感共鸣，从而约束自己的行为，认真听讲，积极反应。因此，坐在前排和中间的学生参与课堂活动及与教师交流的时间和次数明显比坐在教室后排和两边的学生多。

但由于学生座位排列的限制，学生的人际交往在质量上和数量上都受到影响。学生个体之间的交往范围非常狭窄，一般只发生于同桌的两个学生之间，而且一旦两人缺乏相互交往的基础，则连这种范围极为狭窄的交往也难以进行。如果座位一直不变的话，对学生社会性的发展就更为不利。

因此，我们建议，教师可以把比较害羞、内向、沉默的学生安排在活跃地带内，以增加他们的参与；把外向、好动、爱说话的学生安排在此地带外。教师还可以通过环绕课堂走动，定时前后调整座位，以及根据需要将座位安排成下面介绍的圆形、马蹄形等，来改善因空间特点给学生行为带来的负面影响。

马蹄形或新月形的座位安排，使学生在座谈时能够看见其他人，有利于非言语交流的进行，使学生间的交流完整起来。教师处在“U”字缺口的对面，与学生目光接触频率也会提高。这种排列的目的在于让全班学生尽可能地多参与课堂活动，教师和学生一道讨论研究。这是民主气氛稍浓、师生密切交流的一种座位排列形式。但这种座位安排也可能使课堂问题行为增多。

方形或圆形的座位安排，主要是为了讨论或者开展相互学习活动，教师们经常将学生安排成一个大圆圈或大长方形。当学生围成环形小组或在长方桌旁聚集一起时，他们的交流形式及领导方式也许会受到对视及非言语交流机会的影响，教师可以把小组长或那些具有领导潜力想要发挥的人安排在全组可以看见的中心位置。为了鼓励参与小组讨论，教师可以把特别安静的人安排在小组长对面，或面对比较健谈的组员。最后，把那些讲话过多的组员安排在指定的组长旁边，或让他们并排坐下，这样对视机会减少就可以约束他们的参与。

这种座位安排中，学生容易左顾右盼，非言语行为出现的频率趋于增加。因此在排成圆圈时，教师的位置要么在学生中间，要么在一个角落里，以免头不得不扭来扭去，而且无法看到所有学生，妨碍对课堂的监控。

矩形、圆形、马蹄形之类要求班级规模不超过 20 ~ 25 个学生。有 25 个学生以上的班级需要采取双矩形，同心圆形和双马蹄形，这些安排都要注意给教师留出走道以监控整个班级。

以上这些座位排列形式为教师灵活地开展活动提供了可能性。研究发现，以学生为中心、热情或友好的教师往往拒绝传统的行列式的、学生直接面对教师的座位排列方式，而偏爱非正式的座位排列方式，这样学生可以相互看到，还可以看到教师。他们在大多数时间采取这些排列方式，与他们偏爱的教学行为相配合。事实上，没有一种安排可以满足所有教学行为或活动，灵活地安排座位以适应教学的需要才是理想的座位安排。

总而言之，只有经过经验和时间，教师才能知道某一安排是否适合他们的教学和自己学生的需要。这可能需要多次尝试和不断地修正，以使学生在所设计的教室中高效地工作。材料和设备应物尽其用，同时还要移去不必要的设备，以便于教师教学和管理学生。

2. 教室的空间利用

教室的各个空间应得到充分的利用，以发挥教室的最大功效。如教室的墙壁上可以张贴名人名言及各种评比表，以激励学生进步，还可以将学生的作业、作品展览出来，给学生一种成功的体验；天花板横梁上可以装饰一些与季节相符的花、草及其他装饰物，这些装饰物可以由学生自己设计并制作，这样既美化了环境，又增强了学生身为班级主人翁的信念；窗台上可以种植植物，做科学小实验或展览手工作品；教室的一个角落还可以开辟为“阅读区”等。

要充分利用教室的各个空间，教师既要做精心的计划和准备，又要调动学生的积极性，让学生出主意、想办法，参与教室的设计和组织。只有这样，教室这个环境才能真正达到为教学服务的目的。

但长期以来，在教室组织和管理中，教师忽视了对教室物质环境的布置和安排。在教室的墙壁上，除了看到几张评比表和奖状外，基本上空空如也。整个教室的布置也比较单调，除了一排排的桌子、讲台、黑板外，几乎找不到其他的摆设。这样的教室虽然看起来整洁、有秩序，但同时也给人空荡荡的感觉，这种环境给予学生的刺激太少，无法最大限度地满足学生及教学的需要。由此可见，教室物质环境的组织与管理亟待增强。

3. 作业展示

要充分发挥作业展示的功效，教师要注意以下两个方面问题。

一是作业展示要整洁、有序：作业展示板要有一定的背景，并且颜色搭配协调。同时，展示区和展示板要保持干净、整齐，注意这些细节之处是非常重要的。

二是有目的地展示学生的作业：展示区要定期更换学生的作业，一份作业展示的时间不能超过两周。教师要意识到，展示区也是学习环境的一部分，这个环境的作用不仅在于向集体展示个别学生的成就，也在于激发学生在原有基础上取得更大的进步。这就要求教师在展示作业时，要制订一个明确的计划，定期更换主题，展示不同类型的学生的作业。例如，学生的数学、语文作业、劳动课上的美术作品等。各种类型的作业照顾到了不同学生在各门课上的优势，因而能使所有的学生都有机会在集体面前表现自己的优点和长处，并获得成功的体验。

在展示学生的作业时，教师要充分利用教室的各个空间。例如，教室两边的墙壁、教室内的窗台等。除此之外，教师还可以利用其他地方例如走廊等，扩大展示的区域。这些地方便于学生与家长、学生与学生间交流各自的成就，当学生意识到自己的作业拥有如此多的观众，而且还能跟自己的家长、同伴的家长共享自己的学习成就时，他们会有更强的学习动机，会在以后的学习中更加勤奋，以取得更出色的学习成绩。

4. 教室环境的组织策略

（1）教室环境应秩序井然。教室的每一样物体应放到其相应的位置，学生的椅子不能随处乱放，收上来的作业应放到固定地点，未完成的作业不能到处乱扔，地板上不能有纸屑和笔。同时，不管桌子是以什么样的方式摆放的，都应该前后对齐、摆正，不能东倒西歪。教室中保持整洁、有秩序是课堂组织和管理的最基本的条件。

（2）课堂环境应具有刺激性。首先，教室中的布置应丰富多彩。有人批评说，若教室的布置过于丰富，会在教学活动时分散学生的注意力。其实不然。因为这些环境不是一天就突击布置好的，而是师生之间共同商量、共同布置的，因此教室的环境布置持续的时间较长，但每天都会有小小的变化。由于这些变化不是突然呈现的，因此不会成为新异刺激而分散学生的注意力。相反的，精心布置的教室环境对学生来讲不只是对环境的装饰，而是代表了更深的含义。由于在所布置的环境中包含了学生自己的作业、亲手制作的手工作品和小发明，因此置身于这样一种环境中更会激发起学生努力学习的愿望和追求成功的理想。而对教师来讲，空荡荡的墙壁意味着教学目标的制订缺乏全面性，因为没有发挥出教学环境应有的作用。

其次，教室中应投放丰富的教室设备和教学材料。教室是传递和储存信息的地方，因此教室中应投放相应的教学资源，如各种书籍、图片、录音机等。这些教学资源应摆放在学生可以接触到的地方，而且在一个固定的时间里可以由学生自由使用。对这些教学资源的摆放利用反映出了教师对学生学习的理解和基本态度。

此外，教师在布置和安排教室环境时还要注意以下的四个因素：视野开阔、交流方便、容易接近和安全性。有效组织的教室环境都应体现出以上的四个特征。我们来看看下面的一些具体情境：

- 教师可以很容易地从教室的每个角落看到学生。
- 在指导时教师可以毫不费力地接近每个学生。
- 经常使用的教学材料和设备存放在容易取放的地方。
- 学生们可以看见并听见教学材料的呈现及演示。
- 在低年级的教室中，桌椅的边角不可太尖，同时教室中应避免存放有危险的物品，如小刀、化学物质等。

（二）课堂气氛

课堂活动是教师、学生和教育情境相互作用的过程，课堂活动开展得好坏除了依赖课堂物质环境外，在很大程度上还取决于课堂心理气氛是否和谐、融洽。良好的课堂心理气氛能调动学生学习积极性，激发学生学习兴趣，丰富学生的学习情感体验，进而影响课堂学习效果。因此，对良好课堂心理气氛的营造是教师组织和管理学生课堂学习的重要内容。一般而言，影响课堂气氛的因素有以下几点。

1. 教师个性

良好的课堂气氛需要教师的理解和配合，要做到这一点，教师要公正地对待每一个学生并富有爱心。那些不理解青少年这个特定年龄阶段所出现的特定行为的教师、更注重自己所教的科目而不是自己的学生的教师、个性内向且缺乏幽默感的教师，将不能得到学生的尊重与合作。学生更喜欢他们的老师能时时与他们心意相通，对待他们热情、诚恳并始终如一。如果教师能和自己的学生培养起这种融洽的情感，那么在执行课堂纪律时所面临的困难就少得多。

由于以上的原因，教师应尽可能详尽地了解自己学生的资料。从第一天起，就记住全体学生的名字并能随口将他们叫出来，这样不仅有利于学生养成良好的自我意识，还能使学生感觉到自己的一举一动都能受到教师的关注。熟悉学生的背景资料和兴趣还有助于教师与学生建立起友好、和谐的关系，并在课堂活动中引导学生的兴趣往正确的方向发展。

在一个班级中，教师的性格、态度会感染给班上的学生，比如，一个做事容易紧张的教师经常把紧张的情绪感染给学生，并使学生在活动中做出不适当的行为。而一个焦虑程度过高的教师，在课堂总是小心翼翼，唯恐课堂秩序失去控制、担心自己教学出现失误——教师的这些反映容易使课堂气氛趋于拘谨和刻板，并使学生在上课时也过分谨慎、固守常规。而一个热情、开朗的教师往往会在课堂上创造出热烈、积极的课堂气氛，充分调动起学生的学习积极性与主动性。因此，教师要注意自己在学生面前所表现出的个性倾向，并把注意力集中到自己的主要任务——教学上，消除自身一些潜在的缺点和不足。然而，就是在管理非常优秀的班级里，也存在一些违反纪律的学生。遇到这种情况时，教师要从容对待，并调整好自己的情绪。以下三种做法可供教师借鉴。

(1) 正确地对待自己和学生。首先，教师要以一种平稳的心态对待自己。教师是一个普通的人，也可能会犯错误，对此，学生也会理解。因此，当学生犯错误时，教师不要过多指责自己，也不要对自己过于苛求，越早了解这一点，教师就会越放松，也就越能平静地对待学生所犯的错误。

其次，不要认为学生违反纪律是对自己个人的侮辱。实际上，在大多数情况下，学生违反纪律并非针对教师而来的，除非学生感到自己受到了教师的冷落、嘲讽以及不公正的待遇。作为一名教师，要正确地看待学生的错误行为，应该意识到犯错误是年轻人经常发生的事，教师最主要是运用各种方法帮助学生在学业及做人上达到最高目标。

最后，教师还要具备幽默感及辨别事物轻重缓急的能力。幽默的话语，可以缓解班级中紧张的学习气氛，有助于温馨、和谐的课堂气氛的建立。例如，当班上出现一些令人发笑的事情时，教师可以适时地表现一下幽默感，让学生轻松地笑笑，然后带着好情绪再转入到当前的学习任务中。而敏锐地判断事物的能力则有助于教师迅速、有条理地处理好课堂上的每件事情。诚如以上所说的，教师最基本的任务是让学生更好地完成自己的学业，因此，教师要善于判断并分辨事情的重要性，把主要精力放到教学上，不要整日为小事而分心、烦恼。

（2）创造良好的课堂气氛。教师要以行动代替语言，使自己的学生明白你愿意成为他们的朋友。整日板着脸说教只会让学生对你敬而远之，良好的班级气氛当然就无从谈起，但也不能因此而矫枉过正，过于与学生打成一片，在学生面前失去应有的威信。

（3）示范好的榜样。俗话说“身教重于言教”，如果教师充满爱心，体贴理解学生、富有同情心，真正把学生当做一个独立的个体来看待，那么学生就会仿效教师的行为，整个班级也会朝着教师所希望的方向发展。因此，一名素质良好的教师，应该具备自律精神，不断加强自身修养、为人师表，在学生中建立起良好的威信，以自己的行动带动学生的进步。

2. 师生沟通

好的沟通不仅仅只是课堂人际关系和谐的渠道，它还应该包括师生间接受他人态度的发展。在班级中建立起师生沟通是教师的责任，因为教师是受过教育、身心成熟的成人，拥有许多沟通的技能，同时，作为某一科目的教学者，教师拥有调控课堂教学任务和课堂情感气氛的职责，因此，教师的所作所为直接影响到师生沟通的好坏，影响到课堂气氛的和谐。

但在传统的教学中这种关系却颠倒了，认为沟通是学生的责任，学生要去理解教师。这种认识不仅使沟通过程趋于简单化，而且还使教师疏于沟通技能的提高。它直接的效果就是师生间缺乏必要的交流，学生的问题行为增多，课堂人际关系恶化，教学目标难以顺利地实现。由此可见，师生间只有建立起良好的沟通，才能创造出良好的课堂气氛。要成为一名成功的沟通者，教师要具备以下的三种技能。

（1）自信。自信的教师能清晰、准确地向学生表达他们的关注焦点，并以身体语言、口头陈述等方式帮助学生改正错误行为、解决好问题。自信可以使教师成功地将这样的信息传递给学生：教师会努力提高教学水平，并建立一个人人都将受到尊重的良好的课堂心理环境。

但要注意的是，自信并不代表敌对、具有攻击倾向、好争斗、做事一意孤行、缺乏灵活性等倾向。要在学生面前表现自信。

首先，教师要清楚地阐明他们的关注焦点及学生的问题所在。在教学中，学生常常会出现这样那样的问题行为，如怪声怪气的说话、聊天、做小动作等，遇到这种事情，教师要及时地向学生指出他们的问题，并客观评价这些问题可能带来的后果。例如，教师可以这样说，“上课聊天或递条子会影响其他同学的注意力”，这种说法客观地评价学生的行为和后果，它只涉及了学生的错误行为而不是人格，因此避免了给学生贴标签。同时，这种评价方法以明确、清晰的陈述代替了咄咄逼人的发问“你为什么不回答？不举手就说话对吗?”等语句，也可以降低学生的抵触情绪，改善师生间的关系，从而使问题得到完美解决的可能性增加。

其次，教师需要运用动作、表情、姿态等体态语言传达课堂管理信息，以达到良好的控制课堂的目的。比如，与学生交流，尤其是在指出学生的问题行为、要求学生改正错误时，教师要与学生四目相对。但目光交流并不代表着怒目相对，而是要从目光中向学生传递亲切自然、善于理解的信息，经常与学生进行目光交流有助于学生消除紧张感，与教师建立起信任、依赖的关系。又如，当学生上课出现分心、走神等问题时，教师应适时、适当地走进注意力分散的学生中，用肯定的目光鼓励学生发言，用饱满严肃的态度影响学生的情绪。除此之外，教师还要注意面部表情的丰富性。不能一味地在学生面前表现自己的威严，终日以一副面孔对待学生。而应该将面部表情与说话内容及语调和谐一致起来。适度的微笑、肯定学生时的惊讶、赞许的表情，与说话的情境及高低顿挫的语调相协调，很容易使教师在学生中产生亲切感，缩小师生间的心理距离与空间。

最后，教师要让学生主动地改正他们的行为。当教师指出学生的错误时，他们可能会否认、会争辩甚至指责由于他人的原因导致了他们的错误行为。遇到这种情况时，自信的教师会意识到：错误行为的产生有许多原因，但不应该有借口，学生必须要对他们自己的行为负责。教师应仔细地聆听学生犯错误的过程，并冷静、清晰地指出学生要意识到自己的错误并主动地加以改正。对于那些经常犯错误的学生，教师可以用多次强调错误的方法，帮助他们认识到自己行为所带来的严重后果。

李老师在与小帆谈话时说：“放学之后之所以让你留下，是因为我关心你今天的行为（停留片刻），由于你在课堂上大声讲话致使我三次暂停上课（站起来，声音稍高），我不想让噪音干扰我们的教学（坐下，看着学生），这种事今后不要再发生（冷静、严肃），你想改正自己的错误吗?”

运用这样的方法，教师准确地向学生传递了自己对问题的看法和态度，而且在处理问题时耐心却不失幽默，使师生间得到了很好的沟通，有力地促进了班级和谐师生关系的建立。

（2）移情。移情是教师意识、感受学生的观点、情感体验，并激发出与学生相似的情绪反应。移情可以帮助师生间建立直接的交流关系，将师生双方的意图、观点和情感连接起来，从而使课堂问题能以双方都能理解、接受的方式得以解决。在课堂上，移情的教师可以使学生更多地参与课堂活动，形成高水平的自我意识，产生强烈的求知欲望和情感体验，创造出良好的课堂气氛。移情包括以下两种技能。

- 倾听技能

倾听技能能帮助教师获得并理解学生的情感和观点。专注的倾听可以表现出教师对某件事的关注，有时一个感兴趣的目光也能鼓励学生把问题回答完整。一些口头鼓励“我懂了……”“接着说……”“这很有趣……”等有助于教师与学生间产生共鸣式的情感反应。而另外的非口头倾听行为，如点头、目光交流等也能起到同样的效果。

- 心理换位的技能

心理换位技能是教师在准确把握学生传递的信息后通过心理换位设身处地地为学生着想，并将自己的情绪、态度反馈给学生。我们来看看以下两位教师的反应。

情境一：

生：我不会做数学作业。

师 A：你在做数学作业时遇到什么困难了吗？

师 B：你不会做是因为你没认真听课。

情境二：

生：（哭着）我讨厌作文，它不是我的朋友。

师 A：失去一个朋友感觉是很难受的。

师 B：别傻了，作文是你最好的朋友。

在这两段师生对话中，教师 A 能站在学生的角度去思考和理解学生遇到的困难，并接受学生的情感，而教师 B 却没有获得足够的有关学生情感体验的信息，而只是对学生的反应做出自己主观的判断，从而人为地制造出一些阻断沟通的因素，无法创造出一个解决问题的机会，导致沟通失败。

此外，教师在对学生的陈述做出反应时，还要善于将学生所讲的内容加以概括，并在体验学生的情绪情感后将其中重要部分重复地反馈给学生。我们来看看以下的一段对话：

生：我讨厌学校。

师：你能谈谈吗?

生：我就是不喜欢它。

师：一定是学校中的某些事让你不喜欢它。

生：是的。班上的立新和小勇总笑话我。

师：(把手放到学生的背上) 他们嘲笑你所以你不喜欢他们，对吗?

生：是。

师：能告诉我他们怎么嘲笑你吗?

生：他们叫我傻瓜。

师：这些称呼伤害了你，你认为自己是傻瓜吗?

生：不，我不是。

师：你当然不是，我很高兴你这么想，你能告诉我有人这么叫你时你想怎么做吗?

从以上的例子可以看出，教师对学生所表达出的情感做出了许多适当的情感反应，并能及时地将自己的感受、想法反馈给学生。这种设身处地地为学生着想的做法，使整个交谈活动在一种平等、理解的气氛下进行，学生与教师交流后宣泄了自己对同伴的不满情绪，并获得了精神上的安抚和支持，这种心理支持可以帮助学生克服对学校的不良情绪。在此基础上，教师再教给学生具体的方法以解决当前的问题。这种在交谈中实现移情的做法可以提高教师在学生中的地位，并有效地促进师生关系朝着和谐、融洽的方向发展。

可见，要实现良好的课堂心理气氛，教师必须要增加情感投入，实施情感性教学，深入学生内心体验学生的情感，并将自己的情感倾注到学生身上。只有这样，才会缩短教师因权威、地位、角色而产生的与学生在心理上的距离，营造出和谐、温馨的课堂精神氛围。

第二节　课堂管理行为策略

课堂管理就是指教师在教学活动中通过协调课堂内各种人际关系，吸引学生积极参与课堂活动，使课堂环境达到最优化状态，从而实现预定教学目标的过程，它具有促进和维持两大功能。

一、课堂管理的概念

管理是指由管理者通过协调他人的活动，以便取得的效果大于个体单独活动效果之和的过程。课堂管理是管理的一种特殊形式，与一般管理相比，既有相同之处，又有其特有的性质。课堂管理是一种协调和控制的过程，是指教师在教学活动中通过协调课堂内各种人际关系，吸引学生积极参与课堂活动，使课堂环境达到最优化的状态，从而实现预定教学目标的过程。

具体来看，课堂管理是由一系列要素构成的有机统一体。其管理主体是教师，管理环境是课堂，管理客体是各种人际关系，如师生关系和学生关系，管理目标是实现预定的教学目标。教师是课堂教学的组织者和领导者，与学生同属于课堂管理中相互影响、相互作用、具有能动性的两方面。他在矛盾中处于主导地位，通过确定课堂管理目标、实施目标、控制目标以及检查和评价目标等一系列环节，建立和保持良好的教学条件，使课堂内每个学生都能充分发挥自己的潜能，最大限度地利用课堂内的各种资源，以完成教学任务，实现教学目标。学生在课堂管理中虽处于被管理者的地位，但教学是师生双方共同的活动，教学目标的实现程度应取决于师生两方面的协同配合。学生并不是无生命的物体，他与教师一样具有能动的作用，学生的学习动机、学习态度、学习的积极性与创造性等对课堂管理目标的实现都会产生不小的影响。

课堂是学校中最基本的教学单位，是一种有组织的群体教学活动场所。在课堂内主要有两种角色，即教师与学生，相应的，课堂中的人际关系也就是师生关系与学生关系。只有妥善处理好课堂中的各种人际关系，才能实现教师、学生与课堂情境的协调，有效地实现教学目标。否则，会造成课堂气氛紧张，课堂纪律出现问题，进而干扰正常的教学活动。

二、课堂纪律管理

课堂纪律，主要是指对学生的课堂行为施加的外部控制与规则。课堂纪律管理是课堂管理的一项重要内容。在课堂教学中，难免出现各种课堂问题行为干扰教学活动的正常进行。良好课堂纪律的形成，不仅需要强制性的规则，更需要学生的自制与自律。因此，教师在提出课堂行为规范，进行外部控制时，要注意培养学生遵守纪律的自觉性，帮助学生自觉发展纪律。

研究表明，由于形成的原因不同，课堂纪律一般可分为四类。

（一）教师促成的纪律

所谓教师促成的纪律，主要指在教师的帮助指导下形成的班级行为规范。这类纪律在不同年龄阶段所发挥的作用是不同的。刚入学的儿童需要较多的监督和指导，因为他们不知道如何在一个大的团体中学习和游戏，没有教师的适当帮助，很难形成适合于有组织集体活动的行为准则。年龄越小，学生对教师的依赖越强，教师促成的纪律所发挥的作用也越大。随着年龄的增长和自我意识的增强，学生一方面会反对教师的过多限制，另一方面又需要教师对他们的行为提供一定的指导和帮助。因此，这类纪律虽然在不同年龄阶段发挥作用的程度不同，但它始终是课堂纪律中的一个重要类型。

（二）集体促成的纪律

所谓集体促成的纪律，主要指在集体舆论和集体压力的作用下形成的群体行为规范。从儿童入学开始，同辈人的集体在使儿童社会化方面就开始发挥愈来愈重要的作用。随着学生年龄的增长，同伴群体对学生个体的影响会越来越大。当一个儿童从对成年人的依赖中逐渐解放出来时，他同时开始对他的同学和同辈人察言观色，以便决定应该如何行事、如何思考和如何信仰。由于同辈集体的行为准则为青少年学生提供了价值判断和日常行为的新的参照点，结束了青少年学生在思想、情感和行为方面的不确定性、无决断力、内疚感和焦虑，所以他们往往过高地估计同伴集体行为准则的价值，并积极地认同和服从它。

（三）自我促成的纪律

所谓自我促成的纪律，简单说就是自律。它是在个体自觉努力下由外部纪律内化而成的个体内部约束力。自我促成的纪律是课堂纪律管理的最终目的，当一个学生能够自律并客观评价他自己的和集体的行为标准时，便意味着能够为新的更好的集体标准的发展作出贡献，同时也标志着学生的成熟水平大大提高了一步。

（四）任务促成的纪律

所谓任务促成的纪律，主要指某一具体任务对学生行为提出的具体要求。这类纪律在学生的学习过程中占有重要地位。在日常学习过程中，每项学习任务都有它特定的要求，或者说特定的纪律，例如课堂讨论、野外观察、制作标本等任务都有各自的纪律要求。任务促成的纪律是以学生对任务的充分理解为前提的，学生对任务的意义理解越深刻，就越能自觉遵守任务的纪律要求，即使遇到困难挫折也不会轻易退却。所以，学生完成任务的过程，就是接受纪律约束的过程。教师如能很好地用学习任务来引导学生，加深学生对任务的理解，不仅可以有效减少课堂纪律问题，还可以大大提高学习效率。

三、课堂问题行为的类型及其影响因素

所谓课堂问题行为，一般指发生在课堂上，与课堂行为规范和教学要求不一致，并影响正常课堂秩序及教学效率的课堂行为。这样的行为不仅影响学生的身心健康，而且常常引起课堂纪律问题，影响教学质量。研究发现，一个学生的不良课堂行为不只是影响他自己的学习，同时也可以破坏课堂上其他学生的学习。在一般情况下，一个学生的问题行为可能简单地诱发另一个学生不听课，也可能把问题蔓延开来，诱发许多学生产生类似的问题行为，即产生所谓的“病源体传染”现象，它会蔓及全班，破坏课堂秩序，影响教学活动的正常进行。这种问题行为是许多教师常常遇到的，也是最怕发生的。因此，对课堂问题行为及时加以控制和防范，是课堂管理的重要内容之一。

目前最普遍的一种分类是根据学生行为表现的倾向，将课堂问题行为分为两类：一类是外向性问题行为；一类是内向性问题行为。外向性问题行为主要包括相互争吵、挑衅推撞等攻击性行为，交头接耳、高声喧哗等扰乱秩序的行为，作滑稽表演、口出怪调等故意惹人注意的行为，以及故意顶撞班干部或教师、破坏课堂规则的盲目反抗权威的行为，等等。外向性问题行为容易被觉察，它会直接干扰课堂纪律，影响正常教学活动的进行，教师对这类行为应果断、迅速地加以制止，以防在课堂中蔓延。

内向性问题行为主要表现为在课堂上心不在焉、胡思乱想、做白日梦、发呆等注意涣散行为，害怕提问、抑郁孤僻、不与同学交往等退缩

行为，胡涂乱写、抄袭作业等不负责任的行为，迟到、早退、逃学等抗拒行为。内向性问题行为大多不会对课堂秩序构成直接威胁，因而不易被教师察觉。但这类问题行为对教学效果有很大影响，对学生个人的成长危害也很大。因此，教师在课堂管理中不能只根据行为的外部表现判断问题行为，不能只控制外向性问题行为，对内向性问题行为也要认真防范，及时矫正。

研究结果表明，课堂问题行为的产生常常受多种因素的影响。概括起来，主要的影响因素集中在学生、教师和环境三个方面。

（一）学生方面的影响因素

大量的课堂问题行为是由学生自身的因素引起的。这些因素主要是：挫折。在日常学习生活中，学业成绩不良、人际关系不协调、对教师教学要求的不适应等，都会使学生产生挫折感，并引发紧张、焦虑、惧怕甚至愤怒等情绪反应，在一定条件下这种情绪反应就可能演变为课堂问题行为。

寻求注意。研究发现，一些自尊感较强但因为成绩较差或其他原因得不到集体和教师承认的学生，往往故意在课堂上制造一些麻烦以引起教师和同学的注意。

性别特征。在小学阶段，男孩活动量大，精力旺盛，喜欢探究，但他们的心理成熟程度和自控能力比同年龄的女孩普遍要低些，因而出现课堂问题行为的可能性要高于女孩。

人格因素。学生的课堂行为问题在一定程度上与其个性心理特征如能力、性格、气质、情绪等也有联系。例如，内倾化的人格，常表现出抑制退缩行为，不愿与人交往，自我意识强，易受暗示。而外倾化的人格，则喜欢交际，迎合热闹，胆子较大，善于获取新事物，自制能力较弱，违反纪律的情况相对较多。

生理因素。学生的生理因素也是导致问题行为的因素之一，生理上的不健康（无论是短期的还是长期的）、发育期的紧张、疲劳和营养不良等都会影响学生的行为，这方面因素在日常学习生活中往往被忽略。另外，还有些学生的过度活动是由于脑功能轻微失调造成的，教师对这些学生要更热情地关心，帮助他们掌握控制冲动的方法。

（二）教师方面的影响因素

课堂里发生的问题行为，看上去是学生的问题，实际上与教师也有关系，有些问题行为就是教师方面的原因造成的。要想形成良好的课堂纪律，教师也必须对自身进行一定约束和调整。一般来说，对课堂问题行为产生影响的教师方面的因素主要有以下几种。

1. 教学不当

指教师由于备课不充分，缺乏教学组织能力，或表达能力差而造成教学失误，进而引起课堂问题行为。教学不当可以引起课堂问题行为。常见的教学不当有教学要求不当，例如对学生要求过高或过低；教学组织不当，例如，教学从一个活动跳跃到下一个活动时缺乏顺利“过渡”的环节，会使学生无法参与教学过程；讲解不当，如果教师在学生面前讲课时显得无能、迟钝、笨拙，而且在一段时间里只困死在一个问题上，那么学生就有可能置功课于脑后而捣起乱来。

2. 管理不当

这可能是教师引起课堂问题行为的最主要因素。这方面最突出的问题是教师对学生的问题行为反应过激，滥用惩罚手段。例如，有些教师对学生的个别不良行为经常做出过激反应，动辄中断教学大加训斥，有的甚至不惜花费整堂课时间进行冗长的训斥，这种失当的管理方法往往会激化矛盾，使个别学生的问题行为扩散开来，产生“病源体传染”效应。还有些教师过于相信惩罚在解决问题行为方面的效力，常常不分青红皂白地运用各种手段对学生进行惩罚。研究发现，滥用惩罚手段特别是体罚或变相体罚学生，不仅不能很好地维持课堂秩序，还会大大降低教师的威信，甚至引起学生对教师的怨恨情绪，诱发学生攻击性的课堂问题行为。

3. 丧失威信

在学生心目中失去威信的教师是很难管好课堂的，丧失威信也是多方面因素造成的，前面提到的教学不当、管理不当也会造成教师威信下降。一般说来，以下行为的教师容易在学生心目中丧失威信：

（1）业务水平低，教学方法不好。

（2）对教学不认真负责，上课懒懒散散。

（3）对学生的要求不一致，说了以后不检查。

（4）向学生许愿，但总是不兑现。

（5）不关心学生，待人冷漠。

（6）缺乏自我批评精神，明知错了，也要强词夺理。

（7）带有偏见，处事不公。

四、课堂问题行为的管理策略

（一）将一般要求变为课堂程序和常规

有效的课堂管理，实际上是在建立有序的课堂规则的过程中实现的。教师每天面对的是几十个性格各异、活泼好动的孩子，如果没有一套行之有效的课堂程序和常规，就不可能将这些孩子有序地组织在教学活动中。实践表明，教师适时将一些一般性要求固定下来，形成学生的课堂行为规范并严格监督执行，不仅可以提高课堂管理效率，避免秩序混乱，而且一旦学生适应这些规则后会形成心理上的稳定感，增强对课堂教学的认同感。例如，音乐课上要求学生上课时随着教师的琴声一行行列队轻轻走入教室，在音乐声中向教师问好、坐下，下课后仍按小组队形踩着音乐节奏轻轻退出教室。这种要求一旦成为学生的行为习惯，就可以长久地发挥作用，产生积极的管理效益和教学效益。相反，如果一个教师不注意课堂规则的建立，只凭着不断提出的各种要求、指令维持课堂秩序，不仅管理效率低，浪费时间，而且容易因要求不当引起新的课堂问题行为。

（二）及时巩固课堂管理制度

一旦形成了课堂管理规则，就要及时反复巩固它，必要时还要加以修正。巩固管理制度的教师行为主要有以下几种。

1. 认真监控

教师应仔细认真地观察课堂活动，讲课时应始终密切注意学生的动态，做作业时要经常巡视全班学生。善于指导学生行为的教师，应能在学生的不恰当行为造成混乱之前就有所察觉。

2. 及时恰当地处理问题行为

只发现问题是不够的，教师还必须采取一定措施处理问题行为，具体采取什么措施取决于问题的性质和场合。例如，有些学生静坐在座位上但不听课，看连环画或伏在桌子上睡觉但无鼾声，这类问题行为属于内向性的，不明显干扰课堂教学，因此教师不宜在课堂里停止教学而公开指责他们，可以采取给予信号、邻近控制、向其发问和课后谈话等措施加以处理。有些学生大声喧哗、戏弄同学、扮小丑和顶撞教师，这类行为是外向性的，对课堂有较大干扰，教师必须通过警告、批评等措施迅速制止，必要时可以适当惩罚。

3. 灵活运用奖惩手段

运用奖励手段鼓励正当行为，通过惩罚制止不良行为，这是巩固管理制度，提高管理效率的有效途径之一。奖惩的具体办法很多，例如教师表情上的赞同与不赞同，表扬与批评，给予学生某种荣誉或取消荣誉，发奖品，课后留校，暂停听课，送校长室等。在实施奖惩时需注意以下几点：一是根据实际情况灵活运用，以奖励为主；二是维护课堂规则的权威性，严格按规则实施奖惩；三是惩罚手段不能滥用，更不能体罚学生。

（三）降低课堂焦虑水平

焦虑是一种情绪状态，是一个人自尊心受到威胁时的情绪反应。适度的焦虑可以有效激励学生的学习，因而是十分必要的。但焦虑过度则可能影响学生的学习成绩并导致问题行为。有效的课堂管理应该帮助学生在焦虑过度而尚未形成问题行为前降低焦虑的强度。调控学生焦虑的办法主要有两种：一是通过谈话了解、诊断焦虑的原因，然后诱导学生把造成焦虑的烦恼宣泄出来。二是针对焦虑的原因适当调整教学情境，例如调整教学要求、进度，调整教学评价的方法或要求等。课堂中不仅存在着学生的焦虑，教师也会产生焦虑。通常情况下，课堂纪律问题是引起教师焦虑的一个重要原因。有些教师特别是一些新教师，由于缺乏课堂管理的成功经验，对学生纪律问题经常忧心忡忡，担心课堂上出现问题行为，于是常常采取一些生硬措施控制课堂，频繁指责训斥学生。这样做反而激化了矛盾，扰乱了课堂，进一步加剧了教师的焦虑。实际上，能否维持好课堂纪律，很大程度上取决于教师对学生的态度及教师与全体学生间的人际关系。教师如果能真正关心、尊重、爱护学生，了解学生的要求，讲求工作方法，学生反过来会维护、支持教师的工作，课堂纪律就容易维持，教师的焦虑水平也会大大降低，课堂管理效率会得到相应提高。

（四）实行行为矫正，开展心理辅导

行为矫正是用条件反射的原理来强化学生良好的行为，以取代或消除其不良行为的一种方法。行为矫正的方法比较适合于较为简单的问题行为，例如上课爱讲话、好动等行为。行为矫正的具体步骤包括以下几点。

（1）确定需矫正的问题行为。

（2）制定矫正目标。

（3）选择适当的强化物和强化时间。

（4）排除维持或强化问题行为的刺激。

（5）以良好行为逐渐取代或消除问题行为。

心理辅导的方法有助于提高课堂纪律水平，形成良好行为习惯。心理辅导的主要目标是通过调整学生的自我意识，排除自我潜能发挥的障碍，以及帮助学生正确认识自己和评价自己来改变学生的外部行为。从这一点看，心理辅导是从内而外地做工作，它不像行为矫正那样完全以改变外部行为表现为目标，因而比较适合于调整较为复杂的问题行为。但心理辅导工作能否奏效，还取决于师生之间能否真正建立起了信任、融洽、合作的人际关系，能否展开真诚的思想、情感交流。因此，这项工作对教师的要求是比较高的，教师应注意提高自身素养，加强与学生的联系与交往，以不断提高课堂管理效率。

8

板书与多媒体

第一节　板书行为策略

教学板书是教师普遍使用的一种重要的教学手段和表现形式，是师生在课堂上最简易的利用视觉交流信息的渠道。它是指教师根据教学的需要在教学用具（主要是黑板）上以书面语言或符号进行表情达意、教书育人的活动。教学板书一般表现为板书、板演、板画三种形式。板书是指教师写在黑板上的文字，是各种学科的教学普遍采用的一种板书形式；板演是指教师在黑板上推导公式、演算例题或书写方程式等，是自然科学教学中常用的一种板书形式；板画是指教师在黑板上画的各种图形、符号和表格等，是地理、美术、生物、数学、物理、化学等许多学科常用的一种板书形式。教学板书的这三种形式在本质上是相同的，都是诉诸学生视觉的书面语言或符号信息。特级教师斯霞曾深有体会地说："好的板书对于提纲挈领地了解课文内容，对于把握住课文的关键问题，起着很大的作用。教师必须慎重考虑，精心设计。板书的原则是简单扼要，眉目清楚，切忌随心所欲，杂乱无章。备课时，我常常为设计少而精的板书费一番心血。”①

一、教学板书的分类

（一）根据教学板书的形成和呈现方式

1. 静态示现板书

静态示现板书是教师为了节省课堂教学时间而事先设计并写在备用黑板上，以在课堂教学中配合讲授、适时示现的板书。此类板书可节省时间、减少失误，但往往缺乏灵活性。使用此类板书，教师要注意示现的最佳时机，示现时要注意说明板书设计意图、揭示需要关注的重点，按照逻辑顺序解释板书内容等。静态示现板书可留在教室较长时间，供学生课外学习之用。

2. 动态渐成板书

动态渐成板书是教师在教学中配合讲解和总结、学生的答问和讨论，边教边学形成的板书。此类板书灵活性强，要求教师必须具备扎实的教学基本功。使用此类板书，教师要在板书程序上做多层次的设计。如教师在指导学生初学课文时，在黑板上留下几个括号；在指导学生深入理解课文时，再填写这些括号；在指导学生把握课文重点时，又在某些部位添加着重号，或用彩笔加以强调；在总结全文时，又画上必要的线条、箭头，以连接板书的各部分，点明其相互关系等。这样，动态渐成板书的全过程都能给学生以有益的启发。

（二）根据教学板书的具体表现形式分类

1. 关键语词式板书

关键语词式板书是指教师在教学中选择或总结出能准确反映教学内

① 斯霞．我的教学生涯［M］．上海：上海教育出版社，1982：28．

容的关键性语词构成的板书。这种板书简便易行，运用好了能起到画龙点睛的作用。它要求教师深入领会教学内容的精髓，善于概括和总结，巧妙选用精练准确的语词，直指教学事理的本质。如特级教师宁鸿彬曾用一个大大的“变”字，外加强调性的粗圆圈，完成了他讲读鲁迅名著《故乡》一课的板书，可称关键语词式板书的传神之作①。

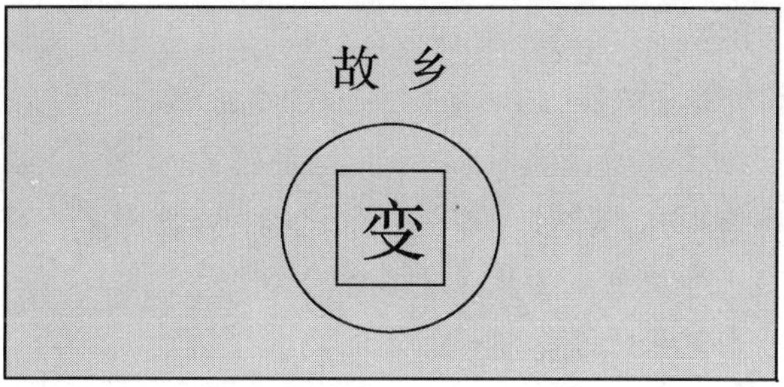

2. 逻辑要点式板书

逻辑要点式板书是指教师按照教学内容的内在逻辑关系，概括出文字要点，并依次排列构成的板书。此类板书因提纲挈领、简明扼要，且系统完整、层次分明，因而便于学生听记、理解和复习。逻辑要点式板书是教学板书中的常见格式，适用于大多数课程。逻辑要点式板书又称系统性板书，或称提纲式、要点式板书。如讲《矛盾的同一性和斗争性》，有位教师板书如下。

矛盾的同一性和斗争性

一、矛盾的定义

事物内部既对立又统一的相互关系

二、矛盾的同一性

1. 矛盾同一性的含义：

事物内部对立因素互相联系，相互吸引的趋势。

---

① 宁鸿彬．发挥板书画龙点睛的作用［J］．中学语文教学参考，1992（10）．

2. 矛盾同一性的表现形式多种多样：

（1）对立双方在一定条件下相互依存；

（2）对立双方在一定条件下相互贯通；

（3）对立双方在一定条件下相互转化；

（4）矛盾特殊化的条件依矛盾的特殊性质而定，是具体的、现实的、多种多样的。

三、矛盾的斗争性

1. 矛盾斗争性的含义：

矛盾斗争双方对立、排斥、斗争的状态和趋势。

2. 矛盾斗争的表现形式：

斗争形式由矛盾的不同性质决定。

（1）对抗性；

（2）非对抗性。

四、矛盾同一性和斗争性的辩证关系

同一是对立的同一；对立是同一中的对立。

3. 结构造型式板书

结构造型式板书是指教师将教学内容概括、提炼、加工、组合成一定的结构造型而构成的板书。此类板书直观形象、趣味横生，结构严谨、造型优美，富于变化、启发思维，是较受学生欢迎的一类板书。教师使用结构造型式板书应注意精于设计、巧于制作、善于传神、工于点拨。结构造型式板书因其结构特点和造型方式的不同，又表现为多种情趣各异的板书类型。

- 线索式

线索式板书是指教师为突出教学内容的脉络、显示作者的思路，以故事情节、发展过程为逻辑线索构成的教学板书。这种板书思路清晰，线条明朗，常可收到化繁为简的效果。如《孟姜女》一课的板书。

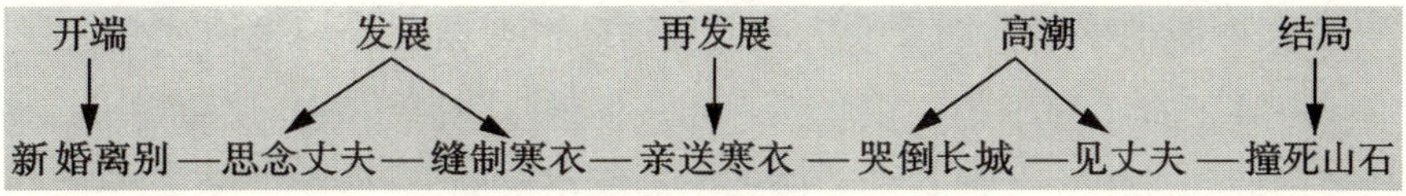

这样，就把故事的开端、发展、再发展、高潮、结局，用箭头清楚地表现出来，在学生头脑中形成连续的印象。利用这种板书可以指导学生复述或背诵，效果较好。①

● 波浪式

波浪式板书是指教师在教学时根据教学内容的波折起伏、高潮层叠、引人入胜的特点而设计的状如波浪的板书。如优秀教师陈凌颖讲授彭荆风短篇小说《驿路梨花》时形成的板书，即属此类。

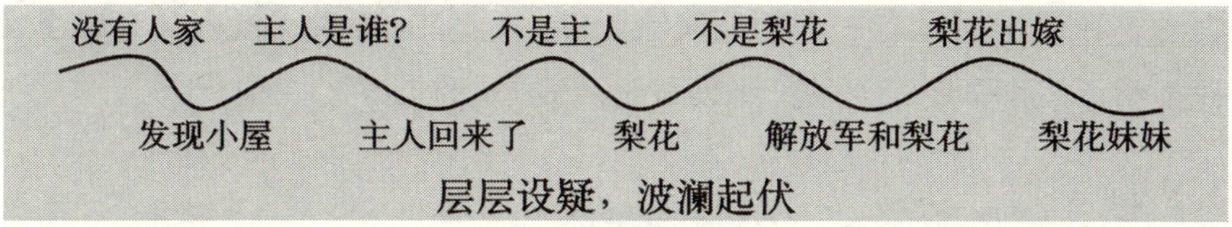

整个板书状如波浪，形象地表现了小说情节的曲折、作者构思的精巧和读者感情的起伏，使板书形式与教学内容达到了较完美的统一。

● 阶梯式

阶梯式板书是指教师根据教学内容层层递进、逐步发展的特点而设计的状如阶梯拾级而上的板书，又称层递式板书。它能直观地显示教学内容的层次以及层次之间的关系。如有人对《珊瑚》一课的板书设计，即属此类。

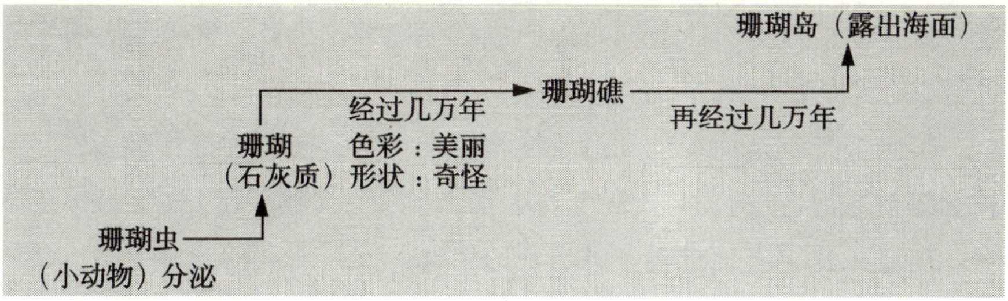

① 李如密，李如培．试论课堂教学的板书艺术［J］．山东教育科研，1991（6）．

这一板书生动、形象地再现了从珊瑚虫到珊瑚岛的发展演变过程，不仅反映了有关珊瑚的知识联系，而且使教学思路清晰，层层递进，由隐深层到外露出，犹如真的一座珊瑚岛露出水面。

总之，结构造型式板书的具体类型是多种多样的，除上述之外，还有辐射式、鱼贯式、条幅式、坐标式、综合式等。

4. 表图表意式板书

表图表意式板书是指教师为准确反映教学内容的特点或关系，加深学生感知印象、有效地达到教学目的，而以表、图为手段设计的板书。表图表意式板书的特点是表图简洁、示意明了、直观形象、给人美感。它要求教师必须具有一定的制表绘图能力。表图表意式板书又有以下几种类型：表解式、表格式、图示式、图画式等。

二、教师运用板书的教学策略

运用板书的教学策略的第一个特点是问题针对性。运用板书的教学策略是针对某一特定教学情境建立的，教师每一次所遇到的教学问题都应该是不同的，因此，可以说没有任何单一的策略能够适用所有的教学情况，教师在运用板书教学时应根据不同的情况，制定不同的策略。

第二个特点是整体性。运用板书的策略所面对的是一个由各个要素有机构成的复杂系统，各个要素都对教学发挥作用。如果忽视了某些要素，就会使最终的整体方案难以完成教学任务。因此，需要对各种要素进行综合考虑。

第三个特点是前置性和过程性相结合。所谓前置性是指教师在进入教室施教之前，进行板书策略的选择和确定。教师按照教学目标的规定，预想在教学实施过程中将出现的情况，安排所有的教学要素。所谓过程性是指在教学实施过程中，课堂上出现了意料之外的情况，教师需要在教学现场做出决策，做出策略选择。在工作中，只有把前置性和过程性有机地结合起来，运用板书策略才能收到良好的效果。

具体而言，教师要注意研究什么时候写板书以及为什么写板书。

1. 当需要吸引学生的注意力时应写板书

在教学过程中，遇到重点、难点或应该加以强调的内容时，教师除了用言语上的变化来集中学生的注意力之外，还可以利用板书达到吸引学生注意力的目的。这时，教师的板书还可以起到帮助学生整理思路的作用。

2. 为了表示教师重视学生的发言，调动学生的积极性而写板书

对于学生来说，自己的发言能被老师所重视，并得到适当的强化，可以大大激发学生的学习热情，产生强大的自我效能感，这样，有利于学生的外部动机向内部动机转化，增强学生的内驱力。因此，教师可以将学生的发言内容写在黑板上，这是一种十分有效的强化手段。

然而，有两种情况值得注意，第一种情况是学生说出自己的想法之后，教师立即将学生的发言不加改动地写在黑板上，然后进行分析和评价。一般来说，当教师提出下列问题和要求时，可以采用这种方法。

（1）请学生谈谈自学的结果。

（2）看完这幅画之后，你明白了什么？

（3）除此之外，还有什么别的解决方法？

这种方法在强调个别化学习、开发学生智力、培养学生独立思考能力和创新性思维等方面，能够发挥很大的作用。

第二种情况是概括和提炼学生的发言内容，然后写板书。有时，学生的发言不能准确抓住要点或者说出了很长的答案，如果教师不做总结和概括，就无法写板书。例如，在学生回答下列问题时，要求教师总结和概括学生的发言内容。

（1）你为什么这样想？请说出你的理由。

（2）主人公此时是什么心情？

（3）对于这个意见，你是怎么想的？

此外，教师在教学过程中，还应该注意在讲解或说明学习内容之后，稍作停顿，留给学生一段思考的时间，再写板书；在学生发言、讨论和活动时，不应写板书；教师不应该一边讲授教学内容，一边写板书，这样会分散学生的注意力，使学生不知所措，不明白应该听，还是应该看或记，产生干扰。

3. 教师应注意板书的量和字体的大小

在日常教学中，教师常常会遇到这样的问题：一节课写多少字比较合适呢？在不同的年级，写多大的字为好呢？这些问题对于新任教师来说尤为突出。从客观上看，有些教学因素制约和影响着教师板书的数量，教师需要根据这些因素，决定板书的数量。这些因素包括学科内容、学生的特点、上课的时间、书写板书的时间、黑板的大小，教室的大小等。

有的教师是根据当时的情绪来决定在黑板上写多少字，高兴了就多写几个字，多画几个图。还有的教师受到字迹是否美观以及写粉笔字的熟练程度的影响，板书的数量也存在差异。这些情况显然都无助于提高教学水平。一般而言，教学板书的多少以学生能充分理解教学内容为主要标准。而板书的大小则以学生从教室的任何位置都能够看清楚并能够理解黑板上的教学内容为最基本的要求。根据教育技术的实验研究，与小学一至六年级适应的字体大小的一般标准可用下表表示。

单位：厘米

一年级	二年级	三年级	四年级	五年级	六年级
18～20	16～18	14～16	12～14	10～12	5～8

第二节　多媒体教学策略

近年来，随着计算机技术的飞速发展以及计算机的大量普及，多媒体技术教学迅速兴起，并逐渐进入课堂，它以图文并茂、声像俱佳、动静皆宜的表现形式，以跨越时空的非凡表现力，大大增强了人们对抽象事物与过程的理解与感受，从而将课堂教学引入全新的境界。

一、选择多媒体教学的依据

（一）依据教学目的

每项学习任务、每次上课都有一定的教学目标，为了达到不同的教学目标常需使用不同的媒体去传递教学信息。以外语教学为例，让学生知道各种语法规则与使学生能就某个题材进行绘画是两种不同的教学目标。前者往往采用教师讲解，辅之以板书或投影，使学生在井井有条的内容安排中形成清晰的语法规则；后者往往采用角色扮演，并辅之以幻灯或录像资料，使学生在情景交融的沟通条件中掌握正确的语言技能。

（二）依据教学内容

各门学科的性质不同，适应的教学媒体会有所区别；同一学科内各章节内容不同，对教学媒体也有不同要求。如在语文学科中讲读那些带有文艺性的记叙文，最好通过提供某些情景的媒体，使学生有身临其境的感觉，以唤起他们对课文中的人物、景象和情节的想象，使之加深理解和体会。

（三）根据教学对象

不同年龄阶段的学生对事物的接受能力不一样，选用教学媒体必须顾及他们的年龄特征。比如，小学生的认知特点是直观形象的思维占优，注意力不容易持久保持，对他们可较多地使用幻灯和录像，幻灯片要生动形象、重点突出、色彩鲜艳，能活动的地方力求活动。随着年级的提高，学生的概括和抽象能力发展了，感知的经验也逐渐丰富起来，注意力集中的时间延长，为他们选择的教学媒体就可以广泛一些，传递的内容则增多了分析、综合、抽象、概括，同一种媒体连续使用的时间也可长些。

（四）依据教学条件

教学中能否使用某种媒体，还要看当时当地的具体条件，其中包括资源状况、经济能力、师生技能、使用环境和管理水平等因素。录像教学具有视听结合、文理皆适的特点，但符合特定课题需要的教学片不一定随手可得。语言实验室是一种极其有效的外语教学媒体，但并非每个学校都能具备或每堂课都能用上，往往只能因陋就简地采用录音机代替。使用计算机辅助教学前景看好，但除了需要资金购买计算机，还得编制软件，培训教师。若教室不具备遮光设施，可能连“价廉物美”的投影、幻灯都不能使用。

二、多媒体教学的原则

1. 辅助性原则

多媒体教学技术作为一种新型教学手段，尽管具有诸多优点，深受人们喜爱，但其在教学过程中的作用和地位始终都是辅助性的。传统教学模式尽管存在着诸多不足，但其在教学过程中的基础性地位和作用应当说是不容动摇和毋庸置疑的。这是因为，传统教学基本上都是以教师为中心的，非常有利于教师主导作用的发挥，有利于教师组织、监控整个教学活动进程，也有利于师生之间的情感交流，因而有利于系统科学知识的传授，并能充分考虑情感因素在学习过程中的重要作用，此外更重要的地方还在于传统教学较之多媒体教学更符合我国教育实力相对薄弱的实际情况。多媒体教学手段较之传统教学手段具有较高的条件要求，可见多媒体辅助教学的从属和辅助地位，是由其内在特性以及我国教育发展的客观情况共同决定的。

2. 针对性原则

多媒体辅助教学作为一种新型的教学手段，应服务于一定的教学内容，并围绕一定的教学目的施行。目的决定手段，内容决定形式。因此，必须根据教学内容来决定要不要使用计算机来辅助教学、多媒体辅助教学技术要用在什么地方和达到什么目的。只有这样，多媒体辅助教学才能做到有的放矢，才能做到与教学内容、教学目的保持一致。要达到针对性的要求，进行多媒体课件设计时就必须既考虑到教学内容优化，又要精心选择多媒体的表现形式，使之合乎学生的认知规律。只有这样，才能做到充实的内容与完善形式的有机结合，才能真正达到传授知识、调动学生积极性、改善教学环境的目的。

增强多媒体教学的针对性，一定要具体问题具体分析。一些简单的教学内容，学生容易接受，可以不使用课件；一些使用实物、挂图、模型可以讲解清楚的内容，应尽量使用实物、挂图、模型。只有对那些复杂抽象，而使用录像、电影又不能调动其运动的前后顺序或控制其变化速度、更改显示画面的教学内容，才能利用多媒体辅助教学以交互式功能形象直观、生动地展现给学生，才能使学生在积累大量的感性材料的基础上逐渐形成正确的表象，取得较好的教学效果。

3. 适度性原则

多媒体辅助手段确实有效弥补了传统教学模式的许多不足，但这决不意味着多媒体的教学手段是当前唯一适用的教学手段，更不能不顾一切地强制将其到处推广。揠苗助长、滥用多媒体技术的做法，只能是适得其反。教学过程中运用多媒体教学手段遵循适度原则，就是要做到在多媒体课件设计上，既考虑教学内容优化设计，又使其表现形式符合学生的认知规律。只有这样才能真正达到传授知识、调动学生积极性、改善教学环境的目的。

4. 交互性原则

多媒体辅助教学与传统模式的教学是现代教育的两种重要手段，两者如车之两轮、鸟之两翼，是相辅相成的，目的都是为了提高课堂教学效率。多媒体教学手段的运用不但不应否定和排斥传统教学手段，相反应当而且必须与后者有机结合起来，做到优势互补。传统的教学模式以“口传耳授”方式为主，它的优点是可根据学生的不同层次，因材施教，可多次重复，方便记笔记，容易复习，并可发挥教师的主观能动性。特别是传统的教学模式中，教师的人格魅力和富有情趣的讲解，以及通过师生之间情绪相互感染，调动学生积极参与教学，这是任何电子媒体所不能替代的。而利用多媒体课件上课，教学信息量大，可最大限度地挖掘学生的潜力，有利于学生个性的发展，发挥课堂教学的时效性，体现以学生为主体、教师为主导的教学模式。因此，在进行多媒体辅助教学时，一定要充分认识到多媒体教学与传统教学手段各自不同的特点，正确处理好多媒体和粉笔、黑板、普通教具、语言表达等传统教学手段之间的关系。

三、当前多媒体教学的误区及应用原则

（一）当前多媒体教学常见的误区总结如下。

误区一，软硬件条件不成熟，很难实行多媒体教学。

误区二，公开课大搞多媒体教学，日常课堂教学却难觅影踪。

误区三，过分夸大多媒体的作用而忽略其他媒体的作用。

误区四，流水课，缺乏交互。

误区五，追求课件的“外在美”，忽视课件的“内在美”。

误区六，重视教师的“教”法，忽略了学生的“学”法。

教学媒体是直接加入教学活动，在教学过程中传输信息的手段。它沟通教与学两个方面，其性能对教学的效果和效率影响甚大。教学媒体的选择和实施要考虑到学习任务的因素、学生特点的因素、教学管理的因素以及经济效益的因素。如同教学方法一样，教学中可用的媒体非常多，每一种媒体都有各自的优点和不足之处，要根据情况合理选择和使用。

（二）多媒体教学应用原则

一个优秀的多媒体课件应能体现先进的教学思想和教学理论，要为学习者提供丰富的学习资源、清晰的认知导航路径、能适应学习者特征的学习策略以及有效的自测反馈手段。课件利用多媒体技术，将抽象的概念、变换过程直观地展示在学生眼前，为学生提供操作示范，便于学生动手操作，在实践中感知、发现、创造，培养学生思维能力和口头表达能力。

1. 遵循教学规律和教学原则

作为课堂上呈现知识的信息工具———多媒体教学课件，要达到帮助学生完成对新知识意义的建构目的，遵循相应的教学规律和教学原则是重要条件。如应遵循启发性原则、直观性原则、循序渐进原则、统一要求与因材施教相结合原则，以及教学实践中形成的教学原则等。

2. 课件要有明确的目标

课件要达到的目标是什么，即要解决教学中的什么问题。在设计课件时必须正确地估计学生在学习过程中可能会出现的问题和困难，并使计算机随时为学生提供解决问题或困难的线索，对于无法估计到的问题和困难，应给予正确的答案。

3. 注重重点、难点的突破

充分利用多媒体直观、可操作、变化等特性活化学习内容，变抽象为具体，化难为易、化繁为简，帮助学生轻松扫除学习障碍，从而增强学生的学习信心，激活学生的思维，促进学生对课文内容的理解，突破教学过程中的重点、难点。

4. 课件设计要注重思维的训练和整体效果

制作课件要注重学生思维能力的培养，不宜过分强调形象性和直观性而忽视思维的训练。画面要清晰、简洁，内容的条理性强，应由浅入深地安排各单元的顺序，并注意各单元的相对独立性；交互要灵活，应能方便地出入，并可方便控制各单元内容的详略程度。

5. 注意学生的年龄特征

针对不同年龄学习者的特征，在多媒体课件设计中应采取适当的教学策略和方法，以取得好的教学效果。如低年级课件内容不宜太多，例题讲解要详细，课堂练习应紧扣例题，让学生先从模仿例题入手，操作与交互不宜太复杂，课件尽可能直观、具体，如视频、图像、动画，吸引学生注意力。高年级的课件界面不宜过分花哨，课件容纳的知识面要广，知识量要大，交互要比较灵活。

6. 课件制作要选择合适的平台

要制作高水平的课件必须要有相应的软件平台，每个软件各有所长，如：Powerpoint 全中文界面，简单易学，但交互性不强；Authorware 交互性强但是英文界面；Flash 擅长动画等等。总之，应根据学科特点以及教学内容选择相应的软件平台来实现教学目的。

7. 选择相应的教学模式

教师在设计课件、制作课件时，应根据课程的教学目的和教学内容选择相应的教学模式。课件模式是计算机课件在完成知识传递的过程中的表达方式。根据学科性质的不同、教学目标的不同、学生年龄特征的不同以及学生知识水平的差异，在实际课件开发中，选择一种或多种模式。但必须明确，再先进的现代化信息技术，也仅仅只是教学的手段而已，运用它本身并不是目的，否则，就会把课堂变成各种现代化教学手段的展示。

四、多媒体表达策略

多媒体表达策略是指在教学过程中怎样通过教学媒体，采用什么方式，将教学信息传递给教学对象。视听表达是最基本的形式，视听元素的组合，最终要满足教学目标的要求。教育教学过程是传播经验信息的过程，是传者借助一定渠道向受者传递信息，引起学习者思想行为发生变化的过程。任何经验模式中，受者总是处于极为重要的地位。因此研究学习者的心理特征，把握心理策略的设计，使传播更符合学习者的心理特征，才能使传播更有效。教学表达策略包括视听表达策略、视听素材租界策略、人机交互界面策略方面的设计。以下从四个方面阐述视听表达策略的设计方法。

从接受信息的角度看，在人的视觉、听觉和嗅觉中，视觉是最重要的信息通道，在人们学习过程中所起的作用最大。根据心理学实验，人们获得外界事物的信息约 83% 是通过眼睛输入，其次是听觉作用。实践证明，通过听觉的信息量约占整个感觉系统信息量的 11% ，仅次于视觉接受量。研究还表明，人们在学习中使用听觉媒体的注意力集中比率为 54% ，也仅次于视觉媒体的 83% 。由此看来，看过的东西比听过的更让人信服，且记得牢靠。但是许多知识信息难以用视觉元素体现，加之视觉元素的具体性、直观性，不善于进行综合概括和抽象论证，显得缺乏逻辑的力量，而这正是听觉元素特别是解说的特长。如果将视觉元素与听觉元素有机组合，而非机械地相加，则能把视觉元素的具体性和听觉元素的抽象性有机结合，两者相互补充，相互配合，再现或创造出清晰鲜明、富有感染力、更具吸引力的视听形象。因此，掌握视听的心理特征并运用这些规律指导多媒体 CAI 的设计，就能充分发挥多媒体 CAI 的作用，达到最佳的学习效果。

（一）精心构图，合理运用色彩，突出变化和新异

为了更好地吸引学习者的注意，引导学习者的思维，在设计画面时，应把最重要的信息内容放在屏幕左上方区域，但这并不意味着将所有的内容放在左上角。在画面其他部分的重点内容，可通过色彩搭配、明暗变化或其他提示手段，把学习者的注意力引向该处。画面只表现与主题有关的内容，删去无关背景信息及可有可无的材料，画面构图力求做到主体突出，内容简洁，视觉明确，观察重点集中，且画面整体协调。画面与声音的不同步、不协调及相互影响，都会干扰先行者注意的指向，从而影响教学效果。

对于色彩的设计，可以根据表现的需要和教学对象的色彩心理特点，选择色彩和处理色彩的对比与协调。不同学科、同一学科的不同内容对色彩的要求不尽相同，应根据内容的表现需要选择和搭配。如用红色或橙色，可以强调某些重要信息，获得学习者的注意；在自然科学的教学内容中，对衬托物体规范的几何形状、基本构造或空间位置的色彩效果，要求轮廓清晰，对比鲜明，反差大。最常用的字符与其背景的可读性依次是：黄底黑字，白底绿、红、蓝字，蓝底白字，白底黑字，黑底黄字。

还要注意声画的变化和新异。通过加强语气，改变语调，配乐高低强弱的改变等，让学习者从无关刺激中识别有关刺激，抓住重点，逐渐有步骤地学习。在一组静止画面中，如果加入变化或运动的画面，如开窗、闪烁或游动的线条，对教学重点、难点加以强调，能使学习者加深印象，强化记忆。

（二）视听形象的简化

由于表现内容复杂抽象，易使视听形象不够突出，加上学习者年龄阶段的特点，知识结构和心理特征等方面的因素，必须进行视听形象的简化设计。视听语言表达得越简洁，意义就越具体，就越能减少信息传播中的损失。所谓简化设计，就是根据多媒体 CAI 教育性、科学性、艺术性、技术性统一的原则，对视听元素进行必要的组织和构制，使再现的视听形象变得简单、概括、集中。也就是说把丰富的内容和多样化的形式统一组织在一个简化的视听形象中。这种简化，既没有掩盖所表现的本质，也没有贫乏和孤立的倾向，相反它包罗了所表现对象的复杂性和完整性。如在有解说或文字出现时，视觉画面主要用来强调其重点，切忌将过量视觉元素挤入同一画面。图像画面上语言的引导，能唤起学习者大脑皮层两个信号系统的协同活动，促进其知觉、理解。语言和画面的配合可采用语言在前揭示引导，语言和画面同时说明解释，语言在后概括总结等形式，但无论是画面、解说、音响、配乐都要做到内容简练，言简意赅。

（三）合理运用图像、动画

设计画面时，运用适度的抽象视觉符号比运用真实具体的视觉符号效果更好。合理的选择使用线条及由此组成的图形，有助于学习者理解和接受教学内容。如箭头、结构框图、流程图、直方图、扇面形、圆等分图等。而有些教学内容，单纯用图形不易表示清楚或无法表示，如抽象的概念、天体的运转、植物的生长状态、物理化学现象的变化过程等，运用动画则可克服这一局限性，从而变枯燥的文字说明于生动形象的画面，简明易懂，引人入胜，进而提高学习效果，加深记忆。但动画的运用需要适度、合理，不能一味追求动画，甚至为动画而动画，而不论其合理与否。那样，非但不能提高学习效果，反而会将学习者的注意引入歧途，分散对教学信息获取的注意，进入视听表达的误区。

（四）节奏把握准确，表达手法多样

对深奥费解的内容，学习者往往读解困难，如云里雾里般晕头转向，常予以回避，使学习兴趣受到挫伤。反之，太简单的内容，平淡无味，学习者往往不屑一顾，太容易或太明显的画面，也不易唤起学习者的注意，所以表现手法应多样。

比喻。这是教学设计中最常用最有效的一种表达策略。比喻不仅可以用语言去描绘，更重要的是要借助直观形象的视听表现手法，使比喻变得更加生动形象。

暗示。根据多媒体表现语言的特性，在表达教学信息的同时，通过视听表现技巧，用含蓄的手法作某种提示或暗示，引导学习者掌握不易发现或容易被忽视的信息，运用已有的知识来感知新知识，可收到事半功倍的效果。

适时的重复和反馈。在多媒体 CAI 的课件中，安排复习是非常关键的。在一些 CAI 中，学习者好像迅速掌握了技能，但忘得也快，这就是课件表达设计不周所致。适时的重复，可增强记忆，减少遗忘。如采用分段复习、段落小结等方法。重复可以用简单的文字或解说一带而过，也可精选典型画面来表示。反馈是教学中最常用的形式。设置反馈的目的是促进并强化学习者的积极性，通过反馈，学习者能及时了解自己的学习情况，坚定学习信心。在反馈的内容和方式确定后，应精心设计反馈的视听表达形式。如对练习中回答正确与否的处理，当学习者回答某个问题后，用“正确”或“错误，请继续回答”的文字提示，或音响、音乐来反映回答的结果，避免使用幽默、调侃、标新立异的语言，当连续几次回答都错误时，应给出详细指导或参考答案。

9

教学监控策略

第一节　教学监控策略的理论基础

教师的教学监控策略是指教师为了保证教学的成功、达到预期的教学目标，而在教学的全过程中，将教学活动本身作为意识的对象，不断地对其进行积极、主动的计划、检查、评价、反馈、控制和调节的策略。任何概念的提出都有其深刻的理论渊源和实践基础，教学监控策略也同样如此。

一、教学监控策略的哲学基础

（一）后现代主义

教学监控策略理论产生的哲学大背景是后现代主义。后现代主义是一个庞大的思想流派。从哲学角度看，分析哲学、新解释学、解构哲学、法兰克福学派（第二代）的批判理论和女权主义代表了后现代主义哲学。

后现代主义是对现代性进行批判与反思的一种思维方式和理论，反对任何假定的“前提”“基础”“中心”“视角”，是一种“无限”的思维方式。福科（Foucault）曾指出：“对知识的热情，如果仅仅导致某种程度的学识的增长，而不是以这样那样的方式或在可能的程度上使求知者偏离他的自我，那么它到底有什么价值可言？在人的一生中，如果要不断观察与思考，有时候关于了解自己能否采取与自己思维不同的思维方法去思考，能否看到与自己所见不同的事物这样的问题便会变得绝对必要。”

在这样的文化背景之下，学习成为一种开放式的探究过程，“理解”“探究”“交往”“合作”成为学习过程中的核心概念。这里举“理解”为例。在反思性教学理论的哲学基础中，理解是一个对话行动，一个指涉他者的精神交往行为。理解的向度不仅限于历史，即古今之人的对话，而且还有在世的多极主体间的对话，理解的一般结构因此具有时—空网系结构。当然，在理解的背后，存在的是理解主体与本文作者历史的和空间的交往实践关系（伽达默尔，Gadamer）。理解的目标绝不是与历史传统的本文的视界融合，而是在交往中使多极主体达到意义认同和共识（哈贝马斯，Habermas）。因此，教师之间、学生之间以及师生之间的合作（共同学习）就显得十分重要。

可以发现，在20世纪80年代以来的有效性教学研究以及相关著述中，已经频繁地出现了“合作”“问题探究”之类的术语，形成了合作学习策略、问题探究策略等教学策略。

（二）教师发展观

在有效性教学中，教师是“教人者”，以常规教学行为将教学计划中所规定的内容教给学生，同时做好学生的人格榜样。虽然也不时有对教育教学经历的回顾或回想，但多不规范，缺乏理性的观照。因此，日久天长所获得的至多只是经验的简单积累，难以在质上得到大的提升。

在反思性教学中，在批判理论、探究文化、行动研究等的影响之下，教师已不仅仅是“教人者”，也应该是“学习者”，更是“自我教育者”和“研究者”。从“教人者”的角度来说，教师身兼“经师”与“人师”的双重角色；就“学习者”的角度而言，教师需要不断学习；就“自我教育者”与“研究者”的角度而言，教师不能只是被动因环境的需要或法令的规定才去进修研习，每一个教师终究必须自我引导自己的专业发展。简言之，教师专业发展是“自我引导的”（Self-directed）。

布莱克曼（Blackman）曾简要地对教师的专业发展下过一个定义：不论时代如何演变，不论是自发的或是受赞助的，教师始终都是持续的“学习者”，此种学习就是“专业发展”。贝克（Burke）也说：学者的特权以及帮助他人学习的特权，乃是教师工作中最令人感到兴奋与刺激的部分[①]。这两位学者强调的就是“教师即学习者”这个观念。毕竟教师的工作意志围绕着“学习”这个概念，包括学生的学习以及教师本身的学习，因此，一个教师首先必须是一个有效的学习者。如果教师本身不了解学习的意义与目的，或是缺乏学习的要领与方法，又如何能指导学生学习呢？更不用谈自己的专业成长与学习了。

比“教师即学习者”这个观念更有积极意义的是“教师即研究者”（teacher-as-researcher）。近年来这个名词已经在欧美教育界普遍流传，成为新流行的“口号”。这个观念来自“实践者即研究者”（practioner-as-researcher），并不断得到许多学者的强调，成为反思性教学的基础之一。其基本假设是，教师有能力对自己的教学行动加以省思、研究、改进，教师有能力针对自己的实践情境加以批判改进，或是提出贴切的改进建议。由教师来研究改进自己的专业实践以及实践情境是最直接、最适切的方式。外来的研究者对实践情境的了解往往非常肤浅，因此提出来的研究建议往往无法切入问题的关键，有时甚至无关痛痒、不着边际，不易得到教师的认同与采纳。这个观念特别强调的是，教师不只是

① 饶见维．教师专业发展——理论与实践．台北：五南图书出版公司，1997.

别人研究成果的消费者，更应是研究者。传统的“在职进修、研习、在职教育、在职训练”等观念所强调的只是“教师即学习者”，也就是说，教师必须不断从别人（通常即所谓“专家”）那里学习新的专业知能。

把“教师即学习者”和“教师即研究者”两个观念加以结合才能完整地描述“教师专业发展”的意义和内涵，把教师视为可以次序成长的个体，也因此打开了各种足以促进教师专业发展的活动，包括自我学习、教师间彼此互相扶持成长、参加进修研习、听演讲、观摩、专题研究、互相讨论、教材开发、课程开发、教学发展、教学研究等。总之，教师专业发展的终极理想是通过相关制度与资源的调整，激发出教师的自我控制、自我导引与自我成长，并且通过某种互动形态使教师们彼此互相激发各方面的专业发展。

由此看来，教师要提高其教学行为的有效性，必须不断对其教学行为进行研究、反思，从这个意义上来说，反思性教学对效能型教师的出现起到了极大的促进作用，不仅为其提供了发展的动力系统，还以教师自身的研究规范、调整、深化其有效性教学行为。

二、教学监控策略的心理学基础

监控策略的心理学理论有许多，如言语的自我指导理论、社会认知理论特别是元认知理论的发展对教学监控策略的形成起到关键的作用。

（一）言语的自我指导理论

言语的自我指导理论认为，在个体行为的自我调节和控制过程中，自我言语扮演着一种行为先行者的角色，它通过提供各种辨别性行为指导线索和条件性强化物来激发、推动、调节和维持行为的发生和发展。个体的这种言语指导能力是通过内化逐渐形成和发展起来的。在儿童早期，个体是根据外界他人的声音刺激（第一信号系统）来行动的，在其反复的过程中，个体慢慢获得了言语能力（第二信号系统）。当儿童开始使用成人的言语（哪怕只是一个词，如“走”）来指导自己的行为时，他的言语自我监控能力就产生了。不过这只是最初的言语自我监控。只有到内部言语出现后，个体才真正具有个人的内在言语自我监控能力，这时个体就能通过内部言语对其行为进行控制和调节。当然，这种言语监控水平的发展和深化，还有待于个体对外界言语反应的不断内化，其中外界环境中的言语指导起着不可缺少的作用，正是这些社会交往的言语指导和反应构成了社会化的内容。

（二）社会认知理论

社会认知理论从行为、环境和个人内在因素三者的交互作用来解释个体行为的产生。认为个体的行为既不是主要由其内部的本能、需要、驱力等决定的，也不是由外界环境因素来决定的，而是受这两者的交互作用——主体的社会认知因素影响和制约的。这种影响决定个体行为的社会认知因素主要有两类，即结果预期和效能预期。所谓结果预期是指人关于自己能否得到自己所期望的某种结果的主观推测和判断；而效能预期则是指个体关于自己是否有能力完成某一行为的主观判断或推测。从理论上分析，任何教师的教学行为实际上受其对教学活动的结果预期和效能预期的双重制约和调节。

自20世纪70年代以来，由于认知心理学思潮的巨大影响，许多心理学纷纷从认知的角度来研究和探讨教师的教学过程，认为教师的教学活动从本质上说就是一种认知活动，每一位教师都有自己特定的关于教学的观念和规则，都存在对教学活动和学生发展的“内隐理论”，形成了自己独特的关于如何有效地实现教学目标的教学程式。总而言之，每位教师都是教学活动的“理论家”，都有对教学过程本身的独特认识，正是这种独特的认识，决定了他们的课堂行为和对其行为进行什么样的自我调节。

（三）元认知研究

元认知的重要心理因素是自我意识。自我意识是关于主体自我的意识，包括主体对自己的心理、机体状态、外部行为以及人我关系、物我关系的意识，是一个由自我评价、自我体验和自我控制组成的系统。自我评价是个体对自己思想、愿望、行为和个性特点的判断和评价；自我体验是个体对自己行为的产生、过程和结果的一种感受；自我控制是个体对自身的心理与行为的主动掌握。

众所周知，元认知可分解为三种成分，即元认知知识、元认知体验和元认知调控。

1. 元认知知识

元认知知识是指有关认知的知识。包括认知的主体方面的知识（知人）、认知的任务方面的知识（知事）、认知的策略方面的知识（知术）。

有关认知的主体方面的知识包括认识自己，了解别人。认识自己的知识有：认识自己的认知水平，如能力水平、智力水平、知识基础、认知方式等；认识自己的个性特征；认识自己认知与个性发展的优势与不足。

有关认知任务的知识也即对认知对象的认识，包括对任务性质的难度的判断。如果个体能够正确认识认知对象，便有利于控制和调节自己的行为方式。

有关认知策略的知识包括随机应变，采取适当方法处理问题的知识。认知心理学家加涅认为，认知策略是学习者用以支配自己的心智加工过程的内部组织起来的技能，是学习者应付环境过程中控制自己“内部的”能力。具体的知识包括：进行认知有哪些可供选择的策略；各种认知策略的优点和不足之处；各种认知策略应用的条件、背景；根据不同的认知活动和认知任务，选择什么样的策略最有效。

2. 元认知体验

元认知体验是指伴随认知活动产生的情感体验，包括知和不知的体验。情感体验既可能发生在认知活动之前，也可能发生在认知活动之后。如预感成功后产生喜悦，从成功的经验获得心得，产生信心。

元认知体验一般发生在能够激发高度自觉思维的工作或学习之中，因为这种工作或学习要求事先有计划，事后有评价，并进行策略的选择，整个过程都伴随着情感体验。

3. 元认知监控

元认知监控是指人们能够积极自觉地对认知活动进行监视、控制和调节，包括选择、评价与修正认知策略。一般涉及四个环节：一为制订计划；二为实际控制；三为检查结果；四为采取补救措施。

元认知的三大组成部分是密切联系、相互依存、相互制约的。元认知知识、元认知体验和元认知监控有机结合，构成了一个统一的整体。

元认知研究对教学监控策略有重要的启示，研究发现，教师的自我概念对其教学行为和教学效果有明显的因果性影响，有学者借此提出“教师教学监控能力”这一概念（教师教学监控能力是指教师为保证教学的成功、达到预期的教学目标，而在教学的全过程中，将教学活动本身作为意识的对象，不断地对其进行积极、主动的计划、检查、评价、反馈、控制和调节的能力），并认为教师的自我监控能力是其才华的顶点①。

研究者们认为，元认知有两个方面的功能：第一个功能是认知，认识到自己具有什么知识、经验，掌握了哪些认知的策略，这些认知策略在什么样的学习情境中运用等；第二个功能是监控，在自我认识的基础上，借助自己知识的某些部分，调用自己掌握的教学策略，去处理某种

① 林崇德．教育的智慧——写给中小学教师［M］．北京：开明出版社，1999：45－47.

特定的学习、记忆、思维或问题解决的工作，从而提高工作的效率。简单地说，“自我监控是学习者对学习对象进行监视反馈和调节控制策略的总称。它侧重个体学习策略的优化，对提高课堂教学质量有现实意义。自我监控技能可由教师在教学过程中通过‘认知示范’‘程序化’等方法训练学生”。[①] 因此，研究者们认为教学不仅仅是内容知识的传授和基本技能的训练，更应强调学生认知策略的培养，将其纳入教学计划之中，学习即是学习者认知策略形成的过程。

第二节　教学监控策略的结构与特征

一、教学监控策略的结构

教学监控策略的复杂性决定了其构成要素的复杂性。根据已有的研究[②]，至少可以从教学监控策略的对象性质、作用范围、发生过程，以及表现形式四个方面来考察教师教学监控策略的构成。

根据教学监控的对象，我们可以把教学监控策略分成自我指向型和任务指向型两类。自我指向型的教学监控策略是指教师根据自己的教学观念、教学兴趣、动机水平、情绪状态等心理操作因素进行调控的策略。任务指向型的教学监控策略是指教师对教学目标、教学任务、教学材料、教学方法等任务操作因素进行调控的策略。这两种策略并非截然分开，而是相互影响的。

根据其作用范围，教学监控策略可以分为特殊型和一般型两类。前者是指教师对自己作为经验者这种特定角色的一般性的知觉、体验和调控能力，它是建立在教师所具备的有关教学的必要知识、技能和方法的基础上的，是一种超越具体教学活动的、具有广泛概括性的整体性的知

① 顾援．进行自我监控训练，深化课堂教学改革［J］．中国教育学刊，1999（2）．

② 申继亮，辛涛．教师素质论纲［M］．北京：华艺出版社，1999：217－220．

觉、体验和调节能力。特殊型的教学监控策略是指教师对自己教学过程中的各具体环节进行反馈和调控的策略，它决定教师在具体教学活动中的具体的自我调节和控制的行为。

从发生过程的角度看，教学监控策略可分成三个相互联系的部分：自我检查的策略、自我校正的策略和自我强化的策略。所谓自我检查是指教师对自己的教学活动进行有意识的、自觉的检查、审视和评价的过程，它是教师对自己教学活动的一种敏感反应，是教师对自己的教学活动进行有意识监控的开始阶段；自我校正是教师在自我检查的基础上，对自己的教学活动中存在的问题所进行的主动的改进、纠正和调节的过程，它是教师教学监控策略的外在体现；自我强化是自我校正过程的延续，在这个过程中，教师主动地寻找自我强化的方式和手段，以期巩固自己已经出现的好的教学行为，防止原有问题的重新出现，这是教师教学监控过程中一个过程的结束。教学监控过程是一个螺旋式发展的过程，在这种发展过程中，教师的教学监控能力得到不断的提高，教学效果会越来越好。

从表现形式来看，教学监控策略可以分成如下几个方面的策略：（1）准备阶段，即在课堂教学之前，明确所教课程的内容、学生的兴趣和需要、学生的发展水平、教学目标、教学任务以及教学方法与手段，并预测教学中可能出现的问题与教学效果；（2）课堂的组织与管理，即在课堂上密切注视学生的反应，努力调动学生的学习积极性，随时准备有效地应付课堂上的偶发事件；（3）教学内容的展开阶段，这个过程是教师课堂教学的一个核心，在这一过程中，教师应对自己的教学进程、教学方法、学生的参与和反应等方面随时保持有意识的监控，并能根据这些反馈信息及时调整自己的教学活动；（4）课后的反思与评价阶段，在一堂课或一个阶段的课上完后，教师应对自己已经上过的课的情况进行回顾和评价，仔细分析自己的课在哪些方面获得成功，在哪些方面还有待改进，分析自己的教学是否适合于学生的实际水平，是否能有效地促进学生的发展等。

二、教学监控策略的特征

（一）主体性

教学监控策略是教师自主管理和调节自己教学活动的策略，而不是在外界压力和要求下被动进行反馈和调节的过程。这可以说是教师教学监控策略最重要的特征。在教学活动过程中，任何监控策略的使用都是建立在教师自愿和自主的基础之上的，如果教师没有主体意识，他也许就不会注意自己的教学活动是否有效以及教学效果的好坏。当然也就不会对教学活动进行认真计划、对教学活动进行监察、对教学效果进行评价、对教学活动进行调控了。

（二）反思性

教学监控策略的使用要求教师不断地去获取教学活动系统各要素变化情况的有关信息，时时反思和检查教学活动的效果，并及时调节教学活动的各个方面和环节。这种反思性是建立在贯穿整个教学过程始终的评价和反馈的基础上的。

（三）调节和校正性

教学监控策略的根本目的就是，使教师能够有意识地、自觉地对自己的教学活动进行调节和修正，使之达到最佳效果，最大限度地促进学生的发展。研究发现，教学水平高的教师，其对教学监控策略的掌握程度也高，即他们具有较多的关于教育、教学、教学方法等方面的知识，善于计划、评价、调节自己的教学过程，灵活地运用各种教学策略，以达到既定目标。教学水平低的教师正好相反，他们的学科知识与高水平教师没有明显差别，但是他们关于教学和教学策略方面的知识比较贫乏，不善于根据教材和教学目标以及学生的特点和当时的具体情况，灵活地采用适当的教学方法或补救措施，对自己的教学过程进行调节和校正。

（四）普遍性

虽然教学活动千差万别，但如果一个教师掌握了一些教学监控策略，那他就能对千差万别的教学活动进行有效的监控。尽管学科内容、学生背景等都不尽相同，但教师在不同教学情境下所进行的监控从本质上说是相同的，因此，教学监控能力具有广泛的迁移性，它可以应用于不同的教学情境中，应用在不同科目的教学过程。

三、教师教学监控策略的形成过程

教师教学监控策略并不是天生的，它是在长期的教学活动中逐渐形成和发展起来的，具体而言，教师教学监控策略形成过程呈现如下特征。

（一）从不自觉到自觉再到自动化

教师教学监控策略的形成过程经历了一个从不自觉到自觉再到自动化的过程。一开始，尤其是新教师的监控行为是不熟练的，并且，尽管他们要求自己要主动监控自己的教学活动，但他们注意分配的能力有限，不能在讲课的同时又对自己的教学活动进行有意识的调节和控制，因此在教学进程中往往不能自主地监控自己的行为和学生的反应，表现出很大的不随意性。随着教学经验的积累和有意识地自我培养，他们开始可以主动地进行监控活动了，能够注意到自己教学的进程，能根据学生的反应调整教学的进度。这可以说在教学监控策略的形成上逐步进入了自觉的阶段。但这时教师的教学监控行为还不是以最有效、最经济的方式出现的，往往还伴随着多余的或错误的反应。当然，随着教师自身的努力和外界专家的指导，教师的教学监控策略最终会达到自动化的程度。这时，在教学过程中，教师几乎不需要再作意志的努力，就能随机应变地进行自我反馈和调控；同时，整个教学调控过程极为简捷，没有或极少有多余的步骤和环节，教师能对自己的教学状况和学生的反应迅速做出评价和反馈，并能迅速有效地采取措施进行干预。总之，教师教学监控策略的形成经历了“不自觉—自觉—自动化”的变化过程。

（二）从他控到自控

所谓他控，是指教学活动为外界所左右，而自控是指教学活动由自己自主地调节管理。教师教学监控策略未形成之前，教师的教学活动通常是受制于外界环境的，在大多数情况下，他们只能依据“书本上怎么写、专家怎么说、领导怎么要求、同事怎么做”被动地甚至是机械地进行教学，一旦脱离开书本，没有其他人的指导，就束手无策，不知道怎么办了。随着有关教学规律、学生状况、教材理解以及自身特点等方面知识的不断丰富，教学监控经验日益增多，教师教学监控策略便由少到多，由低级到高级发展起来了。这时，在教学活动中，书本和专家的指导地位降低了，教师的教学自我监控逐渐起到主导作用。

（三）敏感性逐渐增强

教学监控的敏感性是指教师根据教学情况和学生反应对自己的教学活动做出最佳调节和修正的灵敏程度。它一般包括对教学情境中各种线索变化的敏感性和对在不同情境下最适合的教学策略的激活与提取的敏感性两个方面。前者直接决定教师进行教学监控的信息反馈水平，后者则与教学监控策略中的调节水平相关。一般而言，教学监控策略尚未完全形成的教师往往在上述两方面的敏感性也比较差。因此，敏感性也是衡量教师教学监控策略是否形成的一个重要指标。

（四）迁移性逐渐提高

教学监控策略的迁移性是指教师教学监控的过程和方式可以从一种具体的教学情境迁移到与其相同或类似的其他教学情境中去。正如上一节所述，教学监控策略的迁移性特征也体现在，教师可以将以往的教学监控的经验有效地应用于目前所从事的教学工作中，而尚未完全形成教学监控策略的教师，他们也许并不缺乏教学监控的知识和经验，但在面对新的教学情境时却不能有效地借鉴和应用这些知识和经验。所以，迁移性的增强也是教师教学监控策略形成的重要标志。

第三节　教师教学监控策略的发展与提高

一、教师教学监控策略发展的一般方法

从国外对教学监控策略的研究情况看，至少有以下几种做法对教学监控策略的形成有所帮助。

（一）反思日记

用以澄清和扩展教师个人的想法和观点，通过不断从内部探究个人（教师或学生）发展的方式提供一种监督。以记叙的方式进行反思活动对教师来说是一种很好的准备方式。第一，它可以帮助他们分析自己的教学行为，有助于知与行的衔接。第二，把反思的结果记下来可以提高自我意识和自我评价能力，包括长期的态度和信念。第三，这种记叙形式还为教师和研究者了解新教师面对现实教学情境时的想法提供了丰富的资料。

具体来说，新教师应该在每次会议、观察和教研室讨论之后，以书面的形式记下教学体会。每周写一到三次日记，然后进行一对一的交流。到了期中的时候，教师在继续写反思日记之前，可以重读一些有价值的内容，检验一些曾运用过的显在的模式。

（二）同辈观察

同辈观察使得教师可以从不同的角度了解教学艺术、观察艺术，以

及创设安全和平等环境的艺术。教师每学期至少要观察三次同事的教学，并写下描述性的评述，以便过后与上课教师讨论，评述的内容包括观察的目的、教学目标、方法的使用、学生的参与以及与教师的关系。成功的观察后讨论对听课教师和授课教师反思能力与教育能力的发展都可以起到促进作用。

（三）反思会谈

这一方法强调合作情境的创设，新教师与合作教师相互理解，致力于共同进步，关注提高计划，目的是营造一个舒适的环境，使得新教师能够提出问题，明确自己的责任，并就具体教学行为进行对话。

具体来说，学校应综合考虑学校的日程安排和教师的责任感，选派有经验的优秀教师观察、评价新教师，并每周或者隔周与他们进行个别会谈。还可以在教学结束之后立刻与教师讨论，指导他们反思教学的各个环节。首先关注内心感受，其次是教学的具体环节，包括计划或准备、主要内容、关键观念、教学方法和课堂管理等。还可以问一些开放性的问题，以鼓励他反思自己的课堂决策和自己是如何影响学生的。最后，新教师以书面的形式对每节课或每次讨论进行反思。

（四）小组研讨

这种方法基于同事间的合作反思。小组研讨的周期较长，每学期三到四次，一般是同一教研室的教师参与。为了避免讨论集中于更适于在反思会谈中涉及的即时课堂要求，每次研讨会都要选定一个主题。如批判的反思，并写下日记；教师对如何进行有效性教学的理解；听取新教师的实践经验，这些经验是他们通过平时记下的反思日记总结而来的。

（五）学生进步档案

学生进步档案是用来表征学生发展状况的。教师给班上的每一个学生或选取几个典型学生建立进步档案，就其某一方面的发展状况定期做好记录，教师透过学生的表现反思自己的教学策略对他们是否有效，及时做出调整，或制定新的策略，通过这一过程实现教师和学生的共同提升。

二、学生学习中的自我监控发展策略

针对实习教师或新教师的教学监控策略发展到后来，开始逐渐地向学生的学习延伸，并影响到教学监控策略的运用，由此教学监控策略得到发展，教师还要在教学中肩负起教学生学会反思和监控的任务。

在教学过程中，自我监控、探究、合作是主要的核心概念，因此，在目前的教学策略中强调如下几点。

（一）发展学生自我监控能力

在传统的有效性教学中，教师是教学的主宰，是实现教学有效性的关键因素。随着人本主义心理学的兴起，学生的主体作用逐渐得以提升。而到了反思性教学中，合理性的反思与自我监控使得学生主体性的发挥进一步得到规范，其学习行为也更为合理。有效性教学在借鉴反思性教学的基础上，从营造情境、吸引学生参与等进一步发展到指导学生关注自身发展，加强自我监控。自我监控能力成为学生主体性发展的重要的内部构成要素之 ，是学生从他律逐步走向自律的标志，也是学生自我教育能力形成的标志①。

如何发展学生的自我监控能力？我国有学者提出，教师可以采用出声思维训练的方式。这种训练首先是在教学过程中，教师通过“自言自语”的方式描述自己自我监控时的思维过程，使得监控过程中不被直接观察的心理过程清楚地呈现在学生面前。这样，教师讲述的不仅是教学内容，而且是对学生的一种认知示范，让学生在不知不觉中了解、

① 姚文俊，武丰旭．发展学生主体性的经验策略研究［J］．中国教育学刊，1998（2）．

体会了自我监控的过程，避免盲目性。这样一段时间之后，教师可以让学生在进行某项活动时，将自己的监控过程用语言表述出来，如“这道题我错在哪儿”或“现在我应该进行哪一步”等。久而久之，学生就会自觉地、熟练地运用自我监控，实现监控过程的程序化。

另外，魏书生老师曾运用这样的方法来提高学生的自我意识，培养自学能力。即通过引导学生认识各种教学方法的利与弊，使学生不仅天天听、看教师在讲台前的讲授“表演”，而且也能了解到教师的“幕后”备课。这样不仅使学生明白传统的讲授法虽有利于系统的传授知识，但不利于发展学生的思维能力，而学生自学虽有利于提高各方面的能力，但教学效率不高，还使学生知道在教师运用某一教法的同时，自己应该采用什么样的学法与之相匹配，以提高学习效率。学生从中逐步领悟到，要提高自己的学习成绩，必须从自己的具体情况出发，与教师密切配合，进行具有个性的学习①。

（二）鼓励探究

探究是一种开放地、创造性地获取知识的方法。这种方法的优势是能够同时教给学生教学内容和调查的程序，探究过程可以向学生提供批判性学习的机会，并实践探究的技能，从而实现教育工作者们一直追求的发展学生高级思维技能的目标。

探究的基本程序以杜威的反思性思考模式为基础，包括发现和明确问题；提出假设；搜集资料；分析和解释资料，检验假设；得出结论。以此为基础，研究者们提出探究型的课通常包括四个部分。首先，向全班呈现问题。这些问题应该是能够刺激学生，激发他们兴趣的问题。其次，提出有关问题的可能结果的假设。这时不存在正确的答案，因此，学生可以自由提出独创性的假设，所有的假设都可接受，然后将这些假设都写在黑板上。再次，学生搜集资料，解决问题。在这一阶段，应该

① 刘茗．当代教学管理引论［M］．北京：教育科学出版社，1997：420.

是学生而不是教师来进行思考。最后，学生分析资料，将结果与早先提出的假设进行比较①。

解题的过程又是一个蕴涵创新的过程，从问题的提出、问题的确定，到探究过程、解决过程，都蕴涵着丰富的创新机会，教师应当帮助学生把握这些机会，促进其创新能力的提高。为此，在探究策略中，教师要注意以下几点。

第一，问题情境的难度要适中。问题过难，学生虽殚精竭虑仍无丝毫头绪，其探究的积极性必将受挫。相反，问题过于简单，学生毫不费力即可获得答案，同样引不起学生的学习兴趣，更别说有创新了。

第二，教师创设问题情境之后，一般不可自己直接给出答案，而是将探究的主动权交给学生，这同时也给学生提供了创新的机会。教师可以用“大家再做实验，一定可以得到答案”“真的吗？把你的想法讲给大家听听”等语言，引导学生自己动脑动手，让学生成为探究的主人。在课的结尾，教师还可以再安排一个问题情境，推动学生做进一步思考。

第三，在解题策略的运用中，教师的态度非常重要。既是问题探究，学生必然有一个摸索的过程，在这个过程里，又难免会遇到许多困难，犯下一些成人看来很低级的错误；或者有时学生的探究从整个社会的角度来说可能不值一提，但对其个人来说却是很大的创新。因此，这时学生要求的决不是教师的讽刺、挖苦，教师应以其亲切和蔼的话语、表情，创设一种和谐宽松气氛，并及时强化学生的每一个微小进步，给他成功的信心，鼓励创造精神。这样教师就鼓励了学生无穷的探究热情，激活了整个探究过程。

（三）强调合作学习

如上所述，自20世纪60年代以来，有效性教学研究已经开始关注

---

① BURDEN P R, BYRD D M. Methods for Effective Teaching. The United States of America: Allyn & Bacon, 1999: 103 - 104.

课堂上的师生互动，但这种互动多是以提问等形式出现，学生之间的合作没有得到重视。后来随着反思性教学对教师之间合作观念的强调，生生合作也得到重视和扩展，学生之间的合作学习作为一种教学策略被提了出来。

概括来说，合作学习是一种将学生分成混合能力小组以组织教学的策略，它并不只限于在课堂上使用，常常会延及课后。教师给每个小组（一般每组4～6人）安排一个待解决的问题或待完成的任务，小组中的同学齐心协力、互相质疑、互相帮助和鼓励，最后获得一个小组表现的成绩。研究表明，教师采用合作学习策略，比起采用竞争的或个别化的策略，能使学生获得更高的学业成就，学生间的人际关系更为融洽，学生对学习内容和学校生活的态度也更为积极。但是，这并不是代表可以用合作学习完全取代其他的教学组织形式，D. W. 约翰森和 R. T. 约翰森的研究表明，在课堂上合作学习方法最好只占用7%～20%的时间①，这样可以减少小组成员吃“大锅饭”的现象发生。

一般来说，合作学习策略的有效进行需要达到五个基本的要求。第一，积极互助。学生们必须认识到要对自己以及小组其他成员的学习负责。第二，面对面的交流。学生必须有机会相互陈述各自正在学习的内容。第三，个人担负责任。每个学生必须对掌握教师所布置的任务承担责任。第四，掌握社交技能。每个学生必须进行有效地交流，尊重小组其他成员，合作解决矛盾。第五，小组合作加工。因此，对小组的评价必须是根据小组合作的程度，以及小组进步的程度。

美国学者罗伯特·斯莱文（Robert Slavin）和他的同事曾提出了以下几种具体的合作学习方法②，很具借鉴意义。

---

①② BURDEN P R, BYRD D M. Methods for Effective Teaching. The United States of America: Allyn & Bacon, 1999, p. 100.

1. 学生小组成功度（Student Teams-Achievement Division，简称STAD）

学生小组成功度即是将学生每四人分成一个成绩、性别等维度上的混合小组，教师呈现教学内容后，学生们在各自的小组里学习，以保证所有成员都掌握该节课的内容。然后，教师对学生进行个别测验，根据学生测验成绩达到或超过其过去成绩的程度给他们奖励。最后汇总这些成绩构成本小组的成绩，达到一定标准则发给该小组一张证书或其他奖励。如果学生希望自己的小组获得奖励，就必须帮助小组成员学习。在这一过程中，学生的个人责任因其独立参加测验而得以保留，同时，小组的成绩建立在每个学生提高的基础上，这样又有了平等的成功机会。

2. 小组游戏比赛（Teams-Games-Tournament，简称TGT）

小组游戏比赛中的教师呈现和小组合作与学生小组成功度基本相同，但是，在这种方法中，学生是通过做学习游戏来表现其个人对教材的掌握程度。学生每周和那些过去与其成绩相当的小组进行游戏比赛，由此形成了竞争机制。因为是能力相近的学生在一起比赛，所以各种能力水平的学生都有了成功的平等机会，表现得好的团队得到证书或其他奖励。同时，在竞争中小组成员不能互相帮助，其个人责任又因此得以保持。

3. 小组促进教学（Team Accelerated Instruction，简称TAI）

小组促进教学是个别化教学与小组学习的结合。在小组促进教学中，各混合能力小组都运用同种学习方法，但学习材料是个别化的。小组成员间利用答案纸互相检查，小组成绩则根据小组成员每周完成的平均单元数量及正确率得出。

4. 合作综合阅读与写作（Cooperative Integrated Reading and Composition，简称CIRC）

这是一种教授小学高年级学生阅读与写作的综合性计划。教师利用基础读物和原有阅读小组，将来自两个不同阅读小组的学生接对成为一个新的小组，学生一边继续在原有的阅读小组中学习，一边在接对小组中进行一系列的认知投入活动，如互相朗读、预测故事的结局、互相概括故事大意、写下读后感、练习发音和词汇等。

5. “拼版”（Jigsaw）

“拼版”是一种形象的说法，指的是由六名学生共同学习被分成若干个部分的学习材料。每个成员学习其中的一部分材料，然后，由不同小组中学习同一材料的成员组成一个“特别小组”，讨论他们的那一部分。接下来，学生们回到自己的小组，将这一部分内容教给其他小组成员。学生们能够学会这一部分内容的唯一方法就是仔细地听小组成员的解释，这样他们就会相互支持，并对整个学习内容也产生兴趣。

三、教师教学监控策略的培训方法

北京师范大学发展心理研究所在有关心理学理论的指导下，借鉴国外已有的教师培训的理论和技术，在长期的教育实验研究中，逐渐形成了自己的一套培训理论及方法①。具体包括两方面，一个是自我指向型的干预方法，另一个是任务指向型的干预方法。

（一）自我指向型的干预方法

1. 认知的自我指导技术

这个方法主要通过认知—行为策略来改变教师的思维定式，学会自我陈述的方法，最终使教师的认知和情感得以重建。本方法的理论依据来源于维果斯基（Vygotsky）的言语的自我指导理论，在操作上来源于梅钦鲍姆（Meichenbaum）的“认知行为矫正”技术。包括以下七个

① 申继亮、辛涛. 教师素质论纲［M］：北京，华艺出版社，1999：213－239.

步骤。

（1）任务的选择。将教学活动划分为四个大的方面，即计划、教材呈现、课题管理和学生评估，这四个方面根据课程的进程和实验教师的状况又可以分为更小的任务，在干预过程中，指导教师和实验教师一起讨论确定不同阶段的具体任务。

（2）认知模拟。这个阶段，指导教师具体模拟任务的解决过程。这个模拟是以指导教师口述进行的，包括四个步骤：目标设定，形成完成任务的具体目标；策略选择，寻找完成任务的具体策略，选择其中的最佳策略；策略运用，将所选择的策略具体应用于任务完成的过程中，并对解决问题的全过程进行自我监控；自我强化，对自己的表现进行自我评价和自我奖赏。

（3）明显的外部指导。按照上述认知模拟的四个步骤，指导教师一步一步地教实验教师完成所要求的任务。

（4）明显的自我指导。指导教师要求实验教师按上述方法，自己独立完成任务，这时实验教师边做边说。这一步对实验教师来说是很难的，如实验教师不能按要求完成任务，则指导教师回到第三阶段，直到实验教师按要求完成为止。

（5）模仿悄声的外部自我指导。这一阶段，指导教师给实验教师示范通过悄声的自我指导来完成任务。

（6）实验教师练习悄声的外部自我指导。指导教师认真地听实验教师的语言，观察他们的行为，帮助他们自己思考，自我指导，而不再模仿指导教师。

（7）内隐的自我指导。这个阶段，首先指导教师示范内隐的自我指导，并告诉实验教师实现内隐的自我指导的技巧，如提示卡的使用等。然后实验教师自己独立思考完成任务，指导教师借助观察实验教师的行为或向实验教师提出问题等方式，了解实验教师的自我指导过程。

2. 角色改变技术

这个方法的目的在于让实验教师了解参与教改实验的目的和意义，

形成新的教育观念，提高其参加实验的自觉性和主动性，最终使实验教师的角色由“经验型”向“科研型”转化。这个方法来自于米德（Mead）提出的角色扮演。米德认为儿童是通过角色扮演来实现与别人的比较和沟通的，在角色扮演过程中，他们开始根据概念化的他人观点调整自己的行为，体验自我的存在。角色扮演的形式及功能与想象、思维、语言的发展秩序相对应。通过角色扮演，社会的要求与社会的模式逐渐转为个人的价值观，渗入其自我概念中，而且自我概念也就在此过程中逐步形成。以后角色扮演更成为纠正儿童不良行为，发展其良好行为的一种重要方法。国内外的研究表明，角色改变技术可以使实验被试者主动地寻找正确客观的反馈信息，从思想上，自觉地接受新的教育方法与教育技术，及时地调整自己的行为。从根本上说，采用角色改变技术，其实质在于促进实验教师自我意识，特别是对自己的教学活动的自我意识的提高，而教师教学监控策略实质是教师对自己教学活动的自我意识。因此，角色改变技术用于培养和提高教师教学监控策略是有效的。

3. 归因训练技术

本方法旨在改变教师对自己教学状况的不合理的认识，强调通过自身努力可以使学生得到更好的发展，这种方法来源于社会认知领域的归因研究。所谓归因训练，是指通过一定的训练程序，个体掌握某种归因技能，形成比较积极的归因风格。归因训练的基本假设是，如果归因对个体的行为有影响的话，那么，改变个体的归因风格，就会改变个体的行为方式。其基本思想是，个体在对自己行为的因果知觉中，存在各种“归因偏差”，通过归因训练，个体可以获得各种形式的归因反馈信息，从而消除归因偏差。在教师培训研究中，采用两种做法：团体发展法，即就实验教师中寻找的某些不合理的归因与观念，组织他们进行小组讨论，引导他们做出正确的归因；观察学习法，即聘请专家型的教师，给实验教师具体示范，为他们树立榜样，使其从中观察学习。

（二）任务指向型的干预方法

所谓任务指向型的教学监控策略主要是指教师对教学目标、教学任务、教学材料、教学方法等任务操作因素进行调控的策略。任务指向型的干预手段指针对教师的任务指向型教学监控策略进行的训练和干预手段。

1. 教学策略培训

研究表明，教师教学方法不当的一个重要原因是，教师缺乏正确的教育方法，不知道科学、合理的教学策略到底是什么。本方法旨在使实验教师了解科学的教学方法和教学策略，为实验教师掌握教学策略，提高教学水平奠定基础。具体内容如下。

（1）专家讲座，共六大方面，即新时代教师素质的构成，第一线教师参加科研的目的、意义及我们的研究设想，学一点教科研的知识和技能，中小学学生思维品质的培养途径，课堂教学策略培训，学生评估的方法与价值。

（2）观摩课，共三种形式：听特级教师上公开课，请著名的小学教师上示范课，观摩外省市优秀青年教师的表演课。

2. 教学反馈技术

本方法旨在使实验教师对自己的教学环节有一个准确而客观的认识。正确地评价自己的教学效果和学生的学习状况，这是教师教学监控策略的基础，教师教学监控过程都是从其对教学活动的反思和评价开始的。具体地说，从反馈来源上可分为，自我反馈、专家反馈、学生反馈、同行反馈等；从反馈方式看，有现场言语反馈、摄像反馈、测验反馈等。

3. 现场指导技术

本方法旨在帮助教师针对不同的教学情境，选用最佳的教学策略，以达到最佳的教学效果，使实验教师最终能达到对自己课堂教学的有效调节和校正。

总的来说，这三种方法的采用是有针对性的。这其中，教学策略的训练从理论上来说是来源于元认知理论，我们要想使实验教师形成教学监控策略，提高他们的教学水平，首先就要使他们掌握正确的课堂教学方法和一般的教学策略，有了这些方法和策略以后，他们才有可能在自己的课堂教学中注意运用这些策略，在其中发展自己的教学监控策略。如果他们根本就不知道正确的教学方法和一般策略，那么教学监控策略培养就无从谈起。教学反馈技术和现场指导技术的采用，是深入分析教师教学监控能力构成及特征的结果。采用教学反馈技术，意在促使教师更客观地认识和评价自己的教学过程和教学效果。而采用教学现场指导技术，意在帮助教师针对不同的教学情境选用最佳的教学方法，以达到最佳的教学效果，更有效地促进学生的发展。

10

教学评价策略

第一节　教学评价概述

教学是培养人才、实现教育目的的基本途径。教学评价就是根据教学目的和教学原则，利用所有可行的评价方法及技术对教学过程及预期的一切效果给予价值上的判断，以提供信息改进教学和对被评价对象做出某种资格证明。

一个教学产品或系统的效果如何，最好是通过系统收集的证据来说明。收集、分析、解释这些证据的方法统称为评价方法。对于在评价教学的活动中所收集的证据，应将其设计成至少能回答下列与一节课、一个课题、一个教程或教学系统相关的具体问题。

（1）所陈述教学目标的完成程度如何?

（2）在哪些方面，在多大程度上新的教学优于它要替代的教学单元?

（3）它还具有哪些没有预期到的影响，它们在多大程度上会优于或劣于要替代的单元?

它们仅是一般的教学评价领域所提出问题的一小部分。这三个问题也可以看做是教学产品或教学程序评价中的关键问题。

一、教学评价的理论背景

（一）斯克里文的评价程序

斯克里文曾提出并试用了他认为适用于教育产品、教程、课程、主张教育改革的工程的评价程序。斯克里文提出的一个著名概念是目的自由评价。其本质含义是，无论评价是什么样的，它们都是考查教育改革的效果，评估这些效果的价值。评价者不是把自己限定在新产品或新程序陈述的目标上，而是寻求评估和估价出现的任何结果。当引入一个用父母志愿者辅导孩子学算术的计划时，教师的态度会发生变化。态度的变化在目的自由评价中并不仅仅是作为一种“没有想到的结果”来评估，而是作为新产品可能产生的众多效果中的一种来评估。斯克里文认为，对评价一个新的教育方案或产品所需做出的价值评估的建议有如下几个方面。

1. 需要

确定主张适用的产品将有助于一个系统的健康或生存。

2. 市场

决定使产品得到应用的计划的存在。

3. 现场试验的表现

在典型的应用条件下产品或方案的表现证据。

4. 客户的表现

产品的适合性要让实际的客户（教师、校长、学生）知晓，并可能为其所用。

5. 表现——比较

把产品的表现与富有竞争性的产品的表现进行比较。

6. 表现——长期

指明在初始的现场试验以后一个时期内表现的材料。

7. 表现——负效应

主要目标之外的结果，由目标自由评估揭示。

8. 表现——过程

表明教学过程是新产品所主张的。

9. 表现——因果关系

证实观察到的效果是由产品或方案产生的。

10. 表现——统计意义

效果的量化指标。

11. 表现——教育意义

如果产品或方案达到了项目 3 到项目 10 说明的指标，那么就要评价为有关的教育机构所鉴别的收益的重要程度。

12. 投入和投入的效益

估计新方案的总体投入，并与竞争产品进行比较。

13. 扩展支持

产品的不断监控和更新。

根据这一系统，判断新的教育产品或程序的价值是一项复杂的工作，它要基于各种信息而做出。对每一单个因素的判断结果可以记录在一个轮廓图上，用该图就能够对产品的适用性和通用价值做出系统判断。

（二）CIPP（context，input，process，product）模式

在方案评价的各种模式中，CIPP 模式的应用最为广泛、最为成熟。CIPP 是背景（context）、输入（input）、过程（process）和成果（product）这 4 种评价英文名称的第一个字母组成的缩略语，该模式由斯塔佛尔比姆（Stufflebeam）及其同事于 20 世纪 60 年代末、70 年代初提出。在很长的时间内，CIPP 模式主要包括了四种评价即 4 个步骤。不过，从本世纪初开始，斯塔佛尔比姆重新反思自己的评价实践，感到四步骤的 CIPP 模式还不足以描述和评价长期的、真正成功的改革方案。为此，他对其做出了补充和完善，把成果评价分解为影响（impact）、成效（effectiveness）、可持续性（sustainability）和可应用性（transportability）评价 4 个阶段，由此构成了 7 个步骤的评价模式。

1. 背景评价

对所在环境的需求、资源和问题的评价。

2. 输入评价

对其他可供选择的方案、本方案的设计和工作计划、本方案的财政预算等进行评价。

3. 过程评价

监督、记录和评价方案进展中的活动。

4. 影响评价

对方案到达、影响目标受众（target audience）的程度做出评价。

5. 成效评价

对结果的品质和重要性进行评价。

6. 可持续性评价

在何种程度上，方案成功地制度化了，将长久地得以实施下去。

7. 可推广性评价

在何种程度上，方案已经和将会成功地被调适和应用于别处。

二、教学评价的分类

教学评价必须有助于教学活动更有效地开展，因此评价和调节教学活动的结合方式就应是多种多样的，而且必须根据各类教学活动的特点，灵活地运用各种评价形式。

（一）成绩评价中的绝对评价和相对评价

在制定教学目标的同时制定教学细目标，其目的之一就是要求教师在教学过程中按照目标进行教学；在考核学生过程中，对照目标进行考核。这就是根据已定教学细目标为标准的绝对评价。这种取绝对标准的评价不仅对教师来说具有追求价值，对学生来说也具有学习价值。当然，判断一个学生的进步情况时，除了用绝对评价外，还需要用相对评价，即把某个学生放到全市乃至全国的学生总体中，看其所处的相对地位。这种取相对标准的评价，对于选拔优秀生是需要的；对教师了解学生间的差异情况是有利的。

相对评价就是在被评价对象的群体或集合中建立基准，然后把各对象逐一与基准进行比较，来判断群体中每一成员的相对优劣。对学习成绩的评定通常是以群体的平均水平为基准，以个人成绩在这个群体中所处的位置来判断。

为相对评价而进行的测验一般称作常模参照测验。它的试题取样广泛，命题方式直接明确，测验成绩记录表明学生学业的相对等级。由于所谓的常模实际上就是学生群体的平均水平，所以这种测验的成绩自然形成了正态分布。

相对评价的优点是适用面广，甄别性强。就是说，无论学生群体的整体水平如何，都可以比较出优劣。它的缺点是，基准会随着群体的不同而发生变化，因而易使评价标准偏离教学目标。

绝对评价就是将教学评价的基准建立在被评价对象的群体或集合之外，把群体中每一成员的某种指标逐一与基准进行对照，从而判断其优劣。评价的标准一般是课程标准以及由此确定的评判细则。

为绝对评价而进行的测验一般称作标准参照测验。它的试题取样就是预先规定的教学目标，测验成绩记录表明教学目标的达成程度，所以这种测验的成绩分布通常是偏态的。

绝对评价的优点是评价标准比较客观，如果使用得当，可使每个被评价者都能看到自己与客观标准之间的差距，以便不断向标准靠近。另外，教学管理部门通过这种评价，可以直接鉴别各项教学目标的达成情况，明确今后的工作重点。它的缺点是，在制定和掌握评价标准时，容易受评价者的原有经验和主观意愿的影响。

（二）多种水平的形成性评价

形成性评价的目的从某种程度上讲是为了调动学生的学习积极性，使学生看到自己的进步，发现自己的学习能力与潜力。针对学生的实际水平，可结合不同教学过程的特点采用各种不同的评价方法。

1. 一对一的测验

在这一阶段，对每一个学生进行测验，一次一名学生，评价者密切关注学生的表现。例如，如果教学内容由计算机屏幕呈现，在学生学习这节课或课件过程中，评价者要坐在学生的旁边。在该评价阶段的其他参加者是学科专家，这个人要完全熟悉教学的作业目标、测验项目或者作为作业指标的观察结果，提出的问题关系到目标的效度、材料和测验的准确性和清晰度。

从一对一测验中获取的各种信息包含具有下列特征的证据：(1) 错误估计学生的起点能力；(2) 教学呈现的清晰度不够；(3) 测验问题和指导语不清楚；(4) 对学习结果的预期不恰当，就能对教学内容作系统修改。

2. 小组测验

形成性测验的第二阶段使用一小组学生，他们代表目标总体。通常，这种测验在开始时要对教学中即将教授的技能和知识进行一次前测，然后呈现教学，接下来实施一次后测。此外，还要用一份态度问卷来评估学生对教学各方面的态度。也可要求学生讨论教学、前测和后测。

基于对前测、后测分数的比较，从小组测验中得到的信息就可初步回答学习是否发生及学习数量的问题。其结果可用于说明教学呈现和问题的清晰程度，借此指导教学的修改。

3. 现场试验

接下来，就可以在打算教授的学生总体中抽取适当的样本，尝试教学方案。对这个较大组实施（根据小组测验结果修改过的）前测和后测，构成教学呈现本身。对学生和参与教学者实施态度调查。在这种尝试过程中，要观察材料和它们的指导语是否充分。此外，还要收集教师使用这些材料时的操作质量和充分性方面的信息。

对于教学、教学应用的可行性、教学的效果来说，现场试验是一种重要的检验。学生和教师的行为及态度会产生有价值的信息，有利于课及课件进行并完成最终修订和完善。在这种近似典型的应用条件下，由于关系到课的效果，这个具有代表性的试验组的测验分数及获得的成绩，当然是令人极感兴趣、极其重要的。

这些通过观察记录、问卷、测验等方式收集到的各种证据，能应用到形成性测验的各阶段中，以得出一节课是否需要保持原样、修改、重新组织，还是放弃的结论。

例如，通过考虑教师或学生在课的进行中碰到的困难，可以决定可行性问题。有效性问题在某种程度上判断起来更复杂，它部分依赖于观察者做出的关于材料不能以原先设想的方式使用，或者教师没有执行原先设想的步骤的报告。正如通过教师和学生对问卷的回答所揭示的那样，它也部分地依赖这节课偶然建立起来的学生的态度。当然，在最大程度上，它依赖于测验所揭示的学生作业成功的程度。

参照本章开头提出的三个问题，显然，形成性测验最能说明陈述的目标已在多大程度上完成（问题1），这是确定教学修改和完善的若干主要证据中的一种。有时这一证据也用于新教学与另一种教学实体或已经替代的教学实体（问题2）的比较，并且服务于形成性测验的目的。类似的，由观察所揭示的没有预期到的结果（问题3）无论是好是差，也的确对修改或完善教学产生影响。不管这些额外的证据多么有用，确定无疑的一点是，问题1限定了一种必要的证据，它使评价者做出修改和改进正在开发的教学单元的决策。

具体做法是：根据学生分成的A、B、C不同水平层次的三组情况，在检查学生到达目标的程度时，分别出三套同一内容不同要求的检查题，让学生在统一时间完成。完成的结果，也许学习水平较低的学生会得到好成绩，而学习水平较高的学生却得了个不理想的成绩，或者大家都得到较好成绩。不管什么样的成绩，都不能做A、B、C三组成绩的横向比较（也无法比较），而是让学生自己作个前后成绩的纵向比较，看是进步还是退步。当然，A、B、C三组的学生并不是恒定的，随着他们学习水平的变化可以随时作调整。

（三）总结性评价

当教学活动的开发在某种意义上已经完成而不是正在进行时，通常进行总结性评价。其目的是得出关于教学效果如何的结论。这些结果使学校能够做出采纳和应用教学实体的决策。一般说来，总结性评价本身关注的是一个教学系统、教程或课题的有效性。当然，单节课可作为这些较大的单元的成分，但极少把它作为独立的实体来评价。这种评价之所以称作总结性评价，是因为它意在获得构成较大教学单元的一组课的总效果方面的证据。自然，这些证据可能包含说明某些特定的课的缺点或优点的信息，从形成性意义上讲，它们可用于对教学的下一步开发或修正。

对某一课题、教程或教学系统的总结性评价，我们主要关心的是学习结果方面的证据。结果测量可能包含下面类型中的任意几种或所有类型。

1. 表明智慧技能掌握情况的测量，用于评估某种特定技能是否已获得

例如，某一测验要求解出线性代数方程式中的指定变量。

2. 问题解决能力的测量，用于评估学生思维的质量和效率

例如，某些练习要求学生在新颖的情境中设计一项科学实验，检验某一特定因素对某一自然现象的影响。

3. 信息测验，用于评估一系列特定事实或概括化的知识是否已被习得

例如，一项测验要求学生陈述某一文学著作中的主要人物的名字和角色。其他方面的测验，还包括评估学生获得知识的广度。例如，一项测验要求学生描述某一历史事件的起因。

4. 对动作技能充分性的观察或其他测量，通常参考某一指定的作业标准

例如，一项练习要求学生用大写字母拼写出字母表。

5. 自陈问卷，用于评估态度

例如，一个问卷要求学生回答在处理个人垃圾的行动中的“选择概率”。

具体而言，除了每学期、每学年对学生进行的全面考核，即期终考核和学年总评外，还可以在一定年级段各进行一次学生知识、能力、个性心理特征的总检验。这种总结性评价的内容包括学习方面、思想品德方面、体育卫生方面和个性心理品质等方面。检查的方法、形式各种各样，主要包括学校领导和具体职能部门（如教育科学研究室、教导处等）对学生通过听课、考核，召开教师、学生、家长座谈会，参加各种类型的教学活动，以及有关项目的测定。通过这些方法调查、了解，收集、积累相应的资料，为对学生做出全面、客观的分析、评价提供了依据。

第二节　学生学业成绩评价和教师教学行为评价

一、学生学业成绩评价

（一）学生学业成绩评价的意义

学业成绩是指学生在教师指导下，通过学习所获得的成果。而学业成绩的评定就是指根据一定的标准，对学生的学习结果进行价值判断的活动，即测定或诊断学生是否达到教学目标及其达到目标的程度。学业成绩评价在教与学的活动中具有十分重要的地位和作用，它可以为各方面提供有益的反馈信息。

1. 有利于教师改进教学

准确的学生学业成绩评价可以使教师查明学生的学习真实状况，有助于教师调整、改进教学内容和教学方法，提高教学水平。教师可以从评价的结果中，清晰地了解到自己的教学效果，检查教学目标与教学计划是否得以实现，还存在哪些问题等等。教师只有准确地了解到自己教学的效果，才能正确认识成绩和不足，改进教学方法，进而实现提高教学质量的目的。

2. 有利于提高学生的学习质量

学生学业成绩评价可以促进学生及时巩固知识并加深对知识的理解，知道自己的学习成果，从而激发学习动机，发挥学习的积极性。事实证明，通过评价证明成功的学习，会给学生带来满意而愉快的学习体验，这种体验能增强学生的学习信心，提高他们的学习兴趣，强化他们的学习动机。而被证明失败的学习所引起的不愉快体验，也会使学生为了避免这种不良后果的再度发生，在以后的学习中更加努力。正确的评价，不但有利于提高学生的学习质量，而且对学生思想品德的培养也有一定作用。

3. 有利于教育科学的研究

教育科学研究与其他科学研究一样，需要以客观的测量收集可信的资料。学业成绩评价的结果可以解答或部分解答：教材的编排是否合理，难度是否适中，进度的安排是否恰当等问题。

4. 有利于学校和家长了解教学情况

学生学业成绩评价一方面可以使学校领导了解教与学的具体情况，可以提供分析教学质量与学习质量的实际材料，可以在一定程度上检验教师的教学效果；另一方面，学生学业成绩评价也可以作为教育诊断方面的资料，提供给学生家长作为参考。家长可以从中了解子女的学业状况，配合学校作必要的鼓励和帮助。

（二）学业成绩评价的主要方法①

学生学业成绩评价的主要方法有日常检查、考查、考试或测验等几种方法。日常检查是指在日常教学中对学生学习情况的简要检查，有两个目的。一是为学习过的内容提供一个额外练习和过度学习的机会。因为学生即使通过一节课的教学已经掌握了新的学习内容，往往也是不牢固的，只是储存在工作记忆中，很容易遗忘。为了把信息从工作记忆迁移到长时记忆中去，就必须让学生反复练习。二是让教师有机会对学生感到困难的内容提供纠正和再教学。

考查是在日常检查的基础上，在某一相对完整的教学单元结束后，对学生学业成绩作的综合检查和评定，目的在于发现存在的问题。考查的重心不在于对学生打分、排队，而在于检查学生的知识掌握程度和综合运用知识的能力。

考试或测验是学校在学期和学年末对学生学习效果做的最终检查。按其参照点的不同一般分为常模参照测验和目标参照测验。根据测验的编制来源，分为专家编制的标准化测验和教师自编测验。常模参照测验是指以某一团体在考试中达到的平均成绩为参照点的考试或测验。在这类测验中，学生成绩的好坏由该生的成绩与团体的平均成绩相比所处的位置来决定。所以，其所衡量的是在某一团体中的相对水平。这类考试的立足点是个别差异，是比较不同学生在学业上总的成就，具有一般的调查性质，因此，对学生的学习主要起考核或监督作用。目标参照测验是以具体体现教学目标的标准作业为标准，目的在于检查学生是否达标和达标的程度，而不是比较个人之间的差异。因此，测验的试题必须完全、具体地代表教学目标，才能作为评价的标准。这种测验不是在学生

① 施良方，崔允漷．教学理论：课堂教学的原理、策略与研究［M］．上海：华东师范大学出版社，1999：359.

之中比高低，它偏重在诊断和个别指导。这是目标参照测验和常模参照测验之间最根本的区别。

标准化测验是指具有规定的标准和科学的组织程序，对误差进行严格控制的测验类型。它一般用于大规模考试，科学性和准确性都比较高。教师自编测验是由教师根据教学的需要，自行设计和编制的测验。这两种测验有着明显的不同。

1. 从试卷内容看

标准化测验是根据全国统编教材编制而成，或者是根据主管部门颁发的考试大纲编制的；教师自编测验则比较灵活，不拘泥于上述限制，可以根据各地实际使用的教材和具体教学情况加以编写。

2. 从编制的过程看

标准化测验是严格根据标准依照编写程序进行，并经过预测、题目分析等步骤，试题质量较高；教师自编的试题，一般未经预测。

3. 从测验的组织实施以及评分过程看

标准化测验的组织较严密，按一定程序和要求进行；而教师自编测验则比较灵活，常常根据不同的目的采用不同的方式进行，没有完全统一的硬性规定。

4. 在测验的使用上

由专家编制的标准化测验，不可能适用于平时教学上各种情况的各种需要，而教师自编测验可以根据需要随时编制，针对性强，解决问题及时。

二、对教师教学行为的评价

对教师教学行为的评价需要通过多种途径来进行，一般来说，评定的途径有以下几种。

（一）领导评定

领导评定是指领导班子而不是某一位领导或某几个领导的个人评定，这是领导集体对被评教师所进行的评定，这种评定影响较大，有一定的权威性。主要由学校领导通过听课、检查学生作业和教师的教案，召开师生座谈会等形式了解教师的教学质量，做出评定。

（二）同行评定

同行评定是指由教研室或学校的其他教师对该教师的教学进行评定。由于教师相互之间比较了解，对本学科的教学目标、意图、内容、方法等以及师生的背景情况较为熟悉，因此，同行评定易于做出恰如其分的评判，同时也有利于教师之间的相互学习、相互交流。

（三）学生评定

学生是对教师教学的最直接的感受者，他们应该是最有发言权的。通过学生对教师的教学评定，可以反映出教师在学生中的威信、受欢迎程度以及师生人际关系，尤其可以反映出教师的教学方法、教学艺术是否符合学生的要求。但由于学生主要是从个人的学习角度评定教学，他们缺乏对教学目标或意图、内容和方法上的总体了解，他们的学习方法、学习成绩甚至师生关系都可能使他们在评定教师的课堂表现中产生一定的误差。

（四）教师自我评定

教师对自身教学活动进行评定，也是教学评价的一个主要途径。自我评定的进行一般采用自我分析或自我反思的方法。如拟定一份“自我反思”单，以检查自己的教学①。

---

① 施良方，崔允漷．教学理论：课堂教学的原理、策略与研究［M］．上海：华东师范大学出版社，1999：359.

三、目前课堂教学评价存在的主要问题

目前课堂教学评价从总体上看还存在不少问题，主要有以下几个方面。

（一）评价内容不适应素质教育要求

由于片面追求升学率倾向的冲击和旧的传统教育观念的影响，课堂教学评价中“重智育轻德育”“重知识轻能力”“重主导轻主体”等现象仍然十分严重，偏离了素质教育要求。

从现行的一些评价方案看，虽重视了对“教书育人”“教学的教育性”的评价，但离素质教育要求差之甚远，有的学校在评价量表中即使有教育性的指标，在实际评价中也只是软指标，根本没有从教者挖掘教材教育因素和施教方法、教育效果等方面去考查。

在发挥学生主体作用和培养学生能力方面，在实际的评价工作中，有些评价者看到师生问问答答、学生做做练习就简单地认为能培养能力，能发挥主体作用，于是给予较高的评价。我国旧传统的课堂教学，在理论和初衷上都排斥学生的主体作用，忽视学生的能力发展，因此，充分发挥主体作用，培养学生具有独立获取知识的能力，是课堂教学改革的方向，也是进行素质教育的基础。

（二）没有统一的各类评价指标和操作规定

目前，评价指标体系各不相同。就“一级指标”来说，最常见的是由四大主因素组成，如教学目标、教学内容、教学方法和教学效果。一级指标包括教学内容、教学方法、教学素养、教学效果的也不少，它将教学目的、教学内容合二为一，强调了“教学素养”。也有由五大主因素组成的，如：

教学目的、教学内容、教学方法、师生活动、教学效果

教学目的、教学内容、教学组织、教学方法、教学效果

教学内容、教学程序、教学方法、教学素养、教学效果

近年来，为了避免评价内容过于笼统，就出现了超出五大主因素的一级指标，如教学目标、教学内容、教学方法、发挥学生主体作用、发挥教师主导作用、教学效果、能力培养、教学素质、教学特色等。

没有统一的各类评价指标，也不可能有统一的评价操作规定。目前，没有评价制度和不按操作规定评价的现象普遍存在。有些评价者并不按指标项目的权重量分，只打总分；有的以目为纲，主观臆断；有的掺杂个人的感情色彩。产生如此种种情况的重要原因之一，就是没有统一的评价制度和操作规定，缺乏必要的制约机制所致。

（三）定性定量相结合的原则不能广泛实施

长期以来，我国沿用的课堂教学的评价方法是听课后评课者各自谈印象，最后由主持人或权威人士综合，做出结论性评语。这种评价方法属于定性评价，目前仍有许多学校采用。这样的传统评价方式，如果评价因素和评价标准明确、评得认真，也能收到较好的效果。但由于评价者的素质、感情和观察方法等因素的不同，往往是仁者见仁，智者见智，各种意见难以综合，即使有主持人或权威人士一锤定音，也难免带来很大的随意性。定量方法引入课堂教学评价的研究与实践之后，定性定量相结合已成为评价原则。但目前存在以下情况：一是仍旧是简单的定性描述；二是偏重于定量分析；三是不同学科或不同课型执行统一的定性定量要求。这三种情况，各有偏颇，都达不到评价的客观性、科学性和相对的准确性，因此信度、效度不高。由此可见，定性定量的有机结合仍然是当前重要的研究课题。

（四）忽视对课堂的教学过程和教学效率的评价

重结果轻过程是课堂教学评价的又一个普遍存在的问题。表现在：只看教学结果，而不看教师的教学准备及施教中创造教学价值的过程；

只重视学生认知领域变化，而忽视情感领域、学习技能的变化；对改革实验课的评价乱下结论，不管有没有科学性、价值性，不考察教者的改革精神和实验过程，不考察在教学过程中有没有控制无关变量对因变量的影响，能不能准确反映自变量与因变量之间的因果关系。可见我国目前在总结性评价与形成性评价的结合方面，应作一番研究与实践。

现在，忽视课堂教学效率评价的现象也较普遍。特别是有些检查组和评优课的评价者，不考察课堂教学时间的投入与教学效果之间的效率关系，不考察教者怎样精讲巧练，减轻学生负担，提高教学质量，反把加大课堂教学容量、拼命增加当堂练习、学生始终处于紧张战斗状态等，视为能加强基本技能训练，发挥了主体作用，因而给予较高的评价等第。

第三节　教师课堂教学评价策略

一、弗兰德斯教室观察系统（FIAS）

弗兰德斯的交互作用系统在他 1970 年出版的《分析教学行为》（Analyzing Teaching Behavior）一书中有详细的介绍。在此仅略加说明，让大家对这个教室观察系统有一个了解。尽管这个观察系统并不直接指向教学评价，但对教学评价应有很大的借鉴意义。

弗兰德斯将教室师生口语行为归纳为十大类，见下页表。

<table>
<tr><td rowspan="2">教师讲</td><td>反应</td><td>1. 接纳学生的感觉：以一种非威胁的态度，对学生的感觉和态度予以接受或澄清，学生的感觉可能是积极的，也可能是消极的，可预测性和回忆性的感觉都包括在内。
2. 称赞或鼓励：称赞或鼓励学生的行为，包括缓解紧张但不伤人的笑话，点头或说［hm hm］及［继续下去］（go on）等
3. 接受或使用学生的观念：澄清、建立或发展学生建议的观念，当老师引入更多自己的观念时，则属于第五类。
4. 问问题：以教师的观念为本，就内容或程序询问学生，并期待学生回答。</td></tr>
<tr><td>自发</td><td>5. 讲演：就内容或程序陈述事实或意见，表达自己的观念，提出自己的说明，引述权威而非学生的意见。
6. 指示：指令或命令，希望学生顺从。
7. 批评或辩护权威行为：纠正学生的行为，大叫学生出去，解释教师为何采取这种措施。</td></tr>
<tr><td rowspan="2">学生讲</td><td>反应</td><td>8. 学生讲——反应：学生对教师的反应，教师引发内容，诱发学生发言或组织情境，学生没有表述自己意见的自由。</td></tr>
<tr><td>自发</td><td>9. 学生讲——自发：学生主动说话，表述自己的观点，引发新的话题，自由地发展自己的意见和思想，问深思熟虑的问题，超越当时的情境。</td></tr>
<tr><td>静止</td><td></td><td>10. 静止或疑惑：暂时停顿，短时间的安静，以及观察者对师生的沟通不了解。</td></tr>
</table>

观察者应受过适当的训练，观察时坐在教室最好的位置，以便看得到师生的活动，大约每三秒钟画记一次，尽力保持稳定的速度。试举一教室实际情况为例，说明如何画记。

说话者	内　　容	画　　记
教师	如果哥伦布不存在的话，（停顿）你们认为我们的国家会变成怎么样？	（4，4）
吉姆	我想其他的人还是会发现我们的土地的。	（9）
教师	吉姆认为其他的人还是会发现我们，其他同学以为如何？	（3）
保罗	我看未必，哥伦布是很不寻常的人。	（9，10）
珍妮	但是香料在当时是很贵的，大家在找寻捷径从印度运回香料。	（9，9）
教师	所以与印度的贸易是很大的利益。	（3）
汤姆	是的，有很多人为这些事作长途旅行。	（9）
教师	我想我们也要想象是谁提供船只和水手给哥伦布，（停顿）你们了解国王并不热衷这件事。各位还有什么其他的看法？	（5，5，4）

为了分析记录的结果，先将上面画记予以配对：

第一对　第三对　第五对　第七对　第九对　第十一对

4　4　9　3　9　10　9　9　3　9　5　5　4

第二对　第四对　第六对　第八对　第十对　第十二对

然后将之记于下列 10×10 的表格中。

类别	1	2	3	4	5	6	7	8	9	10	总计
1											
2											
3									/ /		2
4				/					/		2
5				/	/						2

续表

类别	1	2	3	4	5	6	7	8	9	10	总计
6											
7											
8											
9			//		/				/	/	5
10									/		1
总计			2	2	2				5	1	12

从上面的表格中，可以分析解释很多教室行为。例如，学生反应第八项无记录，而第九项有五次，表示上课时学生常表达贡献自己的观念，而不仅仅回答错或对而已。第六项和第七项在表中没有记录，如果这两项出现次数较多，表示这位教师教室常规管理发生困难了。表中（4，4）（5，5）和（9，9）等同样数字又出现多次，表示很多教学活动持续三秒钟以上，意即师生交互作用反应相当迟缓。这只是举个例子，并不是说这么少的画记就可以解释稳定的教学行为。

FIAS 系统还可根据观察的次数，统计若干相关的数据，进一步分析教师与学生口语交互作用的情形，例如：

1 +2 +3 +4 +5 +6 +7	七项之次数相加，表示教师讲话的次数和时间
8 +9	两项之次数相加，表示学生讲话的次数和时间
(1 +2 +3 +4) ÷(5 +6 +7)	计算结果为教师间接影响与直接陈述和指示比率（I/D ratio）
[(1 +2 +3) ×100] ÷(1 +2 +3 +6 +7)	计算结果为教师反应比率（TRR—Teacher Response Ratio），表示教师对学生观念和感觉反应的倾向

续表

(4×100)÷(4+5)	教师询问比率（TQR—Teacher Question Ratio），表示教师使用问题方式引导讨论的倾向
(9×100)÷(8+9)	学生自发比率（PIR—Pupil Initiation Ratio），表示学生说话中主动引发所占之比例

我们再以下列两个观察的结果，比较两位教师的教学风格。两个记录画记次数Q是448和P是629，如要得到比较稳定的教师交互作用型态度的样本，最好要观察6次到8次，每次观察十余分钟，总画记次数为6000次左右是比较理想的。

教室观察结果P

类别	1	2	3	4	5	6	7	8	9	10	总计
1	2	—	—	—	—	—	—	—	1	—	3
2	—	13	—	—	3	—	—	—	6	1	23
3	—	—	61	18	15	2	—	—	22	3	121
4	—	—	—	36	2	—	—	16	17	5	76
5	—	—	—	16	68	4	—	—	7	1	96
6	—	—	—	—	—	3	—	4	—	3	10
7	—	—	—	—	—	—	—	—	—	—	—
8	—	2	22	3	3	—	—	38	2	—	70
9	1	8	38	—	5	—	—	2	145	1	200
10	—	—	—	3	—	1	—	10	—	16	30
总计	3	23	121	76	96	10		70	200	30	629
%	0.5	3.8	19.8	12.5	15.8	1.6		11.5	32.8	4.9	100

教室观察结果 Q

类别	1	2	3	4	5	6	7	8	9	10	总计
1	—	—	—	—	—	—	—	—	—	1	1
2	—	2	—	—	4	—	—	12	—	—	18
3	—	—	5	—	1	—	—	—	—	—	6
4	—	—	—	16	—	—	—	86	5	10	117
5	—	—	—	5	35	8	—	—	—	—	48
6	—	—	—	—	—	13	3	—	4	4	24
7	1	—	—	—	—	3	7	—	—	4	15
8	—	16	—	96	8	—	—	43	1	—	164
9	—	—	1	—	—	—	4	—	3	5	13
10	—	—	—	—	—	—	1	23	—	18	42
总计	1	18	6	117	48	24	15	164	13	42	448
%	0.2	4.0	1.3	26.1	10.7	5.4	3.3	36.6	2.9	9.5	100

由上面两个记录中，根据前述的公式，可求得很多数据，兹以下列三个数字与常模之比较来说明。

比率	P	Q	常模
TRR	94	39	42
TQR	44	71	26
PIR	74	7	34

表中P之教师对学生发表的意见，反应非常多（TRR为94），学生非常主动地发表他们的观点（PIR为74）。而Q之教师显示用问很多问题的方式引导讨论（TQR为71），所有学生发表的观点都取决于教师的问题（PIR为7）。

弗兰德斯的FIAS教室观察系统在众多过程—结果研究的系统中，是最知名也是使用最广的系统。将师生交互行为分为十种，前七种是教师的活动，两种是学生的活动，第十种是静止，非常简单易记，但是简单的画记经过统计分析之后，能提供非常丰富的教学过程的信息。利用FIAS从事教学研究所得最有名的结果是所谓三分之二规则，也就是说教学过程中，有三分之二是教师和学生在讲话，而所讲的话中，有三分之二是教师讲的。

FIAS 除了可以从事教学研究之外，也被用来训练实习教师及教师在职进修之用，将求得的一些数据和常模进行比较，被观察者可以对自己的教学得到具体的反馈，进而修正自己的行为。

FIAS 着重师生口语的交互作用，对教学过程中非口语的活动没有记录，所以无法描述整个教室的情境以及教室内所发生的事情。它可以改进教师与学生讲话的技巧，但是对其他也会影响教学效率的因素却也无能为力，例如，根据研究结果，精确又清楚地展现教材以及教法的变化有助于教学效果的提升，在 FIAS 中无法显现，可见在广度的运用上有其受限之处。

同时，FIAS 所转化成的数据，必须和大样本结果相互比较，才能真正显示它的意义。而且我们虽然可以从数据材料中，了解个别或团体的教学风格，但是无法分析是因为哪些具体言语行为所以得此数据，因此在深度上也有其限制。但总的来说，由于它对教学过程师生口语行为的客观量化记录，这使得它能有效克服当前我国教学评价中存在的一些明显的问题。当然，在应用上，它也有着诸多限制。

二、多元化教学评价策略

（一）多元教学评价产生的背景

20 世纪 90 年代全面实施素质教育以来，越来越多的教育工作者意识到单一的纸笔测验及标准化考试可能带来的弊端，最易被察觉的问题主要表现在两个方面：（1）由于评价过程和教学过程相脱离，因而测量的结果是学生“知晓”什么，而不是学生“能做”什么，所测量的许多内容是被肢解的知识片段，难于评价创造力等综合运用知识的能力；（2）由于评价对教学的导向功能，纸笔测验和标准化测验可能对教学改革在某种程度上产生负面影响。为了追求标准化考试的成绩，教师必然会坚持以传播应试知识为主的教学，很可能忽略学生能力的培养。因此课程教学改革与传统测验方式的矛盾一直存在，评价方式的变革成为教育改革不可回避的问题。传统的测量评价理论正面临一系列挑战，表现在以下几方面。

（1）评价是重学生的学习过程，还是重结果（学科知识的获得）。

（2）是否允许学生对知识进行自我建构。

（3）是否承认学生的多元智力存在。

（二）多元教学评价的基本类型和方法

20世纪90年代以来的多元教学评价，强调评价方式的多元化、评价参与者的多元化和评价内容的多元化，实质是全面真实地评价学生的潜能、学业成就，以提供教学改进的信息，促进学生的发展。坎贝尔（Campbell）曾概括这种评价方式的五项基本原则：评价是多角度的；评价关注学生不同阶段的成长；评价要反映教学信息；正式与非正式评价同等重要；学生是主动的自我评价者。这实质上是把教学和评价看成了同一过程不可分割的两个方面，多元评价观点下的教学，实质上是对学生知识建构过程的介入。

多元教学评价包括多种不同评价方式，如实作评价（performance assessment）、动态评价（dynamic assessment）、变通性评价（altemative assessment）、卷宗评价（proitolio assessment）、真实评价（authenfic assessment）、直接评价（direct assessment）等①。

实作评价是指在学生生活和学习的情景里，通过对学生完成实际作业表现的观察，依靠教师的专业判断，对学生学业成就进行整体判断的教学评价方式。Herman 等（1990）认为，实作评价具有如下一些特点。

（1）评价的作业能与真实生活产生关联。

（2）要求学生从事一些需要高层思考或问题解决技能的事情。

（3）过程和作品是评价的重点。

① 易凌峰．多元化评价［J］．课程、教材、教法，1999（11）．

（4）评价的作业具有价值、挑战性并与教学活动相结合。

（5）要事先确定评价学生作业表现的规则和标准。

教师在进行实作评价时，可选择纸笔评价方式之外的与特定实作评价相关的方式，如观察、访谈、行为检核表、表演、自我报告、轶事记录、作品集项评量、系统性的操作、真实性情景的问题解决、电脑模拟、实验、录影、同学互评、自评等方式。

卷宗评价，可视为一种以搜集学生作品集项为特色的实作评价。这种评价通过有目的地搜集学生作品，用这些作品来呈现学生在一个或多个领域内的努力、进步和成就。除了学生作品之外，卷宗还可容纳经师生共同讨论决定的作品集的内容、作品挑选的指导说明书、作品判断的要点及学生的自我评价。

许多教学领域需要多元评价的介入，随着多元教学评价的推进，其优势已逐渐明显，主要表现在以下几方面。

（1）问题或作业情景接近真实的生活经验。

（2）有利于合作学习。

（3）有利于发展学生的批判思考能力、问题解决能力以及创造能力。

三、情境化教学评价策略

学生的学习活动，都是在一定的情境中进行的，而传统的考试，却是一种非情境下的活动。这种活动抑制了学生的实践能力和创新精神，那么，学生的学业评估是否也能在一定情境下展开呢？也就是说，我们能不能把评估作为自然的学习环境中的一部分，而不是在一年学习时间的剩余部分中强制“外加”的内容，让评估在个体参与学习的情境中“轻松”地进行呢？当代著名心理学家霍华德·加德纳在《多元智能》中告诉我们：只要实现情境化评估，就能使评估变得轻松，就能充分发挥评估的功能，激发学生的创新精神。所谓情境化评估，就是在学生所熟悉的学习、生活情境中对学生各项技能、能力、知识、思品等进行考核，从而促进学生全面发展的一种评估方法。

（一）情境化评价的原则

1. 发展性原则

发展性原则有两层含义：一是在评价过程中评价者必须以发展的观点来看待学生；二是评价活动必须立足于学生的发展之上，以发展为出发点，而不限于学习活动的结果。

就发展性原则的第一层含义来看，对全体学生来说，都是有意义的。根据这一原则，评价对所有学生，不论是智优生还是学困生的学习活动的发展都持乐观的态度，只要提供适当的环境和帮助，绝大多数学生的实践能力和创新精神，就能在原有的基础上得到最充分的发展。

发展性原则的第二层含义，就是强调了要全面地、正确地理解学习评价的目标。评价不是目的，不完全是要对学生学习活动结果做出鉴定，而是为了促进学生发展、帮助学生发展的手段。

2. 主体性原则

主体性原则是指在情境化评价过程中要尊重学生的主体地位，要注意调动学生的自觉性和积极性。

评价离不开学生，评价是为了学生的发展，学生是发展的主体，评价的功能只有通过发挥主体能动性才能起作用。著名心理学家皮亚杰认为，没有认识主体的能动作用，认识就不能得到发展。另外，在新的历史条件下，学生的自我意识增强，他们要求别人尊重他们的人格、意志，任何忽视他们的言行的行为，都会引起强力的心理抗拒，这从客观上也要求在评价活动中必须坚持贯彻主体性原则。

3. 过程性原则

所谓过程性就是在评价过程中，不仅要看到主体学习活动的结果，更重要的是要关注主体学习活动的过程，从中了解主体学习活动过程中的实践能力和独创精神，并在这一过程中发现主体学习活动过程中存在的问题，反馈有关信息，教师在教学过程中及时为学生的主体学习提供及时的必要的支持。

4. 模糊性原则

教育教学活动和学生的学习活动是一项十分复杂的活动，具有较强的模糊性。我们对这一活动过程中各种要素之间的相互联系的认识还很肤浅，对其中的规律还不能完全掌握。任何教育教学评价的目标都是明确的，但具体评价的内容和程序是模糊的，学生究竟是怎么学的，学生已经学到了什么程度，教师通常是不清楚的。学习活动的本身就是在这种模糊状况中进行的，使得教与学的过程充满了模糊性。因此，在情境化评价中，我们要坚持模糊性原则。

所谓模糊性原则，就是在对学生的学习实践活动过程中，评价学生学习活动时采用定量与定性相结合的方法。

贯彻模糊性原则，首先要坚持定性和定量相结合，并以定性为主，这是由评估内容的效度、难度和评价程序的模糊性所决定的；其次要坚持综合评价，不能以某一次评价结果作为最终结果。

（二）情境化评价的基本策略

1. 专题作业

所谓专题作业，不是以学习和掌握系统的学科知识为目的，而是以解决实际问题为目的。专题作业包括调查报告、研究论文，用专题作业来培养考查学生的创新精神与实践能力。

我们应该相信孩子具有同成人一样的独立研究、独立动手的能力。专题作业为孩子独立研究、独立动手能力的发展提供了时间与空间。孩子们将他们调查、研究所得以报告、论文形式显示出来，这本身就是一项复杂的探索、学习过程：收集资料、阅读、寻找信息、确立观点、组织文章……创新精神与实践能力，需要在具有创新特点的实践活动中得到培养。

操作方法：

（1）选题：学校列出专题作业菜单，学生凭个人兴趣爱好自由选择，也可自己另立题目。学生一旦确立“课题”，便不许更改。

（2）调查研究：为期一个月，学校可提供一些资料，鼓励学生去公共图书馆查询资料。学生可以独立完成，也可成立小组进行调查研究。

（3）书面总结：学生必须撰写调查报告或研究论文。文章形式可事先提供作业要求，应视不同年级而有层次差异。

评价方法：

（1）学生能完成作业，一律得优。因为从决定题目到阅读找寻资料，到着手写文章，孩子始终处在一个独立工作的状态下，他必须学着思考、筛选、组织研究材料……能完成者便已达到要求。

（2）可请评委对专题作业一一评价，最后评出一、二、三等奖。

（3）建立激励机制。组织优秀专题作业在板报、班刊、校刊上发表。

2. 情境式考试

所谓情境式考试，即不再把学生关在考场里面对着一张试卷做知识的再现，而是自然地、较随意地在与往常相似的学习情境中进行“考试”。学生由于没有受到外界情境的干扰，因而几乎没有心理压力，故能发挥出最佳水平，它有如下两种形式。

（1）开卷式笔试：①评价者事先将所要考核的项目以材料形式显示出来。②评估者仍与往常一样就考核材料组织上课，学生可讨论，可以查找资料，甚至可以询问教师，让学生充分展开自主学习。③留有一定时间让学生独立完成书面作业。

评价要求：

①考核题量不宜太多，应能考查出学生解决问题的能力、查询资料

的能力、运用知识的能力以及思维的独立性等。

②评价者不应仅局限于对学生交上来的作业作一评估，还应在整个开放式笔试的过程中观察学生的以上能力及协作精神、遵守纪律的自觉性、学习的自我检查习惯等。

③以等级制评价。

(2) 口试：既为“口”试，则强调在自然情境中考查学生的口头语言表达能力，这又涉及思维的敏捷性、深广度等品质。

学生从耳听目视，到能用自己的语言表述出来，这其实是一个识记、保持、记忆、知识结构重组和再现的过程，故从一定角度讲，它比笔试更具效度与区分度。

方法：

① 将试题列成菜单，每一试题配置相关的图片或录像片段。

②由参试者自行选择试题，并在相应的情境中进行说话测试——或复述，或续尾，或回答问题。

评估要求：

① 参试者根据所提供情境说一段通顺的话即为合格。

② 叙述语言通顺，有自己的观点者为良好。

③观点鲜明，叙述流畅，思路清晰者为优秀。

3. 建立个人学习档案

对学生的考评应是经常性的，应反映出学生学习过程的轨迹。教师用此法进行形成性及终结性评价，能积极促进学生参与学习，对自己的学习负责。各门学科均可建立个人学习档案。

由于这些作品全部都是学生平时学习活动的成果，因而也最真实，最能代表学生学力水平，一览可知学生发展轨道上的强项与弱项，从而引导学生今后努力的方向。另外，让学生和家长自行参与评价，可极大地调动家长资源，端正学生学习态度，让学生享受到学习的乐趣，成功的喜悦。

操作方法：

①初期把建档意向与学生及家长说明，明确目标，提高主体学习活动的主动性。

②各科教师认真细致地思考和计划建档问题，选择不同的建档形式。

③一般按一个单元或一个学习主题收集材料，师生协商确定后，保留在档案袋中。这些材料应是学生平时最好的作业，如最好的作文、优秀的美术作业、摄影照片、录音磁带、社会实践调查报告、研究报告乃至各项竞赛获奖证书。

④学生自己管理档案。

评价方法：期中、期末各开展一次学业成果展览会，展示档案内容，邀请家长、学生参加，让学生、家长自行评估打上等级，写上评语，并提出建议。

4. 活动评价法

学生的活动包括学生日常学习的各个方面，例如辩论、作业、演讲、实验和体育活动，在活动中，学生运用与学习活动紧密相关的技能。

衡量学生的技能，例如，英语课程中的会话技能、体育课程中的运动技能、自然科技课中的实验技能、劳动和艺术教育中的创造能力的考评，都可通过活动来进行。

如我们常做的班干部竞选活动，学生必须先在内心作一番自我评估，然后写好讲演稿上台演讲接受大家的评估，接受老师的评估，学生充分展示了自我的社会交往能力、语言组织能力，表演才能，以及心理调控能力等。

（三）教案分析

语文《惊弓之鸟》第二课时

师：会读《惊弓之鸟》这篇课文了吗？请各组推选一位代表，我们来进行一次朗读比赛好吗？（一位读叙述部分，一位读更羸的话，一位读魏王的话，一位作总裁判）我们来评一评，谁读得最好。

生：（各组都为本组代表说好，并提出修改建议）

师：请你和你们一组的代表一起读好吗？［不对学生的评价作再评价］（感悟过程）

师：现在，金老师就是魏王，你呢，就是更羸，请大家各自做好准备，就近找一人合作，练一练，过会儿上台与老师合演一出“惊弓之鸟”，看一看，谁表演得最好。

生：（边复述有关句子边加上动作表情练习）［观察学生的学习表现］

师：谁第一个接受挑战？［观察学生的反应］

师：有没有认为自己表演得更好的？［叫上几位：自告奋勇者，作壁上观者，欲试而缺乏信心与勇气者］表演完后，先让“小更羸们”自我评估，再让其他同学评议，评出最佳演员。

……

课后，单独找几个表现较突出的同学作激励性评价，使其扬长补短，或培植自信心，或提出努力方向。然后在各自的观察记录本上做必要的记录。

［评析］：本案例学生表演课本剧，体现了两个层面的情境化评估。一是表演者，他们要把自己对课文的理解外化为自己的体态语言和舞台对白。表演者对教材的理解层次不同，表演也就不同。二是学生观众，他们在观看表演后，要评出心目中的最佳演员。他们在“摄取信息（观看）→处理信息→比较认同”这样一个心理过程中，既对表演者做出评估，同时也在客观上对学生的学习做出了评价。值得指出的是，第一，这种评价，学生是在情境化学习活动过程中展开的，学生并不知道

这时还有一个“评价活动”，因此，他们没有心理负担，只是享受了学习的乐趣；第二，学生在评价过程中，没有正规考试的标准答案的抑制，因此，他们凭借自己的学习经验和生活经验，展开个性化的想象、表演，有利于学生实践能力和创新精神的培养，有利于学生创造性个性发展。

附录一：有效教学的评价标准①

说明：提高教学的效能是一个复杂的过程。它要求有目的地制订计划，落实行动，定期地和长期地实施自我评价、同事评价和外部评价。为了实现这个目标，必须制定指标或标准。在发展性教师评价过程中，尤其要制定指标和标准。在课堂听课方面，评价者和评价对象必须商定有效教学的评价标准。要给予有效教学的评价标准充分的灵活性，不能将这些评价标准强加于人。允许根据具体的教学内容调整评价标准。如果采用这些指标的话，必须征得全体教师尤其是评价双方的同意，并允许做出相应的修改。

这些指标分为五个部分，即气氛、学习环境、教学资源、教师角色（规划者、传授者、领导者、促进者和引导者）和学生角色。

（一）气氛

目的

营造或保持如下气氛：鼓励、认可和尊重进步，满足学生个人的需求。

指标

教师不仅对总体的教学要求表示出兴趣，而且对学生个人的需求表示出兴趣。

在工作和纪律方面，教师积极地培养学生的集体团结精神。

师生互相尊重。

教师频繁地、有分寸地、灵敏地运用表扬和鼓励等手段。

---

① 王斌华．发展性教师评价制度［M］．上海：华东师范大学出版社，1998.

教师频繁地采纳学生表达的想法。

学生表现出合作工作的意愿。

学生可以自由地说出他们的困难，指出教师的错误和问题，发表不同于教师的意见。

教师和学生互相支持。

（二）学习环境

目的

创造如下环境：教室里的布局和布置能够促进师生之间的互相交流；教室的布局和布置灵活机动，可以根据课程的需求做出相应的调整；教室的布局和布置既吸引人又有实际用处。

指标

教室干净整洁，教学用具摆放有序，取用方便。

教室布置引人注目，符合眼前教学需要。

向学生提供相关的阅读材料、参考材料、写作材料和绘画材料。

课桌椅的摆设灵活机动，充分保证学生活动空间，适应个人活动、小组活动和班级活动。

音响设备和计算机数量充足，规格适当，取用方便。

如果同一教室由几位教师共同使用，制定明确的使用政策、规章和顺序。

就学生课余时间使用教室及其设备，制定有关的规章制度。

（三）教学资源

目的

确保教学资源方便、多样、美观、恰当、丰富，便于学生充分利用。

指标

教学资源多样，注重各种层次的出版读物，满足各种学生的需求。

根据教学计划决定教学资源的数量。

出版读物设计美观，信息丰富，内容精彩。

教学资源分门别类地安放，便于学生取用。

教学资源多种多样，便于学生通过图像、声音和文字进行学习。

教师可以从学校或学校周围的有效单位获得信息。

（四）教师角色——规划者

目的

根据教学大纲规划工作，做到目的明确、指标明确和成果明确。

指标

根据教学大纲制定教学目的，根据教学目的制定详细的教育目标。

详细阐述教学大纲的内容。

针对教学大纲，制定各个阶段的各种教学活动。

确定教学计划的评价方法。

采集和安排各种教学资源。

建立监控每位学生学业的步骤。

制定有效的记录制度，不间断地记录每位学生的学业、进步和成就。

（五）教师角色——传授者和领导者

目的

在相互尊重和相互信任的气氛中，显示个性、技能和知识，促进学生学习。

指标

显示出自信和自控。

显示创造性地应付各种事件的灵活性和能力。

讲授、描述和解释简单明了。

具备引导讨论的技能，保证学生积极参与讨论。

运用有效的提问技能，提高学生的思维水平。

显示出熟练掌握学科知识。

（六）教师角色——促进者和引导者

目的

实施有效的管理制度，做到措施有力，步骤恰当，逐渐提高学生的自觉性，最终脱离教师的指导和监督。

指标

建立明确的个人目标，尽心尽力地为每一位学生服务。

明确说明教学工作的步骤，鼓励学生理解课程的结构。

简单而迅速地处理日常事务以及经常出现的问题。

鼓励学生参与有关教学工作的决策，在学生力所能及的范围之内，赋予学生一定的职责，并让他们负责部分工作。

采用表扬、鼓励等积极的强化手段。

协调传授知识、课堂活动和维持纪律的时间。

有效地利用时间，定期复习教学内容。

学生个人和学生小组获得机会，报告他们的学习成果。

给予学生反馈信息，使得学生及时地了解自己的表现。

（七）学生角色

目的

保证学生了解教学目的和教学要求，积极制订学习计划和复习计划，形成责任意识感和独立意识，参加小组活动和班级活动。

指标

积极地做好预习工作。

创造性地物色必要的教学资源和设施。

经常复习，完成家庭作业，充分利用学校图书馆和其他有关场所。

培养个人的组织技能和个人的学习技能。

在小组活动中，尊重他人的意见，积极参与辩论（不是争吵），发展各种技能。

将大部分时间投入到学习方面。

获得成功。

附录二：有效教学的评价标准[①]

（一）教学实践

1. 教师管理指标

准备——教师根据短期目标和长期目标制订授课计划。

日常事务——为了保证足够的教学时间，教师在最短的时间内处理完毕日常事务。

纪律——教师清楚地阐明纪律要求，即鼓励积极的行为，制止消极的行为。

学习气氛——教师与学生建立和谐的关系，营造愉快的、安全的、有序的气氛。

2. 教师教学指标

确定目标——教师将教学目标告诉学生。

强调进度——教师强调本节课与上节课、下节课之间的进度关系。

联系经验——教师将本节课的内容与学生已有的经验联系起来。

调动全体学生的积极性——教师运用提问、实践活动等手段，调动所有学生的学习积极性。

讲解内容——教师运用各种教学法讲解教学内容。

把握内容——根据教学目标，教师始终把握既定的教学方向。

演示——教师演示各种技能。

监控——教师通过检查，确定学生是否朝着既定的教学目标努力。

调整——教师根据监控的结果，对教学做出调整。

指导实践——教师要求所有学生在教师的直接指导之下，操练新学的技能。

独立实践——教师要求所有学生不在教师的直接指导之下，独立操练新学的技能。

结束——教师针对教学内容进行课堂小结。

---

① 王斌华．发展性教师评价制度［M］．上海：华东师范大学出版社，1998.

（二）教学成果

1. 教师成果指标

授课计划——教师撰写每天的教学计划，确定预期达到的目标。

学生档案——教师坚持书面记录学生的进步情况。

评等——教师根据确定的标准进行评等。

2. 学生成绩指标

学生通过实践项目、日常作业、课堂表现和测试成绩，表明自己达到教学目标的程度。

11

语文教学策略

我国语文教学的历史悠久，源远流长。但曾几何时，语文课却成了国人心中一块挥之不去的心病。近年来，人们对语文教学中存在的问题纷纷发表自己的看法，质疑我国的语文教学。杨东平指出：“中学语文教学的种种问题，一言以蔽之，是人文价值、人文底蕴的流失。将充满人性之美，最具趣味的语文变成枯燥乏味的技艺之学、知识之学，乃至变成一种应试训练。”这不能不说切中了语文教学的要害。但问题背后的原因是什么呢？恐怕很难以一句话概括，这可能涉及教育体制、教育传统、教育观念等各方面的因素。但无论如何，这不能不说也是语文教学的悲哀。因此，除了批判以外，回过头来，让我们看一看语文教学的现实，探讨一下语文教学的策略及规律，也许对现状的改变不无裨益。

第一节　语文阅读教学的策略

一、阅读教学的策略

林崇德认为：阅读是一种复杂的言语过程，它是看到的言语向表达的言语的过渡。在这个过渡中，不是机械地读出来，而是要通过内部言语用自己的话来理解或改造原来的句子和段落，不但要达到一定自动化的“识”字基础，而且要依靠原有的知识经验对阅读的材料加以同化，达到对阅读的理解。阅读教学就是指学生在教师的指导下，按照要求，通过内部语言用自己的话来理解或改造原来的句子和段落，以达到对阅读内容的理解的过程。阅读教学是语文教学的重要环节，它是知识教学的重要途径，也是作文的基础。

具体说来，阅读过程大致分为三个阶段：预读感知——合作研讨——巩固运用。这三个阶段并不在同一层面，彼此之间环环紧扣，互相交叉而又逐渐深化。

阅读程序	预读感知	合作研讨	巩固运用
学习深化	主动学习	互相学习	学会学习
教师诱导	导向	点拨	选题
	反馈	示范	评价
学法指导	分类摘记	口诵心思	归纳小结
	圈划评议	分析比较	自拟互测
	质疑问题	据文探因	以读促写
	问题导读	精要笔记	拓宽学习

（一）预读感知阶段

这是阅读过程的初级阶段，是学生在教师指导下运用自己的心力而进行的阅读、思考和练习活动。教师首先要教给学生如何感知教材的方法和步骤，落实常规的预读要求，像课文中常用词、重点句、文体及知识点等。教师可编制出要求明确具体的预读提纲，让学生严谨有序地去摘去读去想，做到“不动笔墨不看书”。这一阶段的关键是设置有利于培养学生创造性思维的问题。设问质疑是学生思维活动的开始。对教师而言，要依据学生的认知水平，结合教材的学习重点，提出几个符合学生“最近发展区”的问题；对学生而言，教师要善于鼓励学生，从不同侧面，不拘一格地提出疑点，养成无所畏惧的怀疑精神。

为了帮助学生克服预读学习中的惰性，教师要及时反馈预习结果，指导学生互查、自查，增强预读的动力。具体来说，可从以下几个方面加以指导。

1. 做读书卡片

把教材中丰富的词语、精粹语句或是文情并茂的语段分类摘抄。摘抄形式要规范，像词语注音、释义、例句等摘抄到卡片上的常规表格里，让学生养成积累词句的学习习惯。

2. 圈画注议

预读课文时，按统一规定的阅读符号在课文上进行圈（圈字词）画（画词句）注（加注音注释）议（作评点注疑点）。圈画直接加在文章上，注、议写在文章空白处。这样训练，既可加深对文章语言形式的理解，又可以培养学生认真仔细阅读的习惯。

3. 质疑问难

要求在了解教材大概内容的前提下，参读课后思考题，再循题而读，多问几个“为什么”“怎么样”。也可以对文中的语言形式或人物事件等方面去质疑，然后自己破疑，再质疑，再破疑。最后把思考后不得其解的问题准备好，以备讨论之用。

4. 问题导读

教师针对课文重点，出 1 ~2 个导向作用的预习题。预习时，不仅注重学生通过预习对这些题目作完满解答，更要注重学生从哪些方面入手思考问题，获得解决问题的途径。

（二）分析、研讨

按照“写了什么，怎样写的，为什么这样写”的思路对课文语言材料进行细致的分析、研究和讨论。

合作研讨，关键在于小组成员间相互依赖，相互沟通，共同负责，考虑到学生个人倾向宜采取自由组合的学习方式（4 ~6 人为宜），这样利于调动每个学生的积极性。在教学中，教师要关注合作组之间的竞争，更要强调组员间的同心协力，对开放性问题的共同探索。在此基础上，推举人选交流研讨情况，主要讲清三个要点即研讨结果、思考途径和存在问题。这一阶段的操作过程：是小组研讨——典型发言——点拨示范。在这个过程中，教师对小组表现要及时进行鼓励，让小组每一位学生都体验到合作的愉快和成功的喜悦。另外，教师要善于参与学生的学习过程，根据即时反馈的情况，及时调整教学策略。学生“言”而不当，教师及时点拨（提示思考的途径、方法）“可以从某某方面思考”或“采用某某法”。“启”而不“发”时进行畅讲即“示范”，教师现身说法，讲出精要。最后概括中心，总结技巧。帮助学生整体把握课文的内容，体会写作意图，学习并借鉴作者布局谋篇的技巧和特别突出的表达方式。

（三）复习巩固阶段

复习巩固阶段是一篇课文阅读教学过程的总结、巩固和应用阶段。其目的是使学生进一步加深对课文的理解，训练学生的各项语文能力。

根据心理学原理，人在获得“新知”以后，就开始遗忘，为了巩固“新知”，就必须及时复习。现代教学论表明，教学本质已突破以往那种单纯的认识活动的范围，而把课堂教学看成是一种特殊的认识实践活动，也就是如何从“已知”去开启“新知”。在这个阶段中，巩固知识是前提，运用知识是关键，而运用知识的着力点则是师生双方共同设计一些创造性思维含量高的训练内容。教师要启发学生从单纯的课本知识中超越出来，站在自己的立场上，以自己独特的眼光，审视作品所展示的大千世界，拓宽想象的空间。这个阶段的学习，具体可分三个环节操作，即选题——运用——评价。需要指出的是，对学生的评价要以鼓励为主，尤其对那些冒险做出大胆假设，并进而探索各方面问题的解决方法的学生，要特别给予鼓励和帮助。

复习的主要内容有：熟读课文、评价课文、解答疑难、迁移和运用。复习常用的方式是教师总结、学生自读、测验、练习和作业。其中练习和作业是最常用的方式。课堂练习和课外作业的类型大体有以下三种。

- 关于字、词、句等语文基础知识巩固和应用方面的练习；
- 进一步理解课文的内容和表现形式的练习；
- 结合课文，培养听说读写的练习。

指导学生完成练习和作业，应有布置、有指导、有检查。布置作业的内容要科学合理，难易适中，形式多样，有一定的趣味性；指导要具体，有启发性；检查要及时，评价要公正。

这一阶段主要选择以下策略。

1. 归纳小结

即把学到的零碎的知识点纳入相应的知识结构之中，便于学生系统掌握，如对文学常识按国别、年代顺序归类，文体知识可分项列表，语言表达形式对照说明等。这样，把零散的知识点，归纳成相应的认知结构，利于学生掌握理解；同样，可以把学到的学习方法、规律加以小结、整理，就会得到一把把开启阅读大门的钥匙。由此，学生能渐渐建构起自己的知识、技能、方法的大厦，提高语文学习的素质。

2. 自拟互测

主要结合课文基础知识，自拟一些检测卷，然后同学之间交换答卷，再交换经三人批改。也可以自拟一些答题，互相竞答。无论是出题、答题、改题、竞答，都需要主体的投入、琢磨。这也等于复习了与之相关的内容，有趣、有效地巩固知识。另一方面，促使学生不依赖教师，学会自己去巩固知识。

3. 以读促写

这是小作文式的训练。这里的写作要针对课文内容进行，可以说是阅读实践的深化。如读《百草园》写《校园一角》，读《故乡》写《新时代的“闰土”》，读《卖炭翁》写《卖炭翁在回家途中》。学生通过写作，既可加深对课文内容的理解，又能提高自己的语言表达水平。

4. 拓宽学习

这是一种将所学知识、技能自觉运用到新的情境中，解决新问题的方法。教师要鼓励学生，把阅读课学到的观点、材料、语言、表现手法移用到生活实践中来。学习的外延与生活的外延相等。学了《给徐特立同志的一封信》，就给爸爸妈妈写一封家书；教《统筹方法》，就谈谈生活中的统筹方法……这样，把学生的认识视野从课文引向更广阔的天地，借此培养学生发散思维的能力。

下面以《故乡》第一教时为例，展示一个阅读教学的方案。

（一）预读感知

1. 做读书卡片

①文学常识（作者、文体、出处）。②常用词语（根据文后注释有重点选择，要求词语、释义、例句在统一的常规表格里（如隔膜：彼此思想感情不相通。例：我希望他们不再像我，又大家隔膜起来）。

2. 圈画评议

①参阅注释，利用字典，在原文处生字注音，难词注解。②画出少年闰土和中年闰土外貌描写的语句，并用批注方式评述少年和中年闰土的性格发展变化，标出疑难问题。

3. 问题导读

①“我”回故乡感受最深的是什么？从哪些方面可以看出少年闰土和中年闰土不同的性格特点？②小说为什么要写杨二嫂？与中年闰土相比有哪些异同？

（二）合作研讨

1. 小组研讨（讨论预读时的疑难问题，重点是预读思考题）

2. 典型发言（交流预读研讨的体会）

3. 点拨启发

①通过“口诵心思”，朗读少年闰土和中年闰土的不同语言描写，体会其性格特点。②采用“分析比较”，对少年和中年闰土的外貌对照分析，领会对比描写作用。③根据“据文探因”法，探求造成闰土形象和精神变化的社会根源。

4. 示范释疑

①学生可能对闰土称“我”老爷的根源认识不清，可从封建等级观念造成人与人之间隔膜的悲剧来解释，同时也融入“我”无限的悲凉之情。②闰土与杨二嫂的比较，可从二者之间的职业、外貌、性格、20 年后生活景况等方面去比较分析。

（三）巩固运用

1. 归纳阅读方法

①可通过品味小说人物个性化的语言，来揭示人物性格特色。②通过相同人物、不同人物的比较分析，领会小说从不同角度选取典型人物、共同表达主题的匠心。

2. 互相提问

通过问答，巩固基础知识。

3. 拓宽学习，以读促写

如果闰土生活在新时期，设想一下，在20世纪90年代你见到中年“闰土”时的情景（可以从外貌、语言、心理活动等方面加以描写）。注意要依据少年闰土的身份、性格特点合理展开想象。

预读、研讨和复习，这只是课文阅读教学的一种常规化模式结构，在教学实践中，有不少优秀教师创造出更有风格、更有效率的阅读教学模式。如钱梦龙的“三主四式”导读法，魏书生的自学“六步法”教学模式等。

钱梦龙把体现“三主”教学思想的教学模式叫做基本式，在基本式的基础上又可以根据实际情况变化，形成不同的教学模式。基本式有四种，即自读式、教读式、练习式、复读式。自读式是四种基本课式的核心。钱梦龙设计了六步自读训练规程：认读、辨体、审题、发问、质疑、评析，由低级到高级逐步训练。教读式是在自读的基础上，教师及时收集、分析学生自读中给予的信息，然后针对学生的疑难点和课文的重点，有的放矢地给予启发、引导。练习式是基于巩固对知识的记忆及促进知识迁移能力的目的，可根据教学目的需要，适当穿插布置。复读式一般安排在一个单元课文教完之后进行。钱梦龙认为，成功的复读课设计，应当既有利于学生对旧知识的巩固，又有利于对新知识的探索和新能力的培养。设计的着眼点是要帮助学生找到一个单元课文之间知识上的内在联系。这种复读课不同于一般单元的练习或复习，其关键点在于通过读——“温故”，找到课文之间的内在联系，形成规律性的认识，是已有知识的综合、扩大和提高。

以上各个环节及其排列顺序，只是阅读教学的一般步骤，在具体教学实践中，可根据实际情况，在遵循人们认识事物一般规律的前提下，增删调换，灵活掌握，创造性地设计和安排教学过程。正如古人说的“授之以鱼，不若授之以渔”。现代西方教育理论也认为，最有用的学习，是对学习的学习。但无论采取什么样的教学模式，都必须在充分尊重学生为主体的原则下，教给学生阅读方法，培养学生学习语文的能力，因此它必须有利于形成学生良好的阅读习惯、提高学生的阅读能力、激发学生阅读兴趣。在教学实施时，要注意以下几个教学策略。

1. 具体操作要注意灵活性

该模式并非刻板的教学程序，各阶段的学法指导内容，也并非各个环节的固定任务。在实际的教学过程中，教师可根据教学条件和需要，教材和学生实际，灵活地对教学环节进行优化组合，创造性地运用于教学实践之中，这与教师的自身素质有很大关系。

2. 学法指导要注意针对性

现代认知心理学表明，学习是建构内在的心理表征的过程，学习者并不是把知识从外界搬到记忆之中，而是以已有的知识经验为基础，通过与外界的相互作用来建构新的理解。为此，自主学习模式的实施，要把握教学对象的知识结构和学习水平。针对性地选择学法，提出不同层次的要求，进行有的放矢的指导，从而使学习方法更有效地被学生接受、内化，转化为学习水平。

3. 主体学习要加强自觉性

学习的积极性、自觉性，取决于师生之间、学生之间交互作用的综合效应。自主学习的教学效果，同学生学习的自觉性有密切关系，故应创设有利于学生自主学习的平等、民主、和谐的人际环境，诸如课堂教学中相互合作、理解、尊重、友爱、竞争的环境，创设畅所欲言，鼓励争论的课堂氛围和肯定、鼓励、赞赏有独创性见解的激励机制，以此增强学习的积极性和自觉性。

第二节　语文写作教学策略

写作教学，通常也称为作文教学。写作教学与阅读教学构成语文教学的主要内容，担负着培养学生语文写作能力的重要任务。而写作能力又是一种综合能力，它不仅包括对语文基础知识的理解和对写作技巧、表达方式的运用以及对语言的掌握与驾驭能力，也包括对客观事物的观察、分析和认识能力。因此，在语文教学中，对写作教学历来十分重视。

一、写作教学过程的一般阶段

写作教学过程的设计和实施，应与阅读教学一样，要切实顾及“教”与“学”两个方面，既要考虑教师的“导”，又要充分考虑学生的“写”。从这一认识出发，一次写作训练的过程，一般应包括命题、准备、写作、评改四个阶段。

（一）命题阶段

写作命题是写作教学中的一个重要环节，它直接关系到写作训练的效果。写作命题，即确定写作训练的目标、内容和要求。在命题时要注意以下几点。

第一，要联系阅读教学。读写结合是作文教学的一项重要原则，也是我国传统语文教学中行之有效的经验之一。第二，联系学生实际。题目应来源于生活。要解决学生写作无话可说的一个关键，是命题时紧密联系学生的思想、生活实际。实践证明，只有从学生的思想、生活实际出发命题，学生才有事可叙、有情可抒、有感可谈、有议可发。命题也可以给学生提供想象的空间，以培养学生的想象力和思维创造力。第三，联系社会生活。文章是客观现实的反映，学生的习作也不例外。因此，写作命题应把学生的视野引向广阔的社会生活。

（二）准备阶段

这一阶段包括教师的写前指导和学生行文前的构思。教师的写前指导首先要明确写作意图，这样既有定向作用，也有助于激发学生作文的兴趣。其次要审清题意，这是写作的关键性步骤，它决定着文章能否切合题意。再次要指导立意。立意能力的培养，主要从提高认识水平，积累生活经验，培养观察、分析能力来解决。另外，还要指导选材和布局谋篇。

指导学生练习布局谋篇的有效方法是编写作文提纲。作文提纲是学生酝酿、构思的结果，是文章写作的蓝图。同时，给学生分析例文也是写作指导中不可忽视的。例文是为学生写作提供范例，通过分析，使学生从中受到启示，有所借鉴。例文可以是名家名篇，也可以是一般性的应景文章或学生的优秀习作。

学生的写前构思，实际上应与教师的写前指导同步进行。构思，涉及立意、选材、布局、选择方法等。这一阶段学生的活动是根据教师的指导，或独立地审清题意，进入依据题目的要求、确定主旨的构思阶段；然后根据主旨选材，安排层次结构，选择表现方法。有时还要阅读例文，研究提示，最后编写作文提纲。

（三）写作阶段

这一阶段学生的活动如下。

（1）根据提纲起草，即按照构思后拟好的提纲进行写作。首先应对提纲作进一步思考，把提纲的内容具体化。因为提纲虽然涉及很多内容，但多是纲目式、概括性的，如不作进一步酝酿、思考，很可能写作中途受阻。所以在正式动笔之前，应根据提纲的顺序，逐一加以思考。

（2）草稿完成后，应作全面系统的修改。首先，要看全文的中心是否明确、突出，所选用的材料是否恰当、得体，表述得是否具体、生动；其次，应看全文的思路是否清晰、材料安排的顺序是否得当、各段落之间是否干净利落等；最后看语言表达是否准确、连贯、得体，有无明显的病句、错别字等。

（3）在修改的基础上，还可对文字推敲、润色，也可作局部调整。

教师的活动是：

（1）指导学生根据提纲思考。不少学生既不拟提纲，更无据提纲作进一步思考的习惯，教师应说明其必要性，并结合实例予以指导。

（2）学生开始写作后，教师不能放弃指导。如在课内，要不断巡视，密切注意学生在写作过程中所反馈的信息，要加强个别指导，随时点拨、答疑，注意培养学生的良好习惯。

（3）指导学生修改草稿，在这一阶段，要注意指导学生自行修改。值得指出的是，指导学生修改比教师单独批改的意义要大得多。

（四）评改阶段

评改，通常包括批改、讲评两个环节。有人称为作文后的指导。评改的目的是为了提高写作水平。评改的内容有许多方面是相同的，现分批改、讲评两方面予以说明。

1. 作文批改。批改，是写作教学中的一个重要环节，它是写作指导效果的检验，也是写作指导的继续与深化。批改的范围具体包括：思想内容方面，观点是否正确，中心是否突出，内容是否充实具体，感情是否真实健康；篇章结构方面，层次是否清晰条理，结构是否严谨完整；语言表达方面，语言是否通顺、连贯、得体等。

2. 作文讲评。讲评，是一次写作训练的总结，是批改的发展与深入，也是有效地发挥批改作用的方式。作为讲评，有一些原则需要把握。首先要有针对性。每次讲评要有重点，要针对训练的目标、指导重点进行讲评，评要评在点子上，使学生确有所得，切忌泛泛评论。其次要有鼓励性。讲评应以正面鼓励为主，在鼓励中指导。第三要有计划性。讲评应有计划，一个学期或一个学年，要有总体设计，使每次讲评都有明确的重点，各点之间要有相应的联系。第四要有多样性。一是讲评的方式应有所变化，应根据训练的重点、学生作文实际，以及文体的不同等，确定讲评的方式，切忌千篇一律。

二、写作教学的策略

教学活动是动态生成的过程。我们常常把写作看成一个瞬间成文的结果，却往往忽视了成文的整个过程，包括成文前的思考、成文中的交流与思考以及成文的反思。其实思考与交流一直伴随着整个写作活动过程。对一篇作品来说，它是有开头也有结果的，但就写作活动本身来说，它是一个持续发展与延续发展的过程，是在互动交流的过程中生成的。因此实现开放的、有效的师生之间及生生之间的交流与互动，是非常重要的。

在新语文课程教学改革中，提出了作文教学的新观点和新要求。新的语文课程标准要求加强写作与生活联系，重观察、重思考、重真情实感；要求说真话、实话、心里话，不说假话、空话；要求多角度地观察生活，发现生活的丰富多彩，捕捉事物的特征；鼓励想象和幻想，鼓励自主写作，力求有创意的表达。对于作文，不应从中心条理方面有过高的要求，而是注意培养学生初步的、实用的书面表达能力，应淡化文体，鼓励不受拘束表达，少写命题作文，提倡写观察日记、生活笔记、书信和随感，重在激发学生练笔的兴趣。低年级强调对于写话有兴趣，乐于把自己想说的话写下来；中年级强调能够不拘形式，自由地把自己的见闻和想象写出来；高年级强调习作指导有利于学生开阔思路，自由表达。

具体而言，有以下几种教学策略。

（一）学生主体体验策略

写作生成的过程既是写作主体对外在现实的审美把握，同时也是主体心灵的审美创造，是一种特殊而又复杂的审美心理活动过程，其内涵可以包括主体自己的需求、欲望、感觉、知觉、思维、注意、记忆、直觉、想象等心理功能，也可以包括主体认识的高级形式和低级形式，心理的智力因素和非智力因素，主体的显在成分和潜在成分，主体的定式因素和动势因素。拓宽对写作主体的研究就是尽最大可能进入写作主体的“内宇宙”，寻觅其创作的心理脉络。

具体操作方法：不直接阅读文学文本，阅读创作主体的生平资料、创作笔谈、时代文献，还可以通过阅读同时代的其他作品、介绍这一时代的书籍，并在此基础上设想主体创作此作品的心境和想要表达的意念。

实践范例：谢灵运《登池上楼》

领悟：谢灵运是以康复者的眼光看世界

参阅：南北朝·谢灵运《初去郡》、《过始宁墅》

唐·贾岛《二南密旨》

唐·释皎然《诗 式》

宋·叶梦得《石林诗话》

南北朝·钟嵘《诗 品》

清·万东树《昭味詹言》

宋·释惠洪《冷斋夜话》

在该教学策略中，教师首先要广采博览，深刻透彻地了解作者的人生经历、思想历程、写作背景，这样才能深入剖析作品，进入角色，挖掘出创作时的匠心，力争把作者创作时的全部激情重新释放出来。“激昂处还他个激昂，委婉处还他个委婉”。这样，才能使学生在对潜在的字、词、语、修辞的领悟中，受到作品的感染熏陶，与作品中的人物一起体会喜怒哀乐。反之，就达不到这样的效果。

（二）大语文写作策略

开放式教学在写作教学上的一个重要反映，就是要从现实生活中不断吸收新的信息、寻找写作的源泉。日本教育家小砂丘在他的《我之作文生活》中曾谈到，“作文之法不应仅是在学校里，仅是在作文课上进行，我认为作文之法首先是作为生活的个人对个体的自觉，这样修身、地理、历史、理科等所有学科都是通往作文之法之路程”。所谓“大语文写作策略”有两层含义：一是从广度来讲，要求涉及世界的面要广泛；二是从深度来讲，要深入世界，多途径探索其“质”的反映。其宗旨是让学生自身的眼睛观察、自己来思考才会有“真实地写”。在探索与理解世界的过程中，学生的观察、分析、综合思维能力自然而然会得以提高。

实践范例：调查分析过分采沙造成的危害

方法指导：

1. 访问采沙人员；
2. 访问环保专家；
3. 访问饮用河水的船家；
4. 调查比较过分采沙前后沿河庄稼的收成状况；
5. 实验表明：在多大的混浊度下鱼类不能生存；
6. 实验证明：过分采沙对河堤造成的隐患。

写作是一个复杂的脑力活动过程，讲究“厚积而薄发”。广义上写作的准备是指平时养成良好的学习习惯，进行持续的积累，如阅读、摘记、剪报等。狭义的定向准备则指针对某次特定作文训练所进行的专门的准备。据有关调查，大部分的学生畏惧作文的一个因素是觉得没材料可写。的确，巧妇也难为无米之炊。究其原因，还是由于学生的生活体验不足，积累不足。教师有责任在写作前根据写作要求引导学生感知生活、有意识地获取材料。在教学中更为简单方便的例子如训练内容为“写好活动中的场面”，教师要求学生以“课间十分钟”“艺术节上的一幕”为题，主动观察校园生活；训练内容为“写出生活的情趣”，则要求学生以“我学会了买菜（做菜）”为题，回家进行一次实践的尝试；训练内容为“运用事例，分析说理”，则要求学生以“要有爱国心”为题收集典型、准确、新颖的证据；此外在教师不加任何指导的情况下，也可以要求学生按照自己的生活经历和理解水平去审题选材，试写一个片段或全文提纲等。

第三节　语文听说教学策略

一、听话教学的策略

听话是通过耳、脑等协调运用达到对口头语言灵敏接受的一种能力。听话和阅读是学生接受能力的两个方面，二者都是以理解为核心的复杂的思维活动。阅读是对书面语言的接受，听话是对口头语言的接受，听话与阅读是密切相关的。在语文教学中进行听话能力的训练，也会促进阅读能力的提高。

（一）听话训练的策略

人们对于听的能力，往往有一种错觉，认为这是听觉正常的人固有的一种基本能力，似乎无须进行训练，其实，对于先天形成的物理听觉系统同样正常的人们来说，由于后天听觉发展的不同，其听话能力会有明显的差异。有的人会听，有的人不会听，有的人只听到话的表层意思，有的人在听中能透过表层知其话中之话。对于成绩好的学生来说，会听是他们的诀窍之一。至于对所听的话，有目的、有重点、正确清楚迅速做笔记的能力，更不是人之皆有的了。听话的程度与速度反映着听者的思维能力和语文知识水平的高低，因此在教学中任何忽视听话训练的做法都是错误的。

1. 找出“潜台词”的听

通常，为了尊重听话方的感情，同时为了取得更好的说话效果，根据具体的语言环境，人们常常把要说的内容用另一种方式表达，以求语气温和而又不失本意。对于这种话就要“听音”，要听话中之话，即“潜台词”。

2. 注意语调声调的听

语调是用来表述语气和感情的调子，包括词语间和句子间的间隙、声音的抑扬顿挫、快慢轻重等。不同的句子有不同的语调，如陈述句、祈使句一般用降调，疑问句、感叹句多用上升调。声调就是音节的高低升降，我们平时讲的阴、阳、上、去四声就是指声调。声调能帮助听者区别意义。在听说教学中，必须使学生注意倾听，注意语调声调的变化，正确理解对方所说话的意思。

3. 捕捉信息的听

良好的谈吐有一半要依赖倾听，倾听往往和说话同等重要，它可以给你带来新的信息，帮你解决疑难，使你振奋精神。对于捕捉信息的听，应注意以下几个方面：首先要及时。所谓及时就是引导学生善于在倾听中分清主次，抓住重点，以适应自己的需要，即迅速把你自己认为最有意义、最有价值的信息捕捉到。其次，要准确，就是对获得的信息要做到符合讲话人的原意，不能含糊不清。再次，捕捉信息要多，所谓多就是在倾听对方的讲话中获得更多的信息，求得广博的知识，丰富自己，扩大视野，这样才有利于正确理解书本知识，抽象出新的见解。

4. 激发灵感的听

灵感并不是“神灵附身”，也不是某种呼之即来的天赋能力，它是在创造性思维活动的紧张阶段，突然表现出来的一种创造能力。一个人聚精会神地倾听对方的讲话，有时一句名言、一件小事会给你激发、启迪，活跃你的思维，点燃智慧的火花。要激发灵感，教师必须注意引导学生积累知识。丰富的知识储备是灵感产生的源泉。

5. 做出积极反应的听

听话人如果面无表情，沉默不语，常常会使说话人产生“对牛弹琴”之感，从而失去交谈的兴趣。因此，如果想通过交谈获得有价值的信息，就要善于在听话时向说话人做出积极的反应。这主要包括两个方面：一是姿态表情的反应。眼睛要看着说话人，同时用微笑、扬眉、点头等动作，表示你对谈话内容的专注。二是言语反应。比如“对、是、明白了、是这样、我也这样想”等表示理解和同感的答语，以及“还有呢、后来呢、别的呢、为什么”等。

总的说来，为提高听话的语言反应技巧，应注意以下三点。

一是要善于倾听对方的诉说，了解对方的经历，洞察对方的思想情绪，谈话中要鼓励对方表露自己的思想；二是要善于回忆起自己的经历和感受，从中找出与对方相同或相近的经历和感觉；三是要善于对对方的经历做出适当的解释和推论，但要避免居高临下地评论对方，避免指导对方应该如何如何等。

（二）听话能力训练应注意的问题

1. 循序渐进

听话能力的训练要有明确的目的性和针对性，要从学生的实际出发，确定切实可行的训练序列，由简单到复杂，由低级到高级，有计划、有步骤地进行。可以通过多种方式摸清学生听话能力的实际情况，排队分析，然后制订出训练重点，并力求各个训练重点之间有机衔接。切忌训练中的随心所欲、漫无目的。在每项训练前，都必须向学生提出具体要求，规定明确目标。

2. 与课文讲读相结合

听话训练本来就是要伴之以学生的听话活动的。因为听话是学生理解课文的必要手段之一。教师讲述、师生朗读答问、内容形式的分析概括等讲读都离不开学生的听话。然而把听话作为一种必不可少的能力在讲读中进行自觉的训练，还没有被广大教师所重视。因此，要结合讲读教学的各个环节，在提高学生的阅读能力和表达能力的同时，使学生受到听话能力的训练。

3. 采取多种训练形式

听话训练一般采用结合式，即把听话训练与思、读、议、说、写、赏等结合在一起进行。著名语文教育家叶圣陶曾经反复强调说，听读说写应当“一把抓”。这不仅说明听说读写不可偏废，也启示了训练的方法。“一把抓”即相互结合，相互促进。如结合课文朗读，可进行字音、句读、语调等辨音训练，结合课堂提问进行迅速理解、评判的训练等。

二、说话教学的策略

所谓说话，就是借助于一定的词语句式表达自己的思想，即通过语言来表情达意。如果说话是对语言信息接受和处理的过程，说话则是通过语言及与之相关的内容（如表情、语气等），生产、发布、传递信息的过程。恰当的说话有其自身特点和特定要求。

（一）说话的特点和对说话的要求

我们人人在说话，天天在说话，但并不是人人都会说话。所谓会说话，尽管没有固定的标准，但一般来说，应能够在边想边说的情况下，在至少两三分钟的时间里，说的内容正确、条理清楚、语言得体。这种会说话的人，或是在大会上发言口若悬河，滔滔不绝；或回答问题有条不紊，应对如流；或是与人论辩要言不烦，一针见血。如果把他们的发言记录下来，稍加整理就是一篇相当不错的文章。但现实中这样的人并不算多，多数人都有相当的距离。所以，说话并不是一件不学就会、简单不过的事情。要真正把话说好，首先要切实把握好说话自身的特点。

1. 说话要现想现说

日常交谈，一问一答，三言两语，都是当场想就立即说，一般很少需要抽象思维，说起来较为容易。如果在大庭广众之下，要求有中心，有条理、准确周密地说出整段的话，就需要更多的抽象思维，也就困难多了。首先，说话人要在转瞬之间确定说什么，所说的内容既要有思想性、针对性，又要切合实际，沉着有力。其次，在确定内容之后，还要迅速考虑好怎么说，先说什么，后说什么，怎样安排结构层次，这样，要说的话才能自然而然地吐露出来。说话人在立定格局之后，要一边说，一边想，一句一句，不间断地说下去，而不像写文章那样可以慢慢思考，反复琢磨。

2. 说话不能修改

写文章可以有充分的时间思考斟酌，做到准备周密，不仅可以改动字词，更换句式，移动段落，甚至可以打乱全篇，重新选定材料，重新布局。写完之后可以修改，写的过程中也可以修改。说话则不同，说话是口耳相传的事情，你一发出声音，人家就听到了，想收也收不回来。说话时脑子里只能有组织语言这条线的活动，它和修改语言这条线的活动不便同时进行。

3. 说话易受外界影响

说话不是一方的事情，而是说者与听者双方的交际活动。交际的双方所反映出来的感情是千变万化的，这样就有个互相影响的问题。例如当众说话，听众的反应如何，就直接影响着说话人的情绪。如果听众聚精会神，不时点头微笑，表示赞许，这样讲话人就会受到鼓舞，越讲兴致越高。若是听众无精打采，彼此交头接耳，议论纷纷，讲话人的情绪就会受到影响，就会越讲越觉得没劲，越讲越平淡。

说话是表情达意的一门艺术，它可以表现一个人的格调、情趣等，也可以反映一个人的思想水平，感情色彩。要想提高说话的能力，必须注意以下几点。

一是准确。所谓准确，就是所说的话要确凿无疑。它要求事实要准确，对于任何一个事实或一个数字，力求有根有据，以免影响内容的真实性。

二是简洁。要求以最经济的语词输出最大信息量，不能让时间在废话冗语中耗散。

三是严密。说话的组织结构要正确地反映客观事物的发展规律，不能颠三倒四。

四是动听。清晰的语音，浓淡相宜的音色，宽厚圆润的音域，声情并茂的音质，才能悦人。

（二）说话能力训练的方法

1. 朗读

朗读课文，可以使学生逐渐习惯文章的用词用语，使自己的口语与书面语言沟通起来。在朗读时要注意：第一，朗读指导应切实中肯，从发音、语速到停顿、语调，都要一一给以指导；第二，遵照多鼓励少批评的原则，培养学生阅读的兴趣；第三，应采取分段读、个人读、集体读的方法，并要力求使全班学生都有朗读的机会；第四，教师应示范朗读，也可以让学生倾听和模仿录音朗读。

2. 排图说话

随意选择几张人物图片或风景画，指导学生加以排列组合，设法编出贯穿成一体的故事或酝酿成短文，然后让学生在规定时间内指图讲述。时间一般不超过五分钟。排图说话可以在全班讲也可分组进行，其目的在于把说话和写作紧密结合起来。

3. 口头复述

要求学生在理解、记忆课文中的词汇、语句和仔细体味作者的语言风格的基础上进行复述，旨在培养学生系统而连贯的说话能力。应要求学生复述时不看课文，不借助提纲。为使复述取得成效，一要明确复述内容和表达上的要求，可作典型示范，使学生知道如何选择课文的语言；二要给学生充分准备的时间，让他们组织语言并选择表达方式。

4. 口头提问

口头提问虽然不以训练口语为唯一目的，但它是训练说话能力的基本方法。采用口头提问时应注意：一要给学生的回答以全面的评价，既要评价回答的内容，也要评价语言表达能力；二要使学生自己有可能进行提问，如果学生自己能够提出问题，让其他学生回答，则口语的质量会得到进一步的提高。

5. 讨论

引导学生参加讨论，有利于发展思考力和提高口语能力。教师应使每个学生成为讨论的积极参加者。在教学中，既有基于临时因素而组织的即兴讨论，也有有计划有准备的讨论。有计划有准备的讨论可按以下过程进行：第一步，在教师指导下，展开讨论，鼓励学生发表不同意见，或达到统一认识，或明确分歧，留待以后讨论；第二步，归纳总结，得出结论，对讨论的内容和语言表达同时做出评价。

6. 读书报告会

指导读书报告会可分三步。第一步，指导读书。熟悉全文，掌握材料，选择出报告题目，写出感想和见解。第二步，组织报告。指导的着眼点是：要以书刊的内容介绍为主，交织个人的感想和见解；要讲出个人阅读的甘苦，融进个人感情，使报告具有感染力；必要时应提供书籍的插图、统计表等，以帮助听者理解。第三步，从内容和口头表达两方面做出评价报告。

7. 角色扮演

把学生分三五个人一组共同练习。在纸片上写明“身份、对象、内容”三项，折叠后放在一起，然后用抽签的方式按纸片上规定的要求扮演角色。如题目是“校长在开学典礼上的致辞”，上台抽到该题的学生就扮演校长的角色演说，“老师们，同学们：今天我们举行开学典礼……”。这种训练不仅有趣，而且能锻炼学生的机智，提高应变能力。

8. 演讲

演讲有利于培养学生的思维能力、论辩能力和说话能力。指导演讲，应注意下列几点：第一，指导学生选定题目，收集材料，写好演讲稿；第二，指导学生提炼语言，要求语言准确、简洁、生动、大众化、口语化，而且得体；第三，指导演讲姿态位置和手势，姿态要自然，位置要适当，手势要恰当有力；第四，指导学生做好心理准备，即一要消除畏惧心理，做到从容自然，二要集中精力，思考和熟记演讲内容，力求成功，避免失败。

9. 辩论

可以把学生分成三五个人一组练习，每人在纸上写一个题目，作为题目签，上台前，三分钟抽签，演说时间可以三分钟为限。出题时，先规定好难度，先易后难，循序渐进。辩论训练一般分为“开放型”和“擂台赛”两种。组织辩论比组织演讲复杂，这就需要做好组织工作。

第一，帮助学生确定题目。题目要同学生的思想、学习、生活紧密相关，要存在明显的分歧，能够树立起对立面。第二，指导学生翻阅资料，教给辩论的方法和辩论的程序、规则等。第三，做好组织工作。要明确辩论的规则，比如要回答对方的问题，要以理服人，要让对方把话说完等。

12

数学教学策略

第一节 数学学科的特点及学生数学能力结构

一、数学学科的特点

恩格斯在《反杜林论》中曾指出："纯数学是以现实世界的空间形式和数量关系为对象的。"尽管目前数学研究的领域与范围已有很大扩展，但是始终围绕着数与形这两个基本范畴不断发展。数学的研究对象决定着数学教学的内容应围绕着数与形展开。它应揭示数与形方面最基本的一些知识，并通过这些基础知识的教学，培养学生对于数的计算能力和对于形的空间观念，同时发展学生的逻辑思维能力和解决实际问题的能力。数学作为一门学科有着它自身的特点。

（一）高度的抽象性

抽象性并不是数学学科独有的属性，各类学科乃至人类思维都具有这个特性。数学的抽象性特点在于：数学的抽象是撇开客观事物的具体内容，仅仅保留空间形式或数量关系，这些形式或关系已是一种形式化的思维材料。而物理、化学等自然科学的抽象总是保留物质的某一种质的属性，把一些抽象的公式同自己某一特定领域的研究对象对应起来进行研究。

例如，我们理解公式 $A = B \times C$，世界上并没有这个实物，它是人类从现实世界中得出来的思维材料，在物理学中，它只是表示“匀速直线运动的路程 = 速度 × 时间”才又有实际意义。而在数学中，它可以撇开具体的内容，成为一种形式化的材料，它既可以表示“路程 = 速度 × 时间”，又可以表示“长方形面积 = 长 × 宽”，还可以表示“购物总价 = 购物单价 × 购物数量”，也可以表示“合格产品数 = 产品总数 × 合格率”等。

数学从它开始产生起就具有抽象性的特点。例如，自然数4，它可以是一匹马的腿数，也可以是一个盆里的苹果数，还可以是4个小学生的人数，更可以表示一年四个季节，它可以表示天地万物间的任何包含4的数量关系的实物。这些关系是经过人们长期的实践把它提取出来的，在数学研究中只保留了数量关系方面的性质而摒弃其他性质。几何学中“直线”也是如此，它不是教师给学生的一根拉紧的细线，而是舍弃了它的其他性质，唯独保留直线是可以向两边无限延伸这一特性。数学抽象的这种纯粹化，是其他学科所没有的。

（二）严密的逻辑性

数学的严密逻辑性可以解释为逻辑严密，结论精确。也就是说，作为科学的数学，它的知识结论具有严密的逻辑与演绎体系，需要经过一系列的逻辑推理才能得到。

例如，物理学家要证明自己的正确结论要靠实验，而数学家得到一个数学公式或证明定理就需要严密的逻辑推理和计算。如欧几里得的《几何原理》可以称为逻辑严密的一个最典型的例子。欧几里得从少数定义、公理出发，利用逻辑推理的方法，推理出整个几何体系，把丰富而零散的几何材料整理成系统严密的整体，成为人类历史上的科学杰作之一。所以说，每一个数学定理只有经过逻辑推理等严格证明后才能在数学上成立。

数学的抽象性、逻辑性的特点，使得学生在学习数学时需要一定的抽象逻辑思维能力，并在学习中不断培养与发展抽象逻辑思维能力，使数学学习成为促进学生思维能力发展的动力。所以发挥数学本身的智力价值，培养学生的逻辑思维能力，自然成为数学教学的目的。

（三）应用的广泛性

今天的数学已不仅是一门科学，还是一种普适性的技术，从航天到家庭，从宇宙到原子，从大型工程到工商管理，无一不受惠于数学技术。因而，今日数学兼有科学与技术的两种品质，“各门学科数学化”已成为科学研究发展的主要特点之一，它已成为人们认识世界、改造世界必不可少的重要工具。数学不仅帮助人们在经营中获利，而且给予人们以能力，包括直观思维、逻辑推理、精确计算以及结论的明确无误。

二、数学知识的学习

根据现代认知心理学理论，学习是认知结构的组织和重新组织。学生的数学学习过程是原有的数学知识结构与新知相互作用产生同化和顺应的过程。在这个过程中，学生已有的知识、观念往往难以解释和接纳新的数学知识和方法，因此教师应把数学教学的内容能动地进行加工、整理，创设切合学生数学学习心理水平的最近发展区，诱发和促进学生积极的思维活动。学生的数学学习不仅是知识的学习、技能的提高，更是理清数学知识的来由，数学方法、观点的形成，数学思维能力的完善的过程，而后者对学生后续的数学学习乃至整个人生的学习产生极为重要的影响。尽管数学教材中精选了众多的典型例题、习题及益智激趣题，蕴涵着丰富的数学思想和方法，但学生并不易于理解和掌握，如何使学生通过数学的学习，在数学思想方法和数学素养方面受到更多的教益，完全取决于执教者根据感觉、知觉、记忆、联想、思维等认知特点，运用观察、实验、分析、猜测、论证、比较、归纳等方法，揭示数学问题的形成、获得和应用过程，整体而全面地把握知识，并加以整理、梳理、穿透和连通起来，将蕴藏在数学教材中丰富的知识结构，潜伏于数学课本中精深的数学思想方法概括、提炼出来，给学生以熏陶和启迪，以不断提高学生的数学认知水平，促进学生对数学观念、方法和策略的逐步到位，数学观念、能力与素养的逐渐提高。

（一）数学知识点的拓广

数学知识点是构成数学学科知识的基本要素，是数学问题综合化的基础。知识点既表现出各自的独立性，又表现了它在数学学科体系中相对的统一性。在数学教学过程中，通过对各个知识点运用由近及远、由此及彼、由表及里、由浅入深地分析、类比、联想、猜想、证明，揭示数学概念、公理、定理、性质、法则、公式及重要结论等数学知识点的本质属性、内在规律与联系，达到领悟数学知识点的发生、发展和深化这一由薄到厚的积聚过程，在知识点的衔接、演变、衍化过程中拓广思维，通过与数学知识点相连、相扣的有关知识的组合、递进、引申与推广等手段探明数学知识、方法和思想形成的轨迹。这不仅是衡量数学教师驾驭数学教材能力的高低的重要标志，也有助于学生从具体、特殊的数学知识到抽象、一般化的数学思维的发展，从而拓展学生数学思维的广度和深度。

（二）数学知识线的延伸

数学知识线是与数学知识点相关的数学知识序列。在分析、理解、衍化数学知识点的基础上，对同一数学公式、定理、图形、问题等从不同角度和侧面进行全方位的思考和剖析，将某些数学知识点，抓住其要领、特征、本质及关键，按照学科结构、逻辑顺序和内在联系，运用变换、链接、化归及构建图形等方法，通过抽象、概括、归纳、分类、特殊化、一般化等手段，将它们梳理成明晰的数学知识线，使学生在学习数学过程中能把握和领悟各数学知识点前因后果的链接过程，对相似的概念、法则、公式、类似的定理、结论能够辨析对比，揭示本质异同，区别对待，有助于学生由静态的数学思维向动态的数学思维的转变，从而培养学生思维的敏捷性和灵活性。

（三）数学知识面的扩展

数学知识面是由数学知识线为依托纵横交织成的数学知识层面。根据不同的数学内容和学科特点，从不同的观点去组织、分析、审视及系统地梳理教材。通过对数学问题及典型例题进行变式、变形、变序、变例题结构、变提问角度等综合交叉的发散、演变过程，不仅能使执教者不断地丰富自己的知识容量，提高驾驭数学教材的能力，掌握扎实的数学教学基本功，更能促进学生拓展思维视角，加速学生对数学知识、技能和方法的沉淀和积累。从而有益于改变学生保守、消极的定向思维习惯，促进求异发散的数学思维的发展，增强学生思维的理解性和发散性。

（四）数学知识体的构建

数学知识体是数学各学科之间相互联系、贯通、制约和转化的多维度结构体。根据数学各学科知识的内容和特点，在数学公式、法则、定理等的推证、应用背景等方面，不仅强调通性通法，注意特例特法，而且注重求变、引申、推广和探索，不断总结提炼数学思想方法，善于运用与数学问题相关的命题链，熟悉和掌握质同形不同、形同质不同的问题，解题方法相同、相仿或相类似的问题，及一题多变、多题一法等问题，为数学知识和方法的灵活运用提供广阔的数学素材，从而构建成多维度的数学知识体框架。数学中不同学科、不同数学内容之间知识体的构建过程是数学知识综合、深化与提高的过程，也是教师对数学教材在更高层次上的概括和总结过程，它有助于使学生深刻、全面地掌握数学思想方法的本质，深刻理解数学中不同学科、不同数学方法之间相互依赖、联系、贯通、制约及转化，促进学生的求异发散思维、辩证思维能力的发展。

（五）数学知识系统的激活

数学知识系统是指数学学科中由概念、命题、方法等组成的数学知识体系。它并非是单个数学知识点、线、面、体的简单聚合，而是基于数学学科知识自身的结构特点，在数学教学过程中，根据代数、几何、三角等学科的内在联系，从不同学科视角审视数学问题，多方位思考和探索，对同一个数学问题，详析各题设条件，从数、形两方面挖掘可能导致求解的内在条件和因素，通过一题多法手段来冲破思维定式，开启思维疆域，使数学问题的求解方案异彩纷呈；引导学生比较各种解题方法的优劣，删繁就简，择优而解，使学生优化解题策略、增强解题机智，强化数学解题的方法和技能，并内化成合理的数学思维流程；同时沟通数学各学科之间蕴涵的联系和关系，并外化为具有创新意识的解题能力，进而达到激活数学知识系统，感悟数学思想方法的无穷魅力，实现数学学习由厚到薄的转化过程。形成数学知识系统有利于促使学生娴熟地运用数学知识和技能，举一反三地思考和处理数学问题，以叩开数学知识宝库的大门。除了寻求数学各学科间的沟通外，还需引导学生寻找数学与其他学科的渗透和综合运用关系，用于学习、研究和解决实际问题，造就“用数学”的意识，为学习其他学科课程服务。形成数学知识系统还有益于深刻理解和牢固掌握数学思想方法，有助于批判性、创造性思维的培养，综合创新能力的训练及数学素养的提高。

数学教学是数学思维活动的教学。数学教学过程是师生双方各自实现自己价值和自身发展、不断累积数学体验的过程，学生学习数学的根本是学会数学学习、学会数学方法和学会数学思维，而不仅是学会数学解题。无疑，数学知识结构的序化，有助于数学知识、技能和方法同化或顺应到学生的数学认知结构之中，有效克服和改变学生机械模仿学习、理解不透、记忆不牢、应用不活和能力不增的境况。

三、发挥渗透功能，培养数学教学中的非智力因素

课堂教学的任务，不只是局限于传授某个专门知识，这一事实已经被越来越多的人所认可。为了实现从“应试教育”向“素质教育”的转变，我们必须发挥课堂教学的渗透功能，在启发学生获取知识的同时，注意渗透德育、美育、方法论。即使对本学科的专门知识，也要鼓励学生勇于发现规律，形成正确的观念。拿数学教学来讲，不仅要重视正确的结论，还得注意解题方法的选择，揭示数学家的思维过程。凡是学生能发现的，不必由教师代劳，只有启发学生积极参与课堂教学，才能尝到数学家当初发现、发明的滋味，以利于发展学生的思维能力。由于我们的对象是活生生的学生，在教学中必须针对他们的具体情况，纠正不良的学习习惯，优化学生的非智力因素，以便全面提高学生的素质。

（一）用哲学思想来指导教学，可以优化学生的认知结构

1. 教材上

代数中，整数、分数是对立的，但它们统一为有理数；有理数、无理数是对立的，但它们统一为实数。这种数的对立统一，不断推动着数的发展。平面几何中，全等形、相似形是可以相互转化的，转化的条件是比例系数是否为1，事实上全等形是特殊的相似形，从教材的安排看，也符合从特殊到一般的原则。

2. 教法上

教学心理学告诉我们，在固定的背景下，运动着的对象最易被感知。故在课堂教学中，常设计些活动教具，如几个橡皮泥、竹针的图形

演示，往往给安静的教室增添不少乐趣，这种利用“动”与“静”的反差来增强学生的注意力的教法是可取的。

3. 说理上

为了纠正线段的对称轴只有一条的片面性，教师不仅从理论上加以证论，而且把线段看做是矩形的宽无限缩小最后趋于零的特例，这是从量变到质变的结果，故对称轴的条数与矩形一样有两条。这种说理，既发展了学生的想象能力，又启发学生从图形的连续演变上去进行创造性思维。

4. 辅助线的添引上

拿分析来讲，无非是分析题设和结论这对矛盾，在题设的作用下，促成未知向已知转化。题设中有轴对称条件，往往用对折的手法引辅助线；题设中有中心对称条件，往往用旋转 180° 的手法引辅助线；题设中有平行，往往用平移的手法引辅助线；证明“和”的问题，总是从割或补的两方去思索添引辅助线。用哲学思想指导辅助线的添引，有利于提高学生的直觉思维能力。

5. 教态上

既要严格要求，又要亲切、和蔼。只有严格，学生的思维、语言、书写才能走上正规，才能养成良好的习惯；只有教学民主，学生才能大胆参与，课堂教学中，师生思维同步，易于点燃学生的智慧火花。数学教学中的题设与结论、变与不变这些制约关系，与自由与纪律、民主与集中是一致的，哲学思想的渗透教学有利于学生形成科学的世界观，使学生终生受益。

（二）授之以鱼，不如授之以渔

代数中的高次方程低次化、分式方程整式化、无理方程有理化，平面几何中不少难题，通过辅助线的添引，把有关元素变换到一个三角形或一对三角形中去解决问题，这些都强烈地体现了化归思想。在中学数学中，分类思想、枚举法、归纳法、交换法、特殊化法、间接证法都很常见。

例：平面内有五条直线两两相交，问最多有几个交点。用枚举法不难解得本题，接着把“五条”改为“n 条”，这样通过归纳法把认识又提高了一个层次。紧接着再问 n 边形有多少条对角线。只要把所有线段中，把边删去就行。尽管问题可以千变万化，如本题中的交点数，改变为线条数，还可以改变为求角的个数，但解题方法未变，结果不变。若再像上面那样，把枚举法与归纳法、筛选法结合起来编些题，则更为有效于学生的能力培养。

例：已知梯形 $ABCD$ 中，$AB /\!/ CD$，M、N、P 分别是 AC、BD、AD 的中点，求证 M、N、P 三点在一条直线上。欲证 M、N、P 三点共线，一般有下列方法。第一种，证 $\angle PMN = 180$；第二种，证 $PM + MN = PN$；第三种，间接证法。鉴于本题前两种直接证法有困难，故可试用间接法证之。

（三）美育渗透

一切科学都是美的，所以吸引了不少人献身于科学事业，数学也不例外。美育的渗透，可以通过教师的语言设计、几何图形的演示、有趣问题的选编来进行。抽象的概念可以通过语言的形象来显示数学的魅力。几何是一门研究几何图形性质的学科，所以我们完全可以利用几何图形的形象美来吸引学生。如瘦西湖上的五亭桥及其倒影构成的对称美；高大建筑群体上基本对称结构上的不对称部分，往往给环境增添生气；我们还可以启发学生观察领袖的“标准像”，标准像的基本对称结构给人以庄重感，而鼻子所在对称轴距画面边框的距离是画幅宽的0.618，使画像产生动态平稳的效果，观察画像的眼睛，可以感受到领袖人物对大家的殷切希望。

有趣的问题能把学生带入特定的情境之中。如有教师上三角形的第一课，这样引入，“抗震救灾中发现，遇难者常常死在门后，为什么”（四边形的不稳定性）。再现场表演步枪瞄准中的两种姿势，“为什么一种有抖动感，而另一种很稳定呢”（三角形的稳定性）。学生很快进入角色，把抽象的三角形，注入了感情色彩。

（四）养成良好的学习习惯

成才的关键取决于非智力因素，目前的学生，多数在题海中长大，只图解题快而多，既缺少多思的时间，也缺少多思的习惯，故培养学生的良好的学习习惯，任务相当艰巨。

（1）首先要学生明确主体意识。学生是学习的主体，教师无法代替学生的学习，从而激发学生强烈的参与意识，使学生真正成为学习的主人。要引导学生敢于猜测，猜想不仅不是投机取巧，而且是发明创造的母亲；要鼓励学生树立远大理想，敢超前人，一位教师如果教不出一个学生超过自己，绝不是好教师。

（2）上课时，不能让学生被动地等待教师的施恩，而是要启发学生去积极探求，从而有所发现，有所创造。为此，上课时师生的思维必须同步，要纠正学生懂得一知半解后就偷偷在下面解题的坏习惯，要在提高学生思维能力上下工夫。

（3）帮助学生在心理上建立防错机制。不少学生解题时为了抢速度，连草稿纸也不愿用，有的桌面当草稿，有的在书上打草稿，有的甚至在手心上打草稿，以致错误较多，计算能力不高。为此不仅要学生学会用草稿纸，而且要善于剖析自己的错误——不外乎是新的知识点、容易混淆的知识点、跳步的地方以及最后一步等易错误之处。在教学学生容易出错处，养成特别谨慎的习惯，从而建立防错机制。

（4）要善于类比，养成多思的习惯。通过类比，明确概念间的差异，从而区分概念，增强记忆；通过类比，发现共性，不断概括，形成结构，利用发散；通过联想、猜想，进行创造性思维活动。要养成解题后再思索一番的好习惯。

四、数学能力的发展

关于数学能力结构的一些观点如下。

（一）观点之一

苏联心理学家从学生解题的基本阶段出发，提出了学龄期儿童数学能力结构的9种成分。

（1）使数学材料的形式从内容中分离出来，从具体的数值关系和空间形式中抽象出它们，以及用形式的结构即关系和联系的结构来进行运算的能力。

（2）概括数学材料的能力，使自己摆脱无关的内容而找出最重要的东西，以及在外表不同的对象中发现共同点的能力。

（3）用数学和其他符号进行运算的能力。

（4）进行“连贯而适当分段的逻辑推理”的能力，这种推理是证明、形式和演绎所必需的。

（5）缩短推理过程的能力，用简短的结构进行思维的能力。

（6）逆转思维过程的能力（从顺向的思维系列转到逆向的思维系列）

（7）思维的灵活性，从一种心理运算转到另一种心理运算的能力，从陈规俗套的约束中解脱出来。

（8）数学记忆力，它是一种对于概括，形式化结构和逻辑模式的记忆力。

（9）形成空间概念的能力，它与数学的一个分支，如几何学（特别是立体几何学）的存在直接相关。

（二）观点之二

周玉仁教授结合小学数学实验研究提出：小学数学教育除了培养一

般能力以外，应着重培养计算能力、初步的空间想象力、初步的数学思维能力、数学语言的表达能力，把简单的实际问题抽象为数学问题以及初步分析问题和解决问题的能力。

1. 计算能力

计算能力包括口算、笔算和珠算。在四则运算中，口算是基础，笔算是重点。在学生具有一定的口算与笔算基础上，再适当学些珠算。口算能力是在学生掌握运算法则的前提下，通过视算、听算等方式获得的。因此，小学生的瞬时记忆和短时记忆能力直接影响着口算能力的发展。口算不仅要看口算的正确率，而且要看其口算的方法，要求有更高的思维灵活性和合理性。学生口算的过程，体现其数学能力综合运用的过程。笔算能力是在口算能力发展的前提下，有顺序地发展起来的。由只能简单地运算，到能够正确地、迅速地、合理地、灵活地进行较复杂的运算。小学生计算能力的发展，总体上来说，取决于多种因素，但与数概念掌握的水平相关极大。学生对整数、小数、分数的概念掌握得越好，其运算能力也就越强。因此，数概念的掌握是学习运算法则的前提。随着数的认识的扩展，学生的运算能力扩展到多位数、小数和分数，但基本运算法则都相同。

2. 空间想象力

学生在学习几何初步知识的同时，可以帮助其形成初步的空间观念。进而发展空间想象力。空间观念就是物体的大小、形状以及相应位置关系保留在人脑中的表象。学生可以通过平时具体直观的观察和实际操作，积累起大量的空间观念，形成点、线、面、体的几何概念，形成初步的空间想象力。

3. 数学思维能力

数学思维能力包括逻辑思维能力、形象思维能力和直觉思维能力。逻辑思维能力是一种确定的、前后一贯的、有条有理、有根有据的思维。培养学生逻辑思维能力就是培养学生能抽象、概括、比较、分析、综合、判断和推理，其中，抽象、概括能力是数学思维能力发展的核心，也是数学能力发展的核心。因为数学是高度抽象的科学，它的每一个概念都是多次抽象的结果。学生所掌握的数学概念的抽象水平越高，它要求学生的抽象逻辑思维水平也越高。因此，教师要着重培养学生对数量关系和空间图形的抽象概括能力。教师在日常的教学中，还应该根据数学的学科特点，结合学生数学基础知识掌握情况，进一步培养学生的逻辑思维能力。在逻辑思维中，要采用比较、抽象、概括、分析、综合的思维方法。当然，培养学生的逻辑思维离不开数学语言的训练。因为人的思维主要靠语言来表达，数学语言具有准确、精练、有条理的特点，通过数学语言的锻炼可以促进思维向更深层次发展。

形象思维主要包括表象、联想、想象和感情等因素，形象思维能力主要指联想能力和想象能力等。想象能力和联想能力在数学学习中起着重要的作用。比如，学生在学习两条线段垂直时，马上会联想到升国旗的旗杆与地面是互相垂直的，家里摆放的许多家具与地面也是互相垂直的。丰富的联想有助于学生理解抽象的数学概念。形象思维能力的培养是在数学学习过程中进行的，教师要在教学中尽量运用直观教学手段，让学生充分感知教具与学具，多观察、多想象，在头脑中建立清晰的表象并丰富表象，把抽象问题形象化、图形化，以具体形象思维为支柱，通过想象来解决数学问题。

4. 运用所学知识解决简单的实际问题的能力

学生理解知识、掌握知识的最终目的在于应用。国际数学教育界非常重视数学应用，强调学生“问题解决”，使学生经常处于各种问题的情境中，提出问题并寻求各种方法去解决问题。提出的问题来源于学生的日常生活实际，来源于周围世界，目的在于使学生能够用数学的眼光观察周围世界，即把周围世界“数学化”。

解决问题的能力包括提出问题能力、分析问题能力、解决问题能力多因素能力，是学生的知识和能力的综合体现，通过解决问题又进一步促进学生认知发展和能力的提高。解决简单的实际问题的能力要求是：能够正确解答应用题，进行简易测量、作图、制作简单的模型，初步学会数据的收集、整理和绘制简单的统计图表。还要求能把日常生活中遇到的简单的实际问题转化为数学问题，从数量观念出发来观察周围事物，自编应用题并给予解答，从而把数学知识和实际生活逐步沟通起来，培养学生对日常事物进行数学处理的初步的能力。

由此可知，数学能力是一种多层次、复合结构的能力，数学能力是在数学知识的学习和技能形成的过程中发展起来的，离开了数学的知识学习，任何数学能力都不可能发展。各种数学能力并不是简单地并列存在的，而是彼此相互联系、相互影响、相互融合，以保证数学学习活动的顺利进行。

第二节　数学教学的几个策略

一、探究策略

探究是一种开放地、创造性地获取知识的方法。这种方法的优势是能够同时教给学生教学内容和调查的程序。探究的基本程序以杜威的反思性思考模式为基础，包括：（1）发现和明确问题；（2）提出假设；（3）搜集资料；（4）分析和解释资料，检验假设；（5）得出结论。

教育工作者们普遍支持发展学生的高级思维技能。而探究过程可以向学生提供批判性学习的机会，并实践探究的技能。拜尔（B. K. Beyer，1987）曾提出了一系列的批判思维技能，并主张在 K-12 年级的课程中不断地培养学生的这些技能，包括：（1）区别可检验的信仰与价值观念上的主张；（2）分辨观点或资料来源的可靠性；（3）分辨资料的正确性；（4）区分合理要求与不合理要求；（5）区分有关与无关信息、主张或原因；（6）察觉偏见；（7）明确已提出的和未提出的假设；（8）识别含糊的、模棱两可的主张或观点；（9）找出推理中的逻辑矛盾；（10）发现一种观点的可取之处。

探究方法的使用可以有多种形式，如讨论会、答辩会、设计、项目研究等。具体说来，在有指导的探究中，教师提供资料，提出问题，以帮助学生做出回答、得出结论、解决问题；在非指导性的或开放式的探究中，则要求学生对资料、目标、情境的检验承担更多的责任，这种探究通常是个人进行的。

探究型的课通常包括四个部分：（1）向全班呈现问题，这些问题应该是能够刺激学生，激发他们兴趣的问题；（2）提出有关问题的可能结果的假设，这时不存在正确的答案，因此，学生可以自由提出独创性的假设，所有的假设都可接受，然后将这些假设都写在黑板上；（3）学生搜集资料，解决问题，在这一阶段应该是学生而不是教师来进行思考；（4）学生分析资料，将结果与早先提出的假设进行比较①。

解题的过程又是一个蕴涵创新的过程，从问题的提出、问题的确定，到探究过程、解决过程，都蕴涵着丰富的创新机会，教师应当帮助学生把握这些机会，促进其创新能力的提高。为此，无论是在提问策略，还是在探究策略中，教师都要注意以下几点。

第一，问题情境的难度要适中。问题过难，学生虽殚精竭虑仍无丝毫头绪，其探究的积极性必将受挫。相反，问题过于简单，学生毫不费力即可获得答案，同样引不起学生的学习兴趣，更别说有所创新了。苏联心理学家维果斯基提出的“最近发展区”理论，可以说为问题情境的处理提供了操作依据。所谓“最近发展区”是学生现实的发展水平和潜在的发展水平之间的一个区域，教学内容的难度只有落在这个区域里，才能获得促进学生智能发展的最理想的效果。而潜在的发展水平，也即学生在教师帮助下所能达到的理解材料、解决问题的水平。这一理

---

① BURDEN P R., BYRD D M. Methods for Effective Teaching, The United States of America: Allyn and Bacon, 1999: 103 -104.

论“在理念上就是超越靠已知基础求知的境地，将学生置于由不全知而求全知的境地”。

第二，教师只是引导者、启发者。教师创设问题情境之后，一般不可自己直接给出答案，而是将探究的主动权交给学生，这同时也给学生提供了创新的机会。教师可以用“大家再做实验，一定可以得到答案”“真的吗？把你的想法讲给大家听听”等语言，引导学生自己动脑动手，让学生成为探究的主人。在课的结尾，教师还可以再安排一个问题情境，推动学生做进一步思考。

第三，在解题策略的运用中，教师的态度非常重要。既是问题探究，学生必然有一个摸索的过程，在这个过程里，又难免会遇到许多困难，犯下一些成人看来很低级的错误；或者有时学生的探究从整个社会的角度来说可能不值一提，但对其个人来说却是很大的创新。这时学生想得到的绝不是教师的讽刺、挖苦，教师应以其亲切和蔼的话语、表情，创设一种和谐宽松的气氛，并及时强化学生的每一个微小进步，给他成功的信心，鼓励创造精神。这样教师就鼓励了学生无穷的探究热情，激活了整个探究过程。

具体策略如下。

1. 培养学生善于提出问题的能力

创造性思维是从发现问题开始。“提出一个问题，往往比解决一个问题更为重要”。教师要巧设情境，启发学生不断质疑问难。如教学“能被 3 整除的数的特征”时，教师可以组织学生考自己，“只要你报一个数，我就知道它能否被 3 整除”。出于强烈的好奇心，学生都抢报较大的数，力求难住教师，当教师都准确迅速判断出来后，学生好奇心就转化成求知欲，迫切想了解其中的奥妙。这就激活了学生质疑的思维火花。

2. 培养学生独立分析问题的能力

教师要切实更新教学观念，把学习的主动权还给学生。让学生经常多样的探索尝试，多给学生一些表现的机会，增加一份创造的信心，体验一下成功的愉悦，驱使学生独立思考、分析问题。承上例，在学生“口欲言而不能，心求通而不得”时，教师任举一数，将各位数字交换位置，如246－264－462－426－642－624，请学生亲自检验一下变换后的数是否还能被3整除。其他的数，请学生各自再找一两个数变换各位数字的位置，看调换数位后的数是否仍能被3整除。通过学生独自思维，合理推测，得以验证，其中算理就不难得知了。

3. 指导学生动手操作，培养学生解决实际问题的能力

思维往往是从动作开始的，切断动作与思维的联系，创造性思维能力根本无法培养。不少教例表明，在几何初步知识教学中，如能针对学生好动心理，把教具变成学具，指导学生在“玩”中学，学中“玩”；探究各种形体的特征以及周长、面积、体积计算方法，不但能帮助学生从形象思维过渡到抽象逻辑思维，同时有力地促进学生创造性思维的发展，并能大大提高学生解决实际问题的能力。

二、创新策略

发散思维是创造性思维的主导，心理学家常以发散思维的水平作为衡量一个人创造力的指标。在数学教学中，加强发散性思维的训练，可以拓宽解题思路，培养思维的流畅性、变通性和独创性；从知识的优化组合中举一反三、触类旁通，最终获取求异思维能力。

（一）构建知识体系，训练发散思维

网络式的知识是发展和培养发散性思维的基础。只有具备了大量的、系统性的数学知识，才能从数学材料的诸方面去大胆猜测、“自由”发散。而一题多解与一题多变便是培养学生发散性思维的重要方式。例如让学生思考“？ ＝1”，知识少的学生只能有一两种答案，而

知识丰富的学生则有多种回答，如 $1+0=1$，$1-0=1$，$1\times1=1$，$\frac{1}{2}+\frac{1}{2}=1$，$\frac{1}{2}\times2=1$，$\frac{1}{3}\times3=1$ 等。

（二）沟通多向联系，提倡标新立异

我们的教学对象是原有知识基础参差不齐的“个体”，他们的思维活动带有因人而异的“主观色彩”。在教学中教师要求学生多进行研讨。学生彼此之间在相互合作、相互启发、相互补充中，可以反馈不同层次的信息，形成多向的信息交流，可以“个别智慧”影响“集体智慧”，使思维活动处于最活跃状态。若有学生提出新颖设想、发表“高见”，这是难能可贵的，教师应保护其“新发现”，鼓励学生“异想天开”，敢于打破常规、别出心裁，勇于在“新”“奇”上做文章。如：在教学比的概念时，有位学生很善于联想：“某次女排比赛时球场上出现的 14∶10 是不是比？如果是 2∶0 呢？”教师认为这个问题提得有价值，当即加以赞赏，让学生讨论，使大家明确了球场上的比是记录双方比赛时所得的分数，比的是相差多少（差比），课本上所讲的比则是表示两个数的倍数关系。这说明学生并不囿于现有的条条框框，不唯书，而是紧密联系现实生活，不拘一格，敢于怀疑甚至挑战“公理”。显而易见，这对拓展和加深学生创新思维的广度与深度是大有裨益的。

（三）教师言传身教，用“创新”培育“创新”

“用创造来教会创造，用创造力来激发创造力”。只有具备创新意识和创新精神的教师，才能对学生进行启发式教育，增强学生的创新热情。如教师照本宣科、填鸭灌输，只满足于将现成真理奉献给学生，不着眼于创新素质的提高，那么学生创新精神的培养只能是纸上谈兵，甚至有时会被压抑。尊重学生的人格，承认其兴趣和性格的多样性，并在此基础上教者创造性地教，学者才有可能创造性地学。教师要有吃透教材、驾驭教材的基本功，更要有妥善处理、活用教材的技能。以“正反比例意义”为例，为了便于组织学生探讨去发现规律，使之能对知识建立整体的认识，完善认知结构，树立辩证观点。一名科研型教师就打破原教材编排方式，适当重组教材，采用了正反比例对比的教学方法，克服了思维定式。教师教得轻松、学生学得扎实，教学效益事半功倍、一举多得。所以说教师的榜样示范也是至关重要的。

三、作业自处理策略

（一）作业效率低下的原因

在数学课堂教学中，布置作业是一个重要环节。起着重要的作用。它是教师督促检查学生学习的重要工具，同时也可以通过作业的方式收集典型错误、优秀解法，为课堂的作业讲评做准备。但在实际教学过程中，这种学生交、教师判的方式存在的问题很多。

1. 教师时间和精力的大量投入

比如，平均班级容量以45人计，每本作业按平均2分钟（代数大致如此，几何一般要用3～5分钟）计，教师的工作量是教两班共90人，那么每节课后批改作业的时间约为$2\times90=180$（分钟）。即三个小时，再加上部分学生要当面批改，要记录批改作业中的有关资料，还要花去一小时，仅仅这一个教学环节就花去教师几乎半个工作日的时间，使教师不堪重负。

2. 学生抄袭现象严重

许多教师通过对学生的观察发现，收作业对学生的督促作用是有限的，还出现了负面影响，出现了抄袭或变相抄袭的现象。而实际上判作业对学生的帮助也是微乎其微的。黎世法教授在“六课型单元教学法”中，公开了他的一项研究结果，提出背着学生批改作业、作文，评析试卷等，基本上都属无效的教学措施。这个结论印证了教师们长期的观察和感受。其实，这不仅仅是无效的问题，它还会引起学生的逆反心理。

（二）提高作业效率的策略

1. 出题策略

鼓励并提倡学生自己出题。题目要求：一是紧扣当前学校的内容；二是解题要用到当前和此前学习的内容；三是要表述简明，要有一定的梯度和难度；四要尽量从生活中或社会实践中，抽象、概括、筛选问题；五要着重选择比较有趣的、寓意较深的题目。具体在操作上要有一定的过程：第一阶段，教师出题，学生代表审定；第二阶段，学生出题，教师审定；第三阶段，学生出题，小组轮流审定。

2. 解题策略

要求每个人都要“按照弄清题意、拟订方案、执行方案和检验回顾”四个步骤，独立完成整个解题过程。其中，前两步可长可短，自然不必写出，但必须有，审题草率的毛病一定要改。第三步要认真、严谨、工整书写。至于第四步，对多数题目来说，检验其为正确的即可。

3. 判题策略

以小组为单位，在组长的主持下，全组参加，公开判题：对每个人作业逐题进行评判；大家可以充分发表意见，对不同的解法要认真审定，对错误要分析原因，提出改正意见，事后，由组长执笔，填写“作业评改表”，内容包括组别、日期、完成情况、典型错误及改正方法、不同解法及评价意见、建议和体会，组长签名。完成之后，“评改表”连同作业要及时交给教师，由教师审查，了解情况，以便做出相应的教学安排，教师每次可参加一个小组的评判，或事后抽调几本，面批面改；必要时，还可请几位小组长汇报情况，对大家体会比较深的问题还可在下一节课组织课堂讨论。

四、提高计算正确率的策略

（一）计算错误的原因

长期以来，学生计算的错误率居高不下，这是一个普遍性的问题，究其原因有以下几种。

（1）认知方面的原因。包括：①没有掌握运算法则或运算顺序；②感知事物比较笼统，抬头看一眼，低头写一字，没看准就抄，致使数字颠倒，符号写错；③思维定式的干扰，学生在连做几道加法后，出现一道减法，就容易受思维定式的影响而做错。

（2）学习态度上的原因。如粗心，有时只图快而忽略了准确性或者书写潦草导致自己看不清等。

（3）兼有认知和态度两方面原因造成的错误。

（二）纠正的方法和策略

（1）预防。每次上新课讲计算法则时，要照顾中下水平的学生，讲完新的计算法则后要首先了解中下水平学生会不会算。预防学生出错还需经验，许多经验丰富的教师知道学生易在哪些地方出现计算错误，因此在教学时就把这些计算作为训练的重点，并采取相应的教学措施。

（2）矫正。如果从课堂练习和课外作业中发现，有的学生对过去学过的计算法则还不会，就要采取及时补漏的方法。可以结合作业中的错处进行补漏，可以让学生先自己说说错在什么地方，应该怎样改正，学生说不明白时教师再讲，讲完后马上就练，直到学生会计算为止。

（3）培养严谨的学风和习惯。

参考书目

1. 白铭欣．班级管理论［M］．天津：天津教育出版社．2000.
2. 陈心五．中小学课堂教学策略［M］．北京：人民教育出版社．1998.
3. 曹明海．营构与创造—语文教学策略论［M］．青岛：青岛海洋大学出版社．1998.
4. 黄埔全，王嘉毅．课程与教学论［M］．北京：高等教育出版社．2002.
5. 李如密．教学艺术论［M］．济南：山东教育出版社．1995.
6. 李蔚，祖晶．课堂教学心理学［M］．北京：中国科技出版社．1999.
7. 李晓文，王莹．教学策略［M］．北京：高等教育出版社．2000.
8. 施良方，崔允漷．教学理论：课堂教学的原理、策略与研究［M］．上海：华东师范大学出版社．1999.
9. 申继亮，辛涛．教师素质论纲［M］．北京：华艺出版社．1999.
10. 王策三．教学论稿［M］．北京：人民教育出版社．1985
11. 辛涛，刘加霞，等．为思维而教—小学数学教学技能训练［M］．北京：华艺出版社．1999.
12. 章伟民．教学设计基础［M］．北京：电子工业出版社．1998.
13. BURDEN P R.，BYRD D M. Methods for Effective Teaching. The United States of America：Allyn and Bacon，1999.
14. R. M. 加涅，L. J. 布里格斯，W. W. 韦杰．教学设计原理［M］．皮连生，等，译．上海：华东师范大学出版社．1999.

责任编辑　杨晓琳　谭文明
版式设计　贾艳凤
责任校对　徐　虹
责任印制　曲凤玲

图书在版编目(CIP)数据

教学策略/周军著.—2版.—北京：教育科学出版社，2007.12(2011.4重印)
(新世纪教师教育丛书/袁振国主编)
ISBN 978-7-5041-3998-6

Ⅰ.教…　Ⅱ.周…　Ⅲ.教学研究　Ⅳ.G420

中国版本图书馆CIP数据核字(2007)第184550号

出版发行	教育科学出版社		
社　址	北京·朝阳区安慧北里安园甲9号	市场部电话	010-64989009
邮　编	100101	编辑部电话	010-64981277
传　真	010-64891796	网　址	http://www.esph.com.cn
经　销	各地新华书店		
制　作	北京金奥都图文制作中心	版　次	2003年12月第1版
印　刷	保定市中画美凯印刷有限公司		2007年12月第2版
开　本	169毫米×239毫米　16开	印　次	2011年4月第5次印刷
印　张	20.25	印　数	12 001—16 000册
字　数	268千	定　价	40.00元